당신의 아름다운 세계

A MIND AT HOME WITH ITSELF

바 이 런 케 이 티 ,   금 강 경 을   말 하 다

당 신 의
아 름 다 운   세 계

바이런 케이티, 스티븐 미첼 지음
이창엽 옮김

침묵의 향기

당신에게

차례

머리말

1

이 책 《당신의 아름다운 세계》는 자비심에 대해 말한다. 어떻게 하면 우리는 일상생활을 하면서 어쩌다 한 번씩이 아니라 언제나 자비로울 수 있을까? 그것은 도달할 수 없는 이상처럼 보이겠지만, 만일 우리가 정말 그럴 수 있다면 어떨까? 자비로움이 숨 쉬는 것처럼 자연스러워진다면 삶이 어떻게 변할까? 이 책은 그것을 보여 준다. 필요한 것은 오로지 열린 마음, 즉 스트레스를 주는 생각이 일어날 때마다 기꺼이 그 생각에 질문하려는 마음이다. 진정한 자기 자신이 누구인지를 이해할 때, 우리는 모든 혼란스러운 생각의 배후에 있는 한결같고 애쓸 필요 없는 자비심을, 우리의 타고난 권리인 그것을 발견하게 된다.

바이런 케이티 미첼(모두가 그녀를 케이티라고 부른다)은 깊은 깨달음으로부터 말한다. 그녀가 '작업(The Work)'이라고 부르는 자기탐구 방법은 일종의 개선된 알아차림 명상이다. '작업'을 할 때 우리는 스트레스를 주는 생각—세상 속에서 온갖 화, 슬픔, 좌절을 불러일으키는 생각—을 놓치지 않고 알아차릴 뿐만 아니라, 그 생각에 질문을 한다. 그러면 생각은 우리를 지배하는 힘을 잃는다.

케이티는 말한다. "위대한 경전은 '무엇'—자유롭다는 것이 무슨 뜻인지—을 말해 줍니다. '작업'은 '어떻게'를 말해 줍니다. 당신을 자유롭지 못하게 하는 생각을 알아차리고 질문하는 법을 알려 주는 것입니다. '작업'은 깨어난 마음으로 곧장 들어가게 해 줍니다." 이 책은 우리가 지금 있는 현실로, 환히 빛나는 순간으로, 어떤 분리도 없고 가슴이 사랑으로 넘쳐흐르는 은총의 상태로 깨어난 사람의 눈을 통해 세상을 보게 해 줄 것이다.

2

바이런 케이티에 대해 들어 보지 못한 독자를 위해 그녀를 간단히 소개하고 싶다. 두 번의 결혼, 세 자녀를 둔 어머니, 수입이 좋은 부동산 중개인이었던 케이티는 평범한 미국인으로 살던 중 십여 년에 걸쳐 우울증, 광장공포증, 자기혐오, 자살 충동에 시달리는 절망의 나락으로 서서히 빠져들었다. 그녀는 지나치게 술을 마셨으며, 남편이 사다 주는 아이스크림도 많이 먹고 코데인 알약까지 사탕처럼 마구 먹는 바람에 결국 몸무게가 90킬로그램을 넘을 정도로 몸이 불어났다. 잘 때는 늘 매그넘 권총을 침대 밑에 두었다. 밤마다 다음 날 아침에 깨어나지 않기를 기도했는데, 그래도 자살하지 않은 이유는 오로지 자녀들에 대한 염려 때문이었다. 이 시련과 고난의 마지막 2년간은 거의 집 밖으로 나갈 수도 없었다. 침실에서 며칠씩 나오지 않았고 샤워나 칫솔질도 할 수 없었다. (그녀는 "이게 다 무슨 소용이야. 어차피 다 부질없는데"라고 생각했다.) 결국 1986년 2월, 마흔세 살이던 케이티는 식이장애 여성을 위한 요양원에 스스로 들어갔다. 그곳이 유일하게 보험 혜택을 받을 수 있는 시설이었기 때문이다. 요양원에 머물던 사람들은 그녀를 무척 겁내서 다락방 침실에서 지내게 했고, 밤에는 그녀가 내려오지 못하게 계단을 막아 놓았다. 그녀가 내려오면 그들에게 어떤 끔찍한 짓을 저지를지도 모른다고 염려했기 때문이다.

요양원에 들어간 지 일주일쯤 된 어느 날 아침, 케이티는 삶이 바뀌는 체험을 했다. 그녀가 바닥에 누워 있을 때(그녀는 침대에서 잘 자격도 없다고 여겼다), 바퀴벌레 한 마리가 그녀의 발목으로 기어 올라와서 발로 내려갔다. 그때 그녀는 눈을 떴는데, 그녀를 괴롭히던 모든 우울과 두려움, 모든 생각이 사라지고 없었다. 그녀는 말한다. "바닥에 누워 있는 동안 이해하게 되었습니다. 깊이 잠들어 있을 때는, 바퀴벌레나 발 이전에는, 모든 생각 이전에는, 모든 세상 이전에는 아무것도 없었고, 아무것도 없다는 것을…… 그 순간 '작업'의 네 가지 질문이 태어났습니다." 그녀는 기쁨에 취해 있다고 느꼈다. 기쁨은 몇 시간 동안 계속되었고, 이어서 며칠 동안, 그리고 몇 달, 또 몇 년이 지나도록 변함없이 계속되었다.

그녀가 집으로 돌아왔을 때, 그녀의 폭발적인 감정과 행동을 두려워하며 살았던 자녀들의 눈에는 그녀가 완전히 딴 사람처럼 보였다. 그녀의 눈빛이 변해 있었다. 딸 록산은 말한다. "엄마의 푸른 눈이 아주 맑고 아름다워졌어요. 누구나 그 눈을 들여다보면 엄마가 아기처럼 천진무구하다는 걸 알 수 있었을 거예요. 엄마는 하루 종일 날마다 행복했고, 사랑이 넘치는 것 같았어요." 케이티는 주로 침묵에 잠겨 지냈고, 창가 자리에 몇 시간씩 앉아 있거나 사막에 나가 있었다. 작은아들 로스는 말한다. "변화가 일어나기 전에는 엄마의 눈을 들여다볼 수 없었어요. 그런데 그 일이 일어난 뒤에는 엄마의 눈을 계속 들여다보지 않을 수 없었죠."

케이티가 자신이 어떤 존재 상태에 있는지를 설명할 수 있게 되기까지는 여러 해가 걸렸다. 자신의 깨달음을 이해하는 데 도움이 되는 자료를 주변에서 접할 수가 없었기 때문인데, 그녀는 영적인 책을 읽은 적이 없고 영적 수행에 대해 들은 바도 없었다. 그래서 자신의 경험을 따를 수밖에 없었고, 그녀에게 필요한 것은 오직 내면에 살아 있던 탐구뿐이었다.

케이티의 거듭남은 윌리엄 제임스가 그의 저서《종교적 경험의 다양성》에서 보고한 회심 체험들보다 더 근본적인 것이었다. 사실 너무 근본적이어서, 그녀는 사람으로 사는 데 필요한 모든 것―시간과 공간 속에서 활동하는 법, 다른 사람들과 대화하기 위해 현실을 명사와 동사로 나누는 법, 과거와 미래가 마치 실제로 있는 것처럼 여기는 법―을 다시(그녀의 관점에서는, 생전 처음으로) 배워야만 했다. 그리고 일반적인 회심 체험과 달리, 케이티는 그런 체험의 결과로 어떤 종교적인 믿음을 받아들이지는 않았다. 그녀의 맑은 마음은 단 하나의 믿음도 허락하지 않았으며, 그럴 수도 없었다. 그것은 다른 모든 생각과 함께 종교적 관념들도 불살라 버렸다. 사랑으로 깨어난 그녀는 그 뒤로도 그 사랑의 끊임없는 현존으로 늘 존재했으며, 변함없이 그 현존을 느꼈다. 그녀는 말한다. "만일 내 기쁨이 말로 표현된다면 요양원의 지붕을 지구 밖으로 날려 버릴 거라고 느꼈어요. 지금도 그렇게 느낍니다."

깨어난 뒤 첫 일 년은 큰 기쁨 속에 있었지만, 마음속에서는 믿음과 관념들이 올라왔다. 그럴 때마다 그녀는 탐구를 통해 그것들을 만났고, 캘리포니아 주의 소도시 바스토우에 있는 집에서 몇 구역 떨어져 있던 사막으로 자주 혼자 나가서 그런 생각들을 탐구했다.

마음속에 하나의 믿음이 나타날 때마다 그것은 몸속에서 원자폭탄처럼 폭발했습니다. (가장 큰 믿음은 '어머니는 나를 사랑하지 않아'라는 생각이었어요.) 몸이 부들부들 떨리고, 위축되고, 평화가 완전히 사라져 버리는 것 같았죠. 그런 믿음이 올라올 때면 눈물이 흐르고 몸이 굳어지기도 했습니다. 곁에 누가 있었다면 내가 발가락에서 머리끝까지 분노와 슬픔에 빠져 있는 것처럼 보였을지도 모릅니다. 하지만 사실 나는 요양원 바닥에서 깨어났을 때 떠오른 것과 똑같은 맑음, 평화, 기쁨을 언제나 끊임없이 경험하고 있었습니다. 거기에는 '나'가 남아 있지 않았고, 세상도 없었고, 입에서는 웃음이 쏟아지고 있었습니다. 일어난 믿음은 늘 떨어져 나갔고 진실의 빛 속으로 사라졌습니다. 몸이 부들부들 떨리게 만든 것은 그런 믿음의 찌꺼기였고, 그런 것들이 불편한 느낌으로 나타난 것이었습니다. 그런 불편함이 느껴지면, 그 이야기가 진실이 아니라는 것을 저절로 알게 되었습니다. 아무것도 진실이 아니었습니다. 이 진실에 대한 앎은 아주 유쾌한 농담으로, 말할 수 없이 유쾌하며 황홀한 기쁨으로 경험되었습니다.

탐구는 일 년쯤 계속되었고, 마침내 모든 믿음과 관념이 불살라졌다. 그 탐구 방법은 그녀의 경험이라는 실험실에서, 마음을 연구하는 가장 세심한 과학자가 고안할 수 있는 것보다 더 엄격한 기준의 온전한 마음으로 시험되었다. 그녀는 균형을 잃게 하는 경향이 있는 모든 생각과 심적 사건, 그리고 평화와 기쁨을 감소시키는 반응을 일으키는 모든 것을 엄밀히 탐구했고, 마침내 이해로 생각을 만나게 되었다. 케이티는 말한다. "나는 지금 있는 것만을 원하는 사람입니다. 일어나는 모든 관념을 친구처럼 만날 때 나는 자유로워집니다. '작업'은 그곳에서, 바로 내 안에서 시작하고 끝이 납니다. '작업'은 당신이 그 모든 것을 정확히 있는 그대로 사랑할 수 있음을 보여 주고, 그 정확한 방법을 알려 줍니다." 그 과정은 그녀가 깨어난 이듬해에 끝이 났고, 남아 있는 것은 오직 맑은 마음뿐이었다.

케이티가 요양원에서 돌아온 뒤 얼마 지나지 않아 그녀가 살던 바스토우에는 '빛나는 여인'에 대한 소문이 널리 퍼졌고, 어떤 이들은 자석처럼 그녀와 그녀의 자유에 이끌렸다. 점점 더 많은 사람이 그녀를 만나러 오자, 케이티는 그들에게 필요한 것은 자신이 함께 있어 주는 것이 아니라, 자신이 깨달은 것을 그들도 스스로 발견할 수 있게 해 주는 길이라는 것을 확신하게 되었다. '작업'은 그녀 안에서 깨어난 무언의 질문을 구체적으로 표현한 것이다. 그녀는 '작업'에 따라 살면서 실제로 시험해 보았는데, 이제는 다른 사람들도 사용할 수 있도록 마치 느린 동작으로 보여 주듯이 그것을 공식처럼 만든 것이다. '작업'은 지난 31년간 전 세계 수백만 명의 사람들이 스트레스와 좌절, 분노, 슬픔에서 서서히 해방되도록 도와주었다.

3

이 책은 세계의 위대한 영적 경전 가운데 하나인 금강경을 중심에 두고 있다. 이 경전은 무아(無我, 나-없음)에 관한 확장된 명상이다. 영어에서 무아(selfless)는 이기심이 없다는 뜻으로서 일상적으로는 '자비로움'과 동의어로, 다시 말해 '나보다 다른 사람에게 유익하게 행동하는 것'이라는 의미로 쓰인다. 하지만 무아는 원래 '개인적인 자아가 없다'는 뜻이며, '개인적인 자아를 가지고 있지 않음'과 '개인적인 자아라는 것이 없음을 깨닫는 것'을 의미한다. 어떤 사람들은 이 둘째 의미가 영적인 관념에 불과하다고 생각할 수 있다. 자신의 자아를 제거하려는 노력은 자신의 그림자에서 벗어날 수 없는 것처럼 불가능해 보이기 때문이다. 하지만 한동안 탐구나 명상을 해 보면, 여기에서 실제로 관념에 불과한 것은 '자아를 가지고 있지 않음'이 아니라 '자아' 그 자체라는 것을 알 수 있다. '자아(나)'라는 명사에 해당하는 것을 현실에서 아무리 찾으려 애를 써도 찾을 수가 없기 때문이다. 금강경에서 말하듯이, 맑은 마음에는 나도 없고 남도 없다. 그리고 이 진실을 이해하면 이기심은 눈 녹듯이 사라진다. 알아차림의 빛 속에서 자아감이 사라질수록 자연히 우리는 더 자비로워진다. 이 경전이 다양한 변주를 통해 우리를 일깨우려 하는 가장 중요한 진실은 바로 그것이다.

4

이 책의 공저자로서 내가 맡은 역할 가운데 하나는, 케이티가 보기에 진실에 가까운 표현과 다수의 독자가 이해할 수 있는 표현 사이에서 균형을 찾는 일이었다. 그 과정은 어느 정도 실패로 끝날 수밖에 없었다. 비록 '실패'라는 말이 그녀에게는 낯선 관념이지만……. 내가 앉아 있는 의자에서 두 걸음쯤 떨어진 소파에서 케이티가 내게 이메일을 보냈다. "금강경이 요구하는 것은 말로 표현할 수 있는 어떤 것이 아니라 알아차림이에요. 진실을 제시하는 가장 단순한 길은 말할 수 있는 모든 것을 부정하는 것임을 이 경전은 알고 있죠. 그게 정확하고 친절한 방법이에요. 나는 내 의견을 얘기하거나 쓸 테니, 당신은 문장을 알맞게 표현하고 다듬어서, 되도록 나의 실제 경험에 가깝게 해 주세요. 그래도 여전히 그 말들은 거짓말이죠. 여보, 당신은 무척 힘든 일을 하고 있어요. 나는 당신이 길들이려 하는 고양이에요."

나는 고양이 길들이는 일을 즐겼다. 여러분이 이 책을 읽을 때, 내가 그 일에 실패한 부분에서는 케이티의 말이 어렵고 심각하게 들릴지 모른다. 반면에 내가 그 일에 성공한 곳에서는 케이티의 목소리가 당신에게 직접 말하는 것처럼 들릴 것이다. 명쾌하고 다정하고 재미있고 너그럽고 이해하기 쉽고, 유익한 쪽으로 놀라게 하는……

나는 케이티가 현실로 깨어나는 경험을 한 뒤 일 년 가까이 그녀가 겪은 일 중 일부를 이 책에 포함하여 실었다. 이런 이야기들은 케이티가 '그 여자'라고 부르는 바이런 케이티라는 개인에게 관심이 쏠리게 하는 단점이 있고, 그녀는 그런 이야기를 할 이유를 거의 찾지 못한다. 그래서 나는 그런 이야기에 진심으로 매료되었다는 말로 설득하여 케이티가 얘기하게 해야 했다. 그런데 그런 이야기들을 이 책에 포함하면 금강경이 말하는 진실들을 더 생생하고 친밀하게 만드는 장점도 있다. 그런 이야기들이 어떤 독자들에게는 마음을 동요시키고 심지어 겁이 나게 할지도 모른다. 아니면, 케이티의 경험이 일종의 신경쇠약 증세 같아서 무시해도 괜찮은 것으로 여겨질 수도 있다.

하지만 그 이야기 중 일부가 터무니없어 보여도, 그것들은 결국 기쁨 속에서 시행착오를 거치며 심오하고 균형 잡힌 온전한 정신에 자리 잡은 여성에 관한 이야기다.

깊은 자기 깨달음의 경험에 대해 본인이 직접 얘기한 글은 찾아보기 어렵다. 먼 옛날 성인들이 간략히 얘기한 내용과 짧은 구절들만 전해질 뿐이다. 이를테면 "복사꽃을 보았을 때(혹은 다리가 문에 세게 부딪치면서 부러졌을 때), 그는 문득 깨달았다"는 식이다. 놀라워하는 그 구도자에게 어떻게 세상이 끝나고 변화되었는지를 전해 주는 이야기도 거의 없고, 그 경험 이후 어떤 일들을 겪었는지 알려 주는 이야기도 별로 없다. 게다가 아무런 준비 없이 갑자기 깨어난 경우는 무척 드물다. 내가 아는 한, 깨어남의 깊이 면에서 케이티와 비교되는 20세기의 인물은 인도의 성자 라마나 마하리쉬가 유일하다. 그는 깨어난 뒤의 일을 어느 정도 자세히 얘기했지만, 승려와 다를 바 없는 출가자였고 이런 종류의 경험이 인정받고 존중받는 문화에서 살았기 때문에 깨달음과 삶을 통합하는 데 별문제가 없었다. 몇몇 사람이 그에게 음식과 옷을 가져다주었고, 그러지 않을 때는 그가 홀로 삼매(samadhi) 상태에 잠겨 있도록 내버려 두었다. 그는 산에서 살았다. 가족에게 돌아갈 필요가 없었고, 차를 운전하거나 슈퍼마켓에서 장을 볼 필요도 없었다. (케이티는 "나도 그럴 필요는 없었어요"라고 말한다.)

집중적인 명상 수행을 통해 일어나는 일반적인 깨어남은 훨씬 들쭉날쭉하다. 즉, 번갯불 같은 통찰 덕분에 대단한 자신감을 얻고 삶이 어느 정도 정리되지만, 그 통찰이 내면에 자리 잡고 온전히 변화되기 위해서는 그 후로도 오랫동안 꾸준히 정진해야 하는 것이다. 훗

날 선사가 되는 동산 스님은 내면의 눈을 뜬 뒤 스승에게 말했다. "기쁘지 않은 건 아니지만, 똥 더미에서 진주 한 알을 붙잡은 것 같습니다." 그 뒤 또 한 번의 통찰이나 다른 통찰들이 더 있을 수 있으며, 더 맑아질 수 있고, 업(카르마)의 찌꺼기를 뚫고 나아가면서 더 정진해야 할 수 있다. 그런 것들은 비범한 경험이며, 그런 통찰 하나하나는 우리가 가진 모든 것을 기꺼이 팔아서 사고 싶을 만큼 아주 값진 진주와 같다. 하지만 그런 경험은 그리 드물지 않다. 이와 달리 완전한 돌파가 일어나면 무슨 일이 생길까? 케이티의 이야기를 보면 알 수 있다.

케이티가 금강경을 해설할 때의 장점 중 하나는 '깨달음'이라는 말에서 신비적 요소를 걸어 내고 이해하기 쉽게 설명해 준다는 점이다. 왜 금강경은 깨달음이라는 것이 없다고 말할까? 왜 황벽 선사는 "깨달음이란 깨달음이 존재하지 않음을 깨닫는 것이다"라고 말할까? 케이티의 명쾌한 말을 들으면 그 이유를 알게 된다.

케이티는 말한다.

가장 단순하게 말하자면, 깨달음이란 세상처럼 보이는 것을 더 가벼운 마음으로 경험하는 방식입니다. 예를 들어, 세상은 불친절하다고 믿었는데 나중에 탐구를 통해 세상이 실제로는 친절하다는 것을 알게 되면, 당신은 더 친절하고 더 자유롭고 덜 우울하고 덜 두려워하게 됩니다. 나는 '깨달음'이라는 말을 어떤 고양된 마음 상태가 아니라, 누구나 할 수 있는 실제적인 경험, 즉 스트레스를 주는 생각을 이해하는 것을 가리키는 말로 사용하고 싶습니다. 예를 들어, 나는 예전에 "어머니는 나를 사랑하지 않아"라는 생각을 믿었습니다. 하지만 그 생각에 질문한 뒤 그것이 진실이 아님을 깨달았고, 그 생각을 믿을 때 어떤 결과가 일어나는지(그 믿음이 내 감정과 행위에 미친 영향)를 조사했고, 그 생각이 없을 때 내가 누구인지를 알았으며, 그 생각을 정반대로 뒤바꾼 뒤 각각의 뒤바꾸기가 진실임을 보여 주는 실제 예들을 찾았습니다. 그 결과, 나는 그 생각에 대해 깨달았고, 그 생각은 다시 나를 괴롭히지 못했습니다. …… 그러니 이해하는 것이 매우 중요합니다. 사람들은 깨달음이란 분명 어떤 신비하고 초월적인 경험일 것이라고 믿습니다. 하지만 그렇지 않습니다. 깨달음은 우리를 가장 괴롭히는 생각만큼이나 우리 가까이 있습니다. 현실과 다투는 생각을 믿으면 혼란스러워집니다. 반면에 그 생각에 질문하고 그것이 진실하지 않음을 알면, 당신은 그 생각에 대해 깨닫게 되고 그 생각에서 해방됩니다. 그 순간 당신은 붓다만큼 자유롭습니다. 그 뒤 스트레스를 주는 다른 생각이 일어나면, 당신은 그 생각을 믿거나 그것에 질문합니다. 그것은 당신이 깨달을 수 있는 다음 기회입니다. 삶은 이처럼 단순합니다.

케이티의 사연은 현실로 깨어날 준비가 전혀 되어 있지 않았던 사람이 겪은 경험을 들려준다. 케이티는 깨어남을 갈구하지 않았고, 깨어나기 위한 수행을 하지 않았으며, 깨어남이 무엇인지 알지도 못했다. 그녀는 자신에게 일어난 일을 이해할 수 있는 개념이나 지식이 없었고, 주변 사람들도 마찬가지였다. 그녀가 아는 건 오로지 자신의 삶이 완전히 변했다는 것뿐이었다. 편집증과 광장공포증에 시달리고 자살 충동에 사로잡혔던 여성이 한순간에 기쁨으로 가득한 평온한 사람이 되었고, 그 상태에 깊이 뿌리내리며 다시는 망상의 세계로 돌아가지 않을 수 있는 방법을 얻었다. 케이티는 말한다. "나는 생각을 믿으면 고통을 받지만, 생각을 믿지 않으면 고통 받지 않는다는 것을 알게 되었습니다. 모든 인간이 마찬가지입니다. 자유는 이처럼 단순합니다. 고통은 우리가 선택하는 것임을 나는 알게 되었습니다. 내 안에서 발견한 기쁨은 그 후로 단 한 순간도 사라지지 않았습니다. 그 기쁨은 모든 사람 안에 언제나 있습니다."

케이티는 깨어나기 전의 삶을 기억하지 못했다. 하지만 놀랍도록 용감하게 옛 가족의 이야기 속으로 들어갔다. 어느 날 남편과 자녀들이 난데없이 요양원에 불쑥 나타났다. "이 덩치 큰 낯선 사람이 내 남편이라고요? 만난 적도 없는 이 세 젊은이가 내 아이들이고요? 좋아요." 그녀의 기억은 깨끗이 지워져 있었다. 그녀에게는 이해를 돕거나 무슨 일이 일어났는지 설명해 줄 만한 영적 스승이나 전통이 없었다. 그래서 모든 것을 혼자 힘으로 이해해야만 했다. 그녀는 우리 사회의 규범이 무엇인지 알지 못했다. 그래서 거리에서 낯선 이를 보고 다가가서 사랑에 취해 그의 눈을 들여다볼 때, 또는 (모든 것이 자기의 것이라고 여겼으므로) 남의 집에 허락 없이 들어갈 때, 사람들이 그녀를 미친 사람으로 여긴다는 걸 몰랐다. 현실로 깨어난 첫 경험 후에 무엇이 줄어들지는 않았지만, 그녀는 점차 적응해 갔다. 강렬한 감정을 조절하는 법을 배웠다. '나', '너', '탁자', '의자'라고 말하는 법도 배웠다. 비록 그런 단어들이 거짓말이라는 것을 알고 있었지만……

20

이런 이야기들은 금강경의 통찰이 얼마나 근본적인지를 보여 준다. 이 경전에서 나도 없고 남도 없다고 하는 말은 말장난이 아니다. 단순히 모든 것이 서로 연결되어 있다는 의미도 아니다. 글자 그대로 '나'라는 실체가 없으며, '나'란 마음이 쌓아 올린 관념에 불과하다는 뜻이다. 각각 실재하는 것처럼 보이는 우리 바깥에 있는 것들이 (그런 의미에서는 우리 마음속에 있는 것들도) 그렇듯이……. 케이티의 이야기들은 우리가 그 진실을 존재의 핵심까지 깨달을 때, 그것이 어떻게 보이고 느껴질 수 있는지를 보여 준다. 바깥에서 볼 때는 그 깨달음의 모습이 아무리 터무니없어 보여도 내면에서는 완전한 조화 속에 움직인다. 작은 배는 부드럽게 강물을 따라 노 저어 간다. 즐겁게, 즐겁게, 즐겁게, 즐겁게—꿈꾸는 사람은 없고 오직 꿈뿐이다. (그리고 꿈조차 없다.)

_스티븐 미첼

탐구에 대하여

이 책에서 케이티가 '탐구'라고 말하는 것은 '작업(The Work)'을 가리킨다. '작업'은 네 가지 질문과 '뒤바꾸기'로 이루어져 있는데, 그녀가 말하는 '뒤바꾸기'란 당신이 믿는 생각의 정반대를 경험해 보는 방식이다.

네 가지 질문은 다음과 같다.

1. 그게 진실인가요?
2. 그게 진실인지 당신은 확실히 알 수 있나요?
3. 그 생각을 믿을 때 당신은 어떻게 반응하나요? 무슨 일이 일어나나요?
4. 그 생각이 없다면 당신은 누구일까요?

네 가지 질문은 처음 접하는 독자에게는 그저 지적인 질문들에 불과한 것으로 보일지 모른다. 네 가지 질문이 어떻게 작용하는지를 제대로 이해하려면 이 질문들을 직접 사용해 봐야 한다. 하지만 다른 사람들이 네 가지 질문을 사용하는 모습을 보는 것만으로도 이 질문들의 힘을 엿볼 수 있고, 나아가 그 힘을 경험할 수도 있다. 케이티의 홈페이지(www.thework.com)에 가면 그녀가 다른 사람들과 함께 '작업'

하는 동영상을 많이 볼 수 있다. 이 질문들에 정직하게 대답하면, 질문들은 생명력을 갖게 되며, 우리가 바깥을 바라볼 때는 볼 수 없는 진실들을 거울처럼 비춰 준다. (부록에는 '작업'을 하는 방법이 소개되어 있다. 더 자세히 알고 싶다면 케이티의 홈페이지, 또는 그녀의 책 《네 가지 질문》을 참고하기 바란다.)

'작업'은 스스로 문제를 해결하는 방법이라고 여겨지지만, 사실은 그보다 훨씬 더 깊은 자기 깨달음의 길이다. 스트레스를 주는 생각에 질문하면 우리는 그 생각이 진실이 아님을 스스로 알게 된다. 그리고 그 생각의 원인과 결과를 보게 되고, 그 생각을 믿으면 정확히 어떤 고통과 혼란이 일어나는지를 정신이 번쩍 들 만큼 구체적으로 알아차리게 된다. 그다음에는 빈 거울을, 즉 세상에 대한 우리의 이야기 너머에 있는 세계를 힐끗 보게 되고, 그 생각이 없을 때 우리의 삶이 어떤 모습일지 보게 된다. 그리고 마지막으로 우리가 그토록 굳게 믿었던 생각의 정반대를 경험하게 되고, 이런 정반대의 생각들이 어째서 타당한지를 보여 주는 구체적인 예들을 발견한다. 어떤 생각에 대해 깊이 질문하면, 그 생각은 우리를 괴롭히는 힘을 잃어버리며 마침내 다시 일어나지 않게 된다. 케이티는 말한다. "나는 생각을 놓아 버리지 않습니다. 나는 생각을 이해로 만납니다. 그러면 생각이 나를 놓아줍니다."

_스티븐 미첼

금강경에 대하여

...... 듣는 자, 그는 눈 속에서 들으며,
그 무엇도 아니면서,
지금 있지 않은 것은 아무것도 보지 않고,
존재하는 무(無)를 본다.

_월리스 스티븐스, '눈사람'

금강경의 산스크리트 어 이름은 '바즈라체디카 프라갸파라미타 수트라(Vajracchedikā Prajñāpāramitā Sūtra)'인데, '다이아몬드 절단기 같은 초월 지혜의 경전'이라는 의미다(이 경전은 마치 다이아몬드가 유리를 자르듯이 의혹을 잘라 버릴 수 있는 고도로 압축된 다이아몬드 같은 지혜의 경전이므로 '다이아몬드 절단기'라고 한다). 학자들은 이 경전이 350년경에 쓰였다고 추정하지만, 대승불교 경전의 일반적 관습에 따라 이 경전은 기원전 563년에서 498년까지 살았던 석가모니와 대화하는 형식으로 쓰여 있다. 금강경은 401년에 중국에서 한문으로 번역된 뒤 동아시아에 널리 전해졌고, 선불교를 중심으로 여러 불교 종파에서 중요한 경전으로 받아들였다. 868년에 간행된 한문 목판본 금강경은 현재 대영박물관에 소장되어 있는데, 세계에서 가장 오래된 인쇄물 중 하나로서 구텐베르크 성서보다 586년 앞선 것이다.

금강경은 대화로 이루어져 있지만, 문학적인 텍스트가 아니며 플라톤의 대화편 같은 매력이 있는 것도 아니다. 반복되는 구절도 아주 많다. 그러나 중요한 가르침은 반복할 만한 가치가 있다. 금강경의 저자는 우리를 감동하게 하거나 즐겁게 해 주려는 의도가 없다. 글을 영리하게 구성하여 재미있게 만들려 하지도 않는다. 그는 우리가 현실로 깨어나기를 바랄 뿐이며, 우리가 어떤 것을 한 번에 이해하지 못하면 두 번이든 세 번, 네 번이든 다시 말해 줄 것이다.

금강경은 선종 6대조 혜능 스님의 이야기 때문에 특히 선불교에서 유명하다. 혜능은 젊을 때 글자를 모르는 나무꾼이었다. 어느 날 가게에 땔나무를 한 더미 배달해 주고 밖으로 나와 있다가 한 스님이 금강경을 독송하는 소리를 듣고 있었는데, "마음이 어디에도 머물지 않게 하라"는 구절을 들었을 때, 혜능의 마음이 활짝 열렸다. 훗날 혜능은 선사가 된 뒤에 금강경을 극찬했다. "부처님은 특히 상근기의 수행자들을 위하여 이 설법을 전하셨습니다. 금강경은 마음의 본질을 깨달을 수 있게 해 줍니다. 우리의 마음에 본래 지혜가 있음을 깨달으면, 어떤 경전의 권위에도 의지할 필요가 없습니다. 끊임없는 명상으로 자기에게 본래 있는 지혜를 이용할 수 있기 때문입니다."

금강경은 근본적이고 전복적이며, 그 안에 담긴 말조차 계속해서 허물어뜨리며, 독자들이 어떤 영적 관념에도, 심지어 '무아(無我)' 같이 엄밀한 관념에도 안주하지 못하게 한다. 케이티의 '탐구'처럼 금강경은 어디에도 머물지 않는 마음으로 돌아가는 길을 우리에게 계속 가리켜 준다.

선불교에는 금강경에 관한 또 하나의 유명한 이야기가 있다.

덕산 스님은 금강경에 조예가 깊었는데, 중국 남부에 선불교라는 불경한 교리를 전하는 승려들이 있으며 그들은 '경전 밖에서 마음에서 마음으로 진리를 전한다'고 가르친다는 얘기를 들었다. 분개한 덕산은 그런 이단을 뿌리 뽑기 위해 남쪽을 향해 길을 떠났다. 풍주로 가는 길에 이르렀을 때 길가의 만두 파는 가게에 들어가 노파에게 음식을 주문했다. 노파가 물었다. "스님, 무슨 책을 그리 많이 가지고 다니십니까?" 덕산이 대답했다. "내가 금강경에 대해 쓴 주석서들이오." 노파가 말했다. "제가 듣기로 금강경에서는 '과거의 마음도 붙잡을 수 없고, 미래의 마음도 붙잡을 수 없고, 현재의 마음도 붙잡을 수 없다'고 합니다. 그렇다면 음식을 원하는 것은 어느 마음인지요?" 덕산은 말문이 콱 막혀 어떤 대답도 내놓을 수 없었다. 잠시 후 덕산이 물었다. "혹 이 근방에 선사가 계시오?" 노파가 말했다. "오 리쯤 가시면 용담 스님의 절이 있습니다."

덕산은 그 절에 가서 용담 스님에게 밤늦도록 많은 질문을 했다. 밤이 깊어지자 용담이 말했다. "이제 주무십시다." 그래서 덕산이 선사에게 절을 하고 방문을 열었는데, 밖이 칠흑같이 어두웠다. 덕산이 "밖이 어두워 보이지 않습니다"라고 말하자 용담이 촛불을 켜서 건넸다. 덕산이 촛불을 받으려는 순간, 용담이 입으로 불어 촛불을 꺼 버렸다. 그 순간, 덕산은 문득 깨달았다.

다음 날 덕산은 자신이 금강경에 대해 쓴 모든 주석서를 가져와 법당 앞에 쌓아 놓은 뒤 횃불을 들고 말했다. "가장 심오한 가르침에 통달한다 해도 한없는 허공에 머리카락 한 올을 놓은 것 같고, 세상의 모든 진리를 배웠다 해도 깊은 계곡에 물 한 방울 떨어뜨리는 것 같다." 덕산은 자신이 쓴 책들을 불사르고, 용담 스님에게 절한 뒤 떠났다.

이 책에서 케이티는 그 노파처럼 근본적인 질문을 하고, 그 선사처럼 촛불—사방을 뒤덮고 있는 어둠을 밝히려 애쓰는 작은 불꽃—을 불어서 끄는 두 가지 역할을 합니다. 여러분이 이 책에서 어떤 진실들을 파악했다고 생각한다면, 나중에 케이티의 말 뒤에 있는 입김이 그것들을 생일 케이크의 촛불들처럼 불어 꺼 버렸음을 알고 나서 기뻐할지도 모릅니다. 케이티는 종종 말합니다. "내 말을 믿지 마세요. 직접 시험해 보세요. 내가 아니라 '당신'에게 진실한 것을 발견하는 게 중요합니다."

_스티븐 미첼

이 책의 금강경 번역에 대하여

나는 산스크리트 어를 읽을 줄 모른다. 그리고 이 책의 금강경 영역은 단순한 번역이 아니라, 내가 새롭게 해석하여 고쳐 쓴 것이다. 이 영역본을 준비할 때 이미 나와 있던 금강경 영역본들을 참고했는데, 특히 에드워드 콘즈, 틱낫한, 빌 포터(필명 레드 파인), A. F. 프라이스, 무성의 번역을 주로 참고했다.

금강경은 현대의 많은 독자에게는 몹시 이해하기 힘든 경전이다. (진지한 구도자인 내 친구는 금강경을 읽으려고 서로 다른 영역본으로 띄엄띄엄 네 번을 시도해 보았지만, 6장 이상 읽을 수가 없었다고 한다.) 그래서 나는 누구나 금강경을 읽고 그 지혜로부터 이로움을 얻을 수 있도록 이 경전의 대화를 쉬운 말, 전문적이지 않은 일상적인 말로 바꾸고, 난해한 요소를 덜어 내고, 더 생생한 느낌으로 다듬는 편이 좋을 것 같다고 생각했다. 원문은 반복되는 구절이 더 많지만, 나는 복잡한 표현들을 간결하게 줄였다. 그리고 되도록 형이상학적인 것들보다는 '지금 여기'에 중점을 두는 쪽으로 일부 표현을 바꾸었다. 내가 이 작업을 하면서 무엇보다 염두에 둔 것은 붓다-마음(불심)의 밝은 빛이 환히 비칠 수 있게 하려는 것이었다.

_스티븐 미첼

당 신 의
아 름 다 운   세 계

1
우주적인 농담

이렇게 나는 들었다. 부처님께서 사위국 아나타핀디카의 기원 정사에서 1,250명의 비구와 함께 머물고 계셨다. 이른 아침 탁 발할 시간이 되자, 부처님께서는 가사를 입은 뒤 바리때를 들고 사위성으로 들어가 한 집 한 집 다니며 음식을 비셨다. 탁발을 마치고 처소로 돌아와 밥을 드셨다. 이어 가사와 바리때를 치우 고 발을 씻은 뒤 자리에 앉으셨다.

나는 캘리포니아 남부 사막 부근의 소도시에서 살았습니다. 그곳 사람들은 붓다를 중국 음식점에서 흔히 볼 수 있는 행복하고 뚱뚱한 조각상의 주인공이라고 생각합니다. 나도 남편 스티븐을 만나기 전 에는 그 뚱뚱한 사람이 실은 중국에서 번영의 신으로도 여겨지는 포 대화상이라는 걸 몰랐습니다. 그와 달리 붓다는 마른 편이고 얼굴에 잔잔한 미소를 띠고 있다고 스티븐이 말해 주었습니다. 물론 스티븐 의 말을 존중하지만, 내게는 배가 불룩 나온 그 사람도 붓다입니다. 그는 농담을 이해하는 붓다입니다. 그 농담이란 모두가 꿈이라는 것

입니다. 모든 삶, 모든 것이……. 아무것도 존재한 적이 없습니다. 아무것도 있을 수가 없습니다. 왜냐하면 어떤 것이 있는 것처럼 보이는 바로 그 순간, 그것은 이미 사라져 버렸기 때문입니다. 이 얼마나 유쾌한 농담인가요. 그 농담을 이해하는 사람은 그렇게 신나게 배를 출렁대며 온몸으로 웃을 수 있습니다.

다른 식으로 얘기할 수도 있습니다. '붓다'라는 말은 내게 순수한 자비를 의미합니다. 그것은 세심하고 기쁜 자비이고, 왼쪽이나 오른쪽이나 위나 아래나 가능이나 불가능이 없는 자비이며, 실재하는 것에 깨어 있을 때 우리에게서 저절로 흘러나오는 자비입니다. 자비는 자아(나)라는 것이 없음을 깨달은 후에 남아 있는 것입니다. 알아야 하는 것은 아무것도 없고, 그걸 알 사람도 없습니다. 그러니 내가 어떻게 이것을 알까요? 참 재미있습니다!

금강경은 단순한 탁발 행위로 시작합니다. 붓다가 음식을 구걸했다는 이야기를 들었을 때 나는 깊은 감동을 받았습니다. 붓다는 우주가 어떻게 움직이는지 이해했기 때문에 자신이 언제나 보살핌을 받고 있다는 걸 알았고, 자신을 초월적인 고귀한 존재나 영적 스승으로 여기지 않았습니다. 특별한 인물로 떠받들어지는 것도, 제자들의 시중을 받는 것도 거부했습니다. 그는 자신을 평범한 승려로 여겼습니다. 그래서 매일 아침 음식을 구걸하러 나가는 것은 자신이 해야 하는 일이었습니다. 그에게는 하루 한 끼 식사만으로 충분했습니다. 그는 지혜롭게도 어느 집이든 가리지 않고 가서, 그 집 사람들이 음식을 줄지 안 줄지 염려하지 않고 문 앞에 서 있었습니다. 그는 우주가 언제나 친절하다는 것을 잘 알았습니다. 그래서 말없이 그 집 사람들에게 바리때를 내밀고는 음식을 주든 안 주든 차분히 기다릴 수 있었습니다. 만일 그들이 음식을 주지 않으면, 붓다는 그 거절을 감사히 받았습니다. 자신에게 음식을 보시하는 특권이 그 집 사람 아닌 다른 사람의 것임을 이해했기 때문입니다. 음식 자체는 중요하지 않았습니다. 붓다는 음식이 필요하지 않았습니다. 그는 자신이 살아 있게 할 필요가 없었기 때문입니다. 그는 그저 사람들에게 자비로울 기회를 주고 있었을 뿐입니다.

스티븐이 '승려(monk)'라는 말은 '홀로 있는 사람'이라는 의미라고 알려 주었습니다. 나는 그 의미를 사랑합니다. 현실에서 우리는 모두 혼자이기 때문입니다. 모든 사람은 유일한 존재입니다. 타인은 없습니다! 그러므로 나에게 '승려'란 절에 들어간 사람을 가리키는 말이 아니라, 모든 사람 즉 나와 여러분을 정직하게 묘사하는 말입니다. 나에게 진정한 승려란 보호하거나 방어해야 할 자아가 없음을 이해하는 사람입니다. 정해진 집이 없으니 어디서나 편안할 수 있음을 아는 사람입니다.

1986년에 현실로 깨어났을 때, 나는 내 모든 고통은 지금 있는 현실과 다투기 때문에 생긴다는 것을 깨달았습니다. 그전까지 나는 여러 해 동안 몹시 우울했고, 내 모든 문제의 원인은 세상 때문이라고 여기며 세상을 비난했습니다. 하지만 깨어난 뒤에는 나의 우울증은 주변 세상과 아무 상관이 없고, 내가 세상에 관해 '믿던' 생각들 때문에 일어났음을 알게 되었습니다. 내 생각을 믿으면 괴롭지만, 생각을 믿지 않으면 괴롭지 않다는 것을 깨달았습니다. 또 그것이 모든 사람에게도 진실임을 알아차렸습니다. 자유는 이처럼 단순합니다.

그날 아침 눈을 떴는데, 나에게는 집도 가족도 자아도 없었습니다. 그중 어느 것도 실재하는 게 아니었습니다. 비록 내게 케이티의 기억 창고가 있어서 그녀의 이야기를 참고할 수는 있었지만, 나는 아무것도 알지 못했습니다. 그래서 사람들이 내게 알려 주었습니다. "이건 탁자예요", "이건 나무입니다", "이 사람이 남편이에요", "이 아이들이 당신의 자녀입니다", "이게 당신 집이에요", "이건 우리 집이에요." 사람들은 이런 말도 했습니다. "모든 집이 당신의 집은 아니에요." (나의 관점에서는 터무니없는 말들이었습니다.) 처음에는 누군가가 케이티의 이름과 주소, 전화번호를 종이에 써 주어야 했고, 나는 그 종이를 그녀의(나의) 주머니에 넣고 다녔습니다. 나는 눈에 띄는 건물 따위를 눈여겨보고, 헨젤과 그레텔 동화에 나오는 빵부스러기처럼 그것을 마음속에 간직해 두었습니다. 그래야 사람들이 우리 집이라고 부르는 곳으로 돌아오는 길을 찾을 수 있었습니다. 모든 것이 너무 새롭고 낯설어서, 내가 자란 소도시였지만 다섯 구역 떨어진 곳에서도 집으로 돌아오는 길을 찾기가 쉽지 않았습니다. 그래서 때로는 사람들이 나의 남편이라고 하는 폴이나 내 아이 중 하나가 나와 함께 다녔습니다.

나는 늘 더없는 기쁨 속에 있었습니다. '나의 것'도 '너의 것'도 없었습니다. 내가 집착할 수 있는 것은 아무것도 없었습니다. 내게는 어떤 것도 이름이 없었기 때문입니다. 나는 길을 잃으면 사람들에게 다가가서 "그녀의 집이 어딘지 아세요?"라고 물은 적이 많았습니다. (현실로 깨어난 초기에 나는 '나'라고 말할 수가 없었습니다. 그렇게 말하는 것은 정직해 보이지 않았습니다. 그것은 거짓말이었기 때문에 나 자신에게 그런 말을 하

34

라고 시킬 수가 없었습니다.) 모든 사람이 한결같이 친절했습니다. 사람들은 천진함을 알아보았습니다. 만일 누가 아기를 길 위에 놓아두고 떠나면, 사람들은 아기를 안고 보살피며 집을 찾아 주려 할 것입니다. 나는 아무 집에나 들어가곤 했습니다. 모든 집이 나의 집이라는 걸 알았기 때문입니다. 그래서 현관문을 열고 곧장 걸어 들어갔습니다. 모든 것은 우리 모두의 것임을 사람들이 알아차리지 못할 때마다 나는 늘 깜짝 놀랐습니다. 그런데 내가 그렇게 들어간 집의 사람들은 나를 아주 너그럽게 대해 주었습니다. 그들은 미소를 지었고, 기분 나빠하지 않았습니다. 때로는 마치 내가 우스운 말을 한 것처럼 웃음을 터뜨렸습니다. 어떤 이들은 "아니요, 이건 우리 집입니다"라고 말한 뒤, 다정하게 내 손을 잡고 문밖으로 데려다 주었습니다.

매일 아침, 잠에서 깨자마자 침대에서 나와 옷을 입고는 거리를 걸었습니다. 나는 사람들에게 강하게 끌렸습니다. 아주 이상한 일이었습니다. 불과 얼마 전까지만 해도 '나'는 피해망상과 광장공포증에 시달리고 있었고, 나 자신과 사람들을 미워했기 때문입니다.

이따금 나는 낯선 사람에게 다가가서—그 사람이 나 자신이고, 다시 나일 뿐임을 알았으므로—그를 얼싸안거나 손을 잡았습니다. 그런 행동이 내게는 아주 자연스럽게 느껴졌습니다. 하지만 사람들의 눈에서 두려움이나 불편한 기색이 보이면 나는 물러났습니다. 그런 반응을 보이지 않으면 그들에게 얘기했습니다. 처음 몇 번은 내가 보는 대로 말했습니다. "하나만 있어요! 하나만 있어요!" 그런데 곧 그런 행위에 불균형이 있음을 알아차렸습니다. 사람들에게 강요하는 것처럼 느껴졌기 때문입니다. 그들에게는 그런 말이 당연해 보이지 않았으므로 받아들일 수 없었습니다. 어떤 이들은 내 안에서 보는 것을 좋아하고, 웃고, 안전하다고 느끼는 것 같았습니다. 내 말이 이해되지 않아도 개의치 않는 것 같았습니다. 하지만 어떤 사람들은 미친 사람 보듯이 나를 바라보았습니다. 또한 나는 온전한 진실을 말하지 않으면 편안하게 느껴지지 않는다는 것을 알아차렸습니다. 그래서 "아무것도 없어요! 아무것도 없어요!"라고 말했고, 손가락으로 '0'을 표시해서 보여 주었습니다. 하지만 이렇게 말했을 때, 사람들에게 오직 하나만 있다고 말했을 때와 같은 느낌이 들었습니다. 그래서 나는 그런 말을 그만두었습니다. 결국은 그게 친절한 행위였습니다.

진실은 아무것도 없는 것조차 아닙니다. "아무것도 없다"는 것은 어떤 무엇(something)의 이야기입니다. 현실(실재)은 그 이야기 이전입니다. 나는 그 이야기 이전이고, '아무것도 없음(nothing)' 이전입니다. 그것은 말로 표현할 수 있는 것이 아닙니다. 그것에 대해 말하는 것조차 그것에서 멀어집니다. 내가 이해하는 것들은 어느 하나도 말로 옮길 수 없음을 나는 곧 깨달았습니다. 그렇지만 그것들은 내게 너무나 단순하고 분명했습니다. 그것들은 이렇게 들렸습니다. "시간과 공간은 실제로는 존재하지 않는다. 모름이 모든 것이다. 오직 사랑만 있다." 하지만 사람들은 그런 진실을 받아들일 수 없었습니다.

내가 살던 바스토우의 거리를 몇 달 동안 걸어 다녔습니다. 나는 끊임없는 지극한 기쁨 속에 있었고, 너무나 기쁨에 취해서 나 자신이 마치 걸어 다니는 전구처럼 느껴졌습니다. 가끔 사람들이 나를 보고 '빛나는 여인'이라고 말하는 소리가 들렸습니다. 나는 그 빛이 나를 다른 사람들과 분리시킨다고 느꼈습니다. 그래서 환한 빛은 계속되었지만(오늘까지도), 마침내 그 빛은 내 안으로 들어갔고, 나는 더 평범해 보이기 시작했습니다. 그것은 평범해지고 균형 잡히기 전에는 사람들에게 별 가치가 없었습니다.

붓다의 머리 주위에 후광이 있는 모습을 상상하는 화가들이 많다고 스티븐이 얘기해 줍니다. 그러나 붓다나 그와 같은 사람들에게서 나오는 빛은 내면의 빛이었습니다. 그것은 세상이 자기 마음에서 나온다는 것을 이해하므로 세상 속에서 완전히 편안할 때 나오는 빛이었습니다. 붓다는 감사의 경험에 덧씌워지는 모든 생각을 꿰뚫어 보았습니다.

그가 탁발하러 나가서 음식을 받을 때, 그 받음의 경험은 아주 깊어서 그 자체로 주는 행위입니다. 그것은 음식 이상의 음식입니다. 그는 기원정사로 돌아와서 받은 음식을 내려놓고 자리에 앉아 식사하고, 그 모든 것이 가능해지도록 돕는 바리때를 씻고, 발을 씻은 뒤 조용히 자리에 앉습니다. 자신이 입을 열어 말을 할지 안 할지, 사람들이 들을지 안 들을지 알지 못한 채, 지금 이 순간의 이전이나 이후의 세계에 대한 어떠한 증거도 없이, 평온하고 감사하며 준비를 합니다. 음식을 받은 사람, 도움을 받은 사람, 음식이 줄 수 있는 것 이상의 무엇으로 자양분을 받은 사람으로 앉아 있습니다. 그렇게 고요히 앉아 있을 때, 마음은 곧 상대방처럼 보이는[1] 사람을 통해 자기에게 질문하고, 이해로 자기를 만납니다. 과거도 미래도 없이, 이름 붙일 수 없는 자아 안에, 존재할 수 없는 자아, 환히 빛나는 무아(無我) 안

---

1 바이런 케이티는 이 책에서 '……처럼 보이는'이라는 말을 자주 쓰는데, '우리에게는 ……처럼 보이지만 실제로는 그런 것이 아니다'라는 의미다. '외견상'이나 '듯한'으로 옮긴 말도 이와 같다.—옮긴이

에 머무르며…….

당신은 삶이 꿈이라고 말합니다. 다른 사람들이 당신의 꿈에 나오는 존재일 뿐이라면, 그들에게 친절해야 할 이유가 있을까요?

나는 내가 생각하는 모든 것을 사랑합니다. 그래서 내가 보는 모든 사람을 자연히 사랑하게 됩니다. 그것은 지극히 당연한 일입니다. 나는 내 꿈에 등장하는 모든 사람을 사랑합니다. 그들은 오직 나의 자아로서 거기에 있기 때문입니다. 꿈을 꾸는 사람으로서 내가 할 일은 꿈속에서 내 마음을 아프게 하는 것과 그렇지 않은 것을 알아차리는 것이며, 친절하지 않으면 언제나 마음이 아픕니다. 여기에서 나는 붓다의 목소리를 듣는데, 그것은 해독제이고 축복이고 입구이며, 내면의 변함없는 의식입니다.

당신은 현실로 깨어난 뒤에 가족을 기억하지 못했기 때문에 사람들이 "이분이 당신의 남편이에요", "이 아이들이 당신의 자녀입니다"라고 알려 주어야 했다고 합니다. 나중에는 가족의 기억이 돌아왔나요?

나는 폴과 결혼한 상태라는 것을 알게 되었죠. 난데없이. 1979년에 그와 결혼한 여성은 죽었고, 이제 다른 무엇이 이 몸 안에서 살고 있었습니다. 나는 그를 알아보지도 못했어요. 그가 누구인지 정말로 몰랐습니다. 요양원에 있는 여성들이 덩치 큰 남자를 데리고 와서는 "이분이 당신의 남편입니다"라고 말하더군요. 그는 내가 전혀 모르는

38

사람이었습니다. 나는 그를 바라보고는 속으로 말했습니다. "신이시여, 이 사람도? 이 사람이 내 남편인가요? 좋아요." 나는 지금 있는 현실에 완전히 내맡겼고, 그것과 결혼했고, 그것이었습니다. 그래서 그날 아침 그녀의 몸에서 케이티로서 드러난 것이 무엇이든, 그것은 누구와도 결혼한 적이 없다고 말할 수 있습니다. 또 요양원 사람들이 내 아이들이 오고 있다고 알려 주었을 때, 나는 아기들이 오나 보다고 생각했습니다. '나의' 아이들이 10대와 20대 초반일 줄은 몰랐습니다. 사람들이 두세 살쯤 된 아기들을 데려올 거라고 생각했죠. 그 아이들이 방으로 들어올 때, 나는 그 모습을 지켜보면서 꿈이 펼쳐지도록 놓아두었습니다. 나는 그 아이들이 다른 사람들과 어떤 차이가 있는지 알 수가 없었습니다. 하지만 그들이 '내 아이들'이라는 것을 받아들이면 안 되는 이유도 알지 못했습니다. 그래서 그냥 그 이야기에 따라 살았습니다. 사랑은 요구에 응합니다. 사랑은 자기를—자기가 어떤 모습을 하고 있든—조건 없이 만날 것입니다.

나는 사람들이 나와의 관계를 규정하도록 언제나 놓아둡니다—그들이 자기를 누구라고 생각하든, 나를 누구라고 생각하든. 폴과 내 아이들에 대한 기억은 그 뒤로도 돌아오지 않았습니다. 그럴 필요가 없었습니다. 그들이 자기의 이야기를 내게 가져오면, 네 명의 다른 여자가 하나의 '나'로 합해질 것이기 때문입니다. 그 당시에 그들이 나를 어떤 사람으로 규정하기 시작할 때면 어떤 메아리 같은 희미한 기억의 흔적이 있었습니다. 설령 내가 그들을 안다고 해도, 그것은 저 멀리 배경에 깔려 있어서 닿을 수 없는 음악이나 향기 같았습니다. 그들이 이야기를 채워 넣었습니다. 그들은 나에 대한 그들의 이야기를 '사랑'했습니다. 그들이 "우리가 ……했던 때를 기억하세요? 우리가 ……을 하고 있었는데, 엄마는 이렇게 말했고, 저는 저렇게 했죠"라고 말하면, 그 모든 이야기가 채워지기 시작했습니다. 비록 그런 일이 실제로 일어난 것은 아니지만. 그렇게 나는 그들의 이야기 속에 살게 되었고, 그래도 나는 괜찮았습니다.

처음 일곱 달가량 사람들은 계속해서 나를 규정했습니다. 우리가 케이티라고 부르는 사람의 남아 있는 흔적들이 내게는 낯설었지만, 어쨌든 그녀의 기억, 그녀의 흔적이 일부는 내게 남아 있었습니다. 마치 내 손가락에 케이티의 지문이 있지만, 나는 그게 내 것이 아님을 아는 것과 같았습니다. 그건 모두 케이티의 이야기였습니다. 나는 오직 자기 자신을 깨닫고 있는 자아였습니다. 더 정확히 말하면, '자아 없음'을 깨닫고 있는 '자아'였습니다.

당신은 현실로 깨어난 뒤 '나의 것'이나 '너의 것'이라는 감각이 없었다고 말합니다. 그것은 아기들이 인식하는 세계와 어떻게 다른가요? 어른이 된다는 것은 '나의 것'과 '너의 것'의 적절한 경계를 더 잘 알아 가고 분별해 가는 것이 아닐까요?

나는 나를 짓누르는 정체성의 느낌이 없이 침대에서 눈을 떴는데, 괜찮았습니다. 그게 그것의 길이었기 때문입니다. 내 옆에는 다른 인간처럼 보이는 모습(남편을 가리킴—옮긴이)이 누워 있었는데, 그것도 괜찮았습니다. 내게는 다리가 있었고(다리가 나타났고), 그 다리가 걸어서 나를 문밖으로 데려다 주었는데, 그것도 괜찮았습니다. 나는 이 시대와 이곳의 관습을 열여섯 살이었던 딸 록산에게 배웠습니다. 내가 한쪽 발에는 빨간색 양말을, 다른 발에는 파란색 양말을 신으면 록산이 보고 웃었습니다. 내가 잠옷을 입은 채 현관문을 나서면 록산이 쫓아와서 나를 다시 끌고 들어갔습니다. 그러면 나는 '오, 알았어. 잠옷은 사람들 앞에서 입는 게 아니란 말이지. 여기서는 그러지 않는군'이라고 생각했습니다. 록산은 내 손을 잡고(그 아이의 마음이 얼마나 이쁜지요) 내내 안내해 주었습니다. 모든 것을 몇 번이고 거듭 알려 주었습니다. 어떻게 록산은 내 눈물을 보고, 내가 삶과 더없이 행복한 연애를 하고 있다는 걸 알 수 있었을까요? 사물들의 이름이 무엇이든 내게 무슨 상관이 있었을까요? 하지만, 예를 들어, 식품점에서 록산은 끈기 있게 멈추면서 물건을 가리키며 말해 주었습니다. "이건 수프 캔이에요. 이건 케첩이에요." 록산은 엄마가 어린애에게 가르쳐 주듯이 내게 가르쳐 주었습니다.

그래서 어떤 면에서는, 그래요, 나는 아기 같았습니다. 그런데 다른 면에서는 아주 실용적이고 효율적이었습니다. 나는 사람들이 스트레스를 주는 어떤 생각에 갇혀 있는지를 알 수 있었습니다. 나는 이런 생각들에 질문하여 불행을 해결하는 법을 그들에게 보여 줄 수 있었습니다. 만일 사람들이 그것을 원하고, 그들의 마음이 탐구에 열려 있다면……. 처음에 나는 사람들에게 익숙하지 않은 방식으로 얘기를 했습니다. 하지만 더 잘 알아들을 수 있게 말하는 법을 서서히 배웠습니다.

나는 이따금 경계 짓는 것은 이기적인 행위라고 말합니다. 당신이 분명할 때는—예를 들어, '예'와 '아니요' 중 어느 대답을 할지 분명할 때는—경계가 필요 없습니다. 초기에 두어 명의 남자가 나와 섹스를 하고 싶어 했습니다. 그들은 나와 함께 잠을 자면 깨달을 수 있다고 확신했기 때문입니다. 나는 그 귀엽고 망상에 빠진 남자들의 정직함과 자유에 대한 갈망을 사랑했지만, 이렇게 말했습니다. "요청해 주어서 고맙지만, 아니요, 싫습니다. 그렇게 해도 당신이 찾는 것을 얻지 못할 겁니다."

하지만 '아니요'도 경계 아닌가요? "아니요, 싫어요. 나는 당신과 잠을 자지 않겠어요." 이것도 경계 같은데요.

　내가 말하는 모든 '아니요'는 나 자신에게는 '예'입니다. 나는 그게 옳다고 느낍니다. 사람들은 내가 원하는 것과 원치 않는 것을 짐작할 필요가 없고, 나는 아닌 척 가장할 필요가 없습니다. 당신이 자신의 '예'와 '아니요'에 정직하면, 친절한 삶을 살기가 수월합니다. 사람들은 내가 진실을 말할 때 내 삶으로 들어오고 나가며, 내가 진실을 말하지 않아도 들어오고 나갈 것입니다. 그런데 후자는 내가 얻을 게 하나도 없고, 전자는 내가 모든 걸 얻습니다. 그래서 나는 어림짐작으로 대답하거나 죄책감을 느끼는 대답을 하지 않습니다.

　예를 들어, 어떤 남자가 나와 섹스하기를 원한다면, 나는 대답을 결정할 필요가 없습니다. 나는 이미 결혼했고 일부일처제를 따릅니다. 그래서 '아니요'라는 대답이 미소와 함께 튀어나옵니다. 사실 나는 그 남자에게 내가 줄 수 있는 가장 큰 선물, 곧 나의 진실을 주고 있습니다. 당신은 그것을 경계 짓는 것이라고 여길 수도 있겠지만, 만일 경계가 한정하는 것이고 제한하는 것이라면, '아니요'라는 나의 대답은 그렇게 느껴지지 않습니다. 내게는 그것이 정직함으로 보입니다. 그건 내가 정하는 게 아니라, 이미 나에게 정해져 있는 것입니다. 그러니 '아니요'라는 대답은 이기적인 행위가 아닙니다. 오히려 나에게도, 남처럼 보이는 사람들에게도 자비로운 행위입니다.

당신은 나와 남이 없다는 진실을 처음 발견했을 때 기쁨에 취했다고 말합니다. 아직도 기쁨에 취해 있나요?

기쁨은 균형을 이루지만, 늘 똑같습니다.

붓다의 탁발을 어떻게 생각하시나요? 당신이 승려처럼 무일푼이고 집도 없이 다른 사람들이 주는 음식에만 온전히 의지하며 사는 걸 상상할 수 있나요?

나는 온전히 의지합니다! 사람들이 채소를 기르지 않으면 가게에서 채소를 살 수 없습니다. 사람들이 나와 남편에게 돈을 지불하지 않으면 나는 음식을 살 수 없습니다.

붓다는 이미 자신에게 속한 것을 요청할 뿐입니다. 그는 굶주림에 시달리지는 않지만, 자비로우므로 음식을 동냥합니다. 그는 언제 요청해야 하는지, 무엇을 요청해야 하는지 압니다. 그는 무엇을 먹을지 아는데, 그것은 정확히 당신이 그에게 주는 것이며, 그 이상이 아닙니다. 나는 언제나 음식이 내게 오는 순간까지는 배가 고프지 않습니다. 나는 늘 완벽히 제때에, 은총으로 선물 받은 알맞은 음식으로, 완벽히 잘 먹여집니다. 당신이 내게 음식을 주면, 나는 말이 아니라 당신 자신의 내면으로부터 당신에게 고마워합니다. 당신이 내게 음식을 주지 않아도 나는 당신에게 고마워합니다.

자비는

자아라는 것이 없음을 깨달은 후에

남아 있는 것입니다.

2
모래알에게 절한다

그때 무리 가운데에 있던 수보리가 일어나서 오른 어깨를 드러
내고 오른 무릎을 꿇고 합장하여 경의를 표하고 부처님께 말씀
드렸다. "스승님은 얼마나 세심하게 보살펴 주시는지요! 항상
제자들의 안녕을 염려하시고, 자비롭게 가르침을 베푸십니다.
스승님, 진지한 남자와 여자가 깨달음을 얻고자 한다면, 무엇을
해야 하며 어떻게 마음을 다스려야 합니까?"[1]

부처님께서 말씀하셨다. "수보리야, 참으로 훌륭한 질문이다.
진지한 남자와 여자가 깨달음을 얻고자 한다면 반드시 마음을
다스려야 한다. 잘 들어라. 어떻게 하면 되는지 말해 주겠다."

수보리가 대답했다. "스승님, 부디 말씀해 주십시오. 저희 모두
잘 듣겠습니다."

---

1 머리말에서 스티븐 미첼이 스스로 밝히듯이, 이 책에 인용된 스티븐의 금강경 번역
은 현대적으로 해석하고 과감히 고쳐 쓴 글이므로 원문과는 다소 차이가 있다. 예를
들어, 여기에서 수보리가 말한 "무엇을 해야 하며 어떻게 마음을 다스려야 합니까?"
라는 질문의 경우, 구마라집의 한역 금강경을 우리말로 옮긴 《선으로 읽는 금강경》
(김태완 번역)에는 다음과 같이 번역되어 있다. "어떻게 그 마음을 머물러야 하며,
어떻게 그 마음을 항복시켜야 합니까?" ─옮긴이

수보리가 일어나서 가장 아름다운 몸짓으로 붓다에게 경의를 표합니다. 붓다의 관점으로 보면, 모든 사람이 깨어났습니다. 그러니 '붓다(깨어난 자)'란 그 자신을 가리키는 말이고, 수보리를 가리키는 말이며, 그곳에 모여 있는 모든 승려를 가리키는 말이기도 합니다. 따라서 다음에 이어지는 대화는 붓다와 붓다의 대화입니다. 그것은 내면의 자아가 그 자신을 만나는 것입니다. 더 정확히 말하면, 자아는 없으며 이 무아(無我)가 자신을 만납니다. 남이란 없으며, 이 남-없음(無他)이 나-없음(無我)을 만납니다.

이따금 사람들이 저렇게 공경하는 태도로 내게 다가오는데, 나는 그게 나 개인에 대한 것이 아니라는 걸 압니다. '작업'을 통해 자신에게 깊은 의미가 있는 것을 이해하게 되어 무척 감동한 사람들은 공개 모임을 마친 뒤 나를 찾아옵니다. 그들은 별처럼 반짝이는 눈으로 손을 모아 합장한 채 내게 다가오는데, 때로는 절을 하거나 무릎을 꿇는 사람도 있습니다. 공경하는 마음이 어떤지 알기에 나는 그들이 그런 느낌을 경험해 보는 걸 사랑합니다. 그들이 바이런 케이티라는 여성을 알아보는 것은 그들 자신의 본성을 알아보는 것일 뿐입니다. 이처럼 둘이 다르지 않으면 '나'라는 개인이 있을 수 없습니다. 그것은 그들 자신의 알아봄이므로 그들의 것이며, 그 알아봄으로서 나는 전율을 느낍니다. 나는 늘 내면에서 모든 사람과 모든 것의 발밑에 엎드려 절하고 있으며, 그보다 못한 것은 무엇이든 분리된 상태임을 압니다. 어떤 사람이 내게 절할 때, 나는 절하는 자이며 절 받는 자입니다. 두 입장은 다르지 않습니다. 거기에는 개인적인 것이 없습니다.

내가 모래알 하나에게 공경하며 절한다면, 그것도 이와 다르지 않

습니다. 그건 빠져드는 것이며, 하나 되는 것입니다. 나는 공경을 그
렇게 경험합니다. 그것은 자아입니다. ······와 친밀한. 나는 '그 자신
과 친밀한 자아'라고도 말할 수가 없습니다. 그것은 단순히 '자아, 친
밀한'입니다. 그것은 참된 친밀함입니다. 나뉘지 않음. 그것의 밖에는
아무것도 없고, 안에도 아무것도 없습니다.

　겸손이란 모래에, 먼지에, 지금 이 순간 들리는 모든 소리에 그런
공경을 보이는 것입니다. 우리가 올바른 마음 상태에 있다면 세상 모
든 것에 경의를 표할 것입니다. 모든 것이 붓다이기 때문입니다. 깨
달음이란 그런 것입니다. 당신은 무엇이 깨닫고 있는지조차 파악할
수 없습니다. 당신이 무언가를 깨닫고 있다는 생각은 진실이 아닙니
다. 그것은 진실에서 적어도 한 생각-세대만큼 멀리 떨어져 있습니
다. 그것은 아름다운 은총의 순간이지만, 당신은 여전히 자신을 깨달
은 사람으로 여기고 있기 때문입니다. 당신이 내맡김의 고통을 벗어
나고, 마침내 내맡김의 기쁨까지도 벗어나면, 동일시하는 능력 너머
의 어떤 것을 알아보게 되고, 순전한 감사의 상태에 들어갑니다.

　수보리는 붓다가 제자들의 안녕을 염려한다고 말합니다. 나는 아
무도 내 제자라고 여기지 않지만, 나의 경험도 그랬습니다. 내게는
모두가 친구입니다. 그리고 나는 그들이 염려할 때만 염려합니다. 그
들의 염려는 곧 내 안에 남아 있는 모든 염려입니다. 그들이 "어떻게
탐구를 실천해야 하나요?", "스트레스를 주는 생각에 질문한 뒤에도
그 생각이 여전히 진실인 것 같으면 어쩌지요?" 같은 질문을 할 때,
나는 그들을 나의 혼란한 자아로 여깁니다. 나는 그들을, 내가 나라
고 믿었던 케이티로 봅니다. 빠져나가는 길을 찾지 못하며 괴로워하

47

던 그녀로……. 나는 내게 있는 모든 것을 그들에게 줄 것입니다. 그런데 그러려면 탁발하는 그릇(바리때)처럼 질문이 필요합니다. 질문은 깨어난 마음에게도 필요합니다. 실은 질문이 바로 깨어난 마음이며, 자기에게 불을 붙입니다. 그리고 사람들이 내게 질문하지 않으면, 나는 그들의 안녕을 전혀 염려하지 않습니다. 왜냐하면 그들이 어떤 고통을 겪고 있는 것처럼 보인다 해도, 사실은 모든 사람이 완벽하게 괜찮다는 것을 알기 때문입니다.

그래서 수보리는 붓다에게 질문을 하는데, 그것은 좋은 질문입니다. 진심으로 자기를 넘어서고 싶은 남자와 여자들이 있습니다. 고통에서 해방되기를 원하는 진지한 남자와 여자들이 있습니다. 나도 그들 중 하나였지만, 그런 줄 모르고 있었습니다. 나는 "나는 ……을 원해", "나는 ……이 필요해", "나는 ……하지 말아야 해", "나는 ……해야 해"와 같은 생각들에 반응하지 않을 때 무슨 일이 일어나는지 시험해 보았습니다. 그 결과, 꼭 필요한 것처럼 보이는 그런 것들 너머의 세계를 보았고, 그런 생각이 하나도 진실하지 않음을 알게 되었습니다. 그런 생각 가운데 어느 하나도 탐구를 견디고 살아남지 못했습니다.

하루 종일 한 끼만 먹으면서 시험해 보아도 그렇다는 것을 알 수 있습니다. 만일 어떤 사람이 당신에게 밥을 조금 주었는데 24시간 동안 먹을 음식이 그게 전부라면, '나는 알아' 하는 마음(I-know mind)은 이렇게 말할 것입니다. "이걸로는 충분하지 않아. 나는 아직 배가 고파. 힘이 하나도 없어. 이러다 병에 걸릴 거야. 어쩌면 죽을지도 몰라." 하지만 그 생각들이 하나씩 "그게 진실인가?"라는 질문을 만나게 하면, 삶이 당신에게 자기를 보여 줄 것입니다. 그리고 마침내 당신은 모든 생각이 마침표가 아니라 물음표로 끝나는 것을 보게 됩니다. 그러면 '모르는 마음'의 끝없는 깨달음 안에서 쉴 수 있습니다.

내가 현실로 깨어났을 때, 내 주위에는 보살핌이 필요한 자녀, 관리가 필요한 자산, 돌봄이 필요한 남편, 도움이 필요한 사람들이 있었는데, 그 모든 것은 진실이 아닌 것으로 밝혀졌습니다. 배고픔조차 진실이 아닌 것으로 드러났습니다. 나는 그것이 진실인지 시험해 보았고, 내게는 음식이 필요하지 않음을, 누구에게도 내가 필요하지 않음을, 필요한 적이 없음을 알게 되었습니다. 이 모든 것을 잃어버리자 자아를 더 깊이 잃어버리게 되었습니다. 자아는 세상에서 역할을 다했고 쓸모가 없어졌습니다. 집을 잃었고, 내 아이들을 잃었고, 남편도 잃었습니다. 그것들을 잃을 '나'라는 개인이 없었기 때문입니다. 케이티라는 개인이 없어도 예외 없이 모든 것이 더 잘 보살핌을 받았습니다. 그 모두가 더 친절한 방식으로 더 좋은 보살핌을 받았습니다. 가족 모두가 나의 스승이 되었고, 그 과정에서 나라는 개인이 지워졌습니다.

수보리는 좋은 질문을 했지만, 그걸 말하는 방식에는 약간 혼란스러운 점이 있습니다. 왜냐하면 마음을 어떻게 '다스리느냐'고 질문하기 때문입니다. 그런 질문이 당연하긴 합니다. 꿈의 세계, 고통의 세계에서는 마음이 혼란스러워 보이는데, 그래서 사람들은 마음을 다스릴 필요가 있다고 여기기 때문입니다. 마음을 다스리는 법을 알 수만 있다면 무엇이든 주겠다는 사람도 있습니다. 그러나 우리는 결코 마음을 다스릴 수 없습니다. 오로지 마음에 대해 질문하고, 마음을 사랑하고, 이해로 만날 수 있을 뿐입니다.

마음은 제멋대로 구는 어린아이 같습니다. 생각들은 잇따라 찾아오면서, 사랑받지 못하는 아이처럼 우리에게 자꾸 조르고 관심을 요구합니다. 이때 우리가 할 일은 열린 마음으로 경청하고 받아들이는 상태와 마음속으로 다투는 상태의 차이를 알고 분간하는 것입니다. 현실을 우리 뜻대로 통제하려 하면, 우리 자신을 거울에 비친 모습이 아니라 근원이라고 생각하면, 우리 자신을 거울에 비친 다른 무엇보다 낫거나 못하다고 생각하면, 괴로움이 생깁니다. 하지만 세상의 모든 것은 동등합니다. 그 모든 것은 마음의 반영입니다.

생각이 나타날 때 그 생각을 믿지 않고 그저 알아차리는 것—우리가 마음을 다스릴 수 있는 것은 딱 이만큼입니다. 우리는 질문하는 마음으로 생각을 알아차릴 수 있습니다. 스스로 옳다고 주장하고 믿어 주기를 바라는 생각은 '나는 알아' 하는 마음, 자기를 선생으로 여기는 마음에서 나옵니다. 질문은 순전히 배우는 학생의 마음에서만 나옵니다. 질문하는 마음으로 있을 때 우리는 자연스러운 흐름을 경험합니다. 방해하는 것도 제한하는 것도 없습니다. 마음을 '다스리는 것'은 마음을 알아차리는 문제일 뿐입니다. 그것은 마음에게 지시를 내리는 게 아닙니다. 당신이 진실로 배우는 학생이라면, 생각이 일어날 때마다 질문하게 될 것입니다.

———

당신은 이 경전의 대화가 붓다와 붓다의 대화라고 했습니다. 더 자세히 설명해

주시겠어요?

붓다는 늘 자비롭습니다. 주지 않으려 하는 게 아무것도 없습니다. 붓다에게는 주는 것이 곧 받는 것이기 때문입니다. 그는 늘 자기 자신과만 얘기합니다. 이 경전 전체는 자아(더 정확히 말하면, '무아'라고 불리는 알아차림)가 자기 자신과 대화하는 내용입니다. 우리와 얘기하는 사람, '상대방'처럼 보이는 사람은 자아상(self-image)입니다. 우리의 인식 바깥에는 아무것도 없습니다. 우리는 어떤 것을 인식하거나, 아니면 그것이 존재한다고 상상할 뿐입니다. 만일 내가 어떤 질문을 듣는다면, 그 질문은 내 안에 있습니다. 그 질문은 상상된 '저 바깥'이 아니라 내 안에서 나오고 있습니다. 그것은 나와 떨어져 있지 않습니다. 그 안에는 거리가 없습니다. 그리고 여기에서 붓다가 수보리의 질문에 대답하듯이, 그 질문이 자기 자신의 질문임을 알면서 자기의 질문에 대답하는 것, 그것은 사랑이 하는 것입니다. 늘 자기 자신에게 봉사하는……

'상대방'은 자연히 고마워합니다. 그는 늘 내 자아의 반영이기 때문입니다. 나는 나 이상의 것을 나 자신에게 요청하지 않습니다. 그것은 언제나 새로워집니다. 그것은 맑은 마음이고, 연인이며, 한계 없는 아름다움과 선함과 창조로서 늘 확장되고 뻗어 가고 날아오르고 있습니다. 대답하지 않으면 질문의 장엄함을 제한하게 됩니다. 질문이 나타나면, 애쓰지 않아도 대답이 나옵니다. 하지만 대답의 질은 배우는 학생에게 달려 있습니다.

만일 나와 함께 대화하는 사람이 뭔가를 알고 있다고 생각한다면, 그는 자신을 제한했고, 나의 대답은 그 제한을 거울처럼 비춥니다.

반면에 만일 배우는 학생이 진실로 열린 마음으로 질문을 하면, 대답은 자유롭게 흘러나옵니다. 한없이 깊은 근원에서 나옵니다. 31년 동안 사람들이 똑같은 질문을 수없이 되풀이해서 물어도 내가 전혀 지치지 않는 이유는 그 때문입니다. 내게는 그 질문들이 항상 새롭습니다.

어째서 당신은 모래알에게 공경하며 절하나요?

모래알은 자신을 온전히 내줍니다. 내가 그렇다는 것을 전혀 알아차리지 못할지라도, 모래알은 나에게 자기를 보여 줄 기회를, 그것이 어떻게 나를 통해 존재하는지를 보여 줄 기회를 기다립니다. 모래알은 인내하며, 목적이 확고하고, 현재의 정체성이 바뀌지 않습니다. 모래알은 다른 무엇인 척 가장하지 않습니다. 모래알은 내가 자기를 밟든 칭찬하든 하찮게 여기든 개의치 않으며, 있는 그대로 있으며, 위장하거나 속이지 않습니다. 모래알은 완벽하게 허용하고, 내가 어떤 이름을 붙여 주든 거부하지 않으며, 내가 무엇이라고 부르든 그렇게 불리도록 놓아둡니다. 바른 마음을 가진 사람이라면 어떻게 그런 의식(意識)에게 절을 하지 않을까요? 나는 모래알을 스승으로서 공경하고, 내가 보는 모든 것에서 모래알의 본성을 만납니다. 만일 누가 나를 함부로 내던지고 마구 밟고, 쓸모없다고 판단하며 무시한다면, 나는 모래알처럼 늘 한결같은 너그러운 본성을 유지하는가? 이것이 바로 붓다-마음(불심)입니다. 나는 그 붓다-마음으로 깨어났습니다. 그리고 몸으로 절할 필요는 없다는 것을 모래알에게 배웠습니다. 이제 나는 내면에서 끊임없이 절을 합니다. 내가 깨어난 뒤 여러 달 동안 사막에서 경험한 비위 넘처럼, 내가 만나는 모든 것을 공경하게 해 준 비위 넘처럼. 그래서 나는 배우는 학생이 되었습니다. 붓다의 현존 안에 있는 수보리. 수보리의 현존 안에 있는 붓다.

사막에 있을 때 무엇을 배웠나요?

내가 사막에서 들은 것은 오로지 "나는 ……을 원해", "나는 …… 이 필요해", "어머니는 나를 사랑해야 해", "남편은 텔레비전을 그렇게 많이 보면 안 돼", "애들은 지저분한 옷을 방바닥에 놓아두지 말아야 해", "그들은 나를 존중해야 해", "그들은 자기를 위해 건강해야 해"와 같은 이야기들이었습니다. 그런데 아무리 고통스러운 이야기일지라 도 탐구를 하면 사라지지 않을 수 없었습니다. 그리고 그 이야기들을 있는 그대로 보는 것은 세상에 주는 선물 같았습니다. "근처에 방울 뱀이 있어"—정말 그런지 내가 확실히 알 수 있는가? 나는 사막에서 눈을 감고 앉아 이런 이야기들을 경험했는데, 눈을 뜨고 그 이야기들을 내면에서 해결하지 않으니 차라리 백 마리의 방울뱀에게 물리는 편이 낫다는 걸 알았습니다.

겸손과 굴욕감은 어떻게 다른가요?

겸손은 아주 평범해 보입니다. 우리가 매일 하는 인사와 같습니다. 겸손은 처음에는 눈물처럼 보이기도 하고, 때로는 죽는 것처럼 보이 기도 합니다. 겸손은 완전한 항복입니다. 당신이 아주 자랑스러워했 던 것이 이제는 이기적인 것으로 보입니다. 당신이 소중히 여기던 그 것이 완전히 허물어질 때, 당신의 내면에서 일어나는 변화가 있습니다. 그때 조금이라도 굴욕감을 느낀다면, 에고가 아직 완전히 항복하지 않은 것입니다. 반면에 겸손해짐을 느낀다면, 당신의 에고가 항복한 것이고, 그것은 가장 부드럽고 기분 좋은 느낌이며, 그것을 경험할 때 당신은 모든 사람을 스승으로 봅니다. 당신에게는 아직 남아있는 것들이 있지만, 당신은 죽고, 계속 죽어 갑니다. 마치 나무가 잎들을 떨어뜨리는 것과 같습니다. 그 아름다운 옷이 점점 줄어들어 사라져 버린 나무는 한겨울의 추위 속에 자신을 완전히 드러낸 채 서 있습니다.

당신은 제자는 없고 친구만 있다고 말합니다. 자신을 스승으로 여기지 않나요?

나는 언제나 배우는 학생입니다. 나는 배우는 입장에서, 내가 보는 모든 것의 발아래에서 절하며 경청하기를 좋아합니다. 그럴 때는 열린 마음이 필요하지 않습니다. 그것이 바로 열린 마음이기 때문입니다. 열린 마음은 알거나 알지 못하는 것을 책임질 필요가 없습니다. 그것은 모든 것을 받아들이며, 방어하지 않고 판단하지 않습니다. 왜냐하면 판단은 열린 마음에게서 모든 것을 앗아 가기 때문입니다. 당신이 대단한 사람이라고 생각하거나 남에게 가르칠 것을 가지고 있다고 생각하는 순간, 내면세계는 얼어붙고 환상의 영역이 되어 버립니다. 그것은 당신이 '아는 사람'이라는 정체성을 가질 때 치러야 하는 대가입니다. 그것은 마음이 꾸며낸 이야기입니다. 당신은 스승으로 축소되며, 제한되고 분리되고 갇힙니다.

하지만 열린 마음을 가진 영적 스승들도 있지 않나요?

예, 물론입니다. 하지만 자신을 스승으로 여기는 스승, 스승이 되고 싶어 하는 사람, 스승이 되고자 애쓰는 사람…… 그는 자기 자신이 배울 필요가 있는 것을 제자에게 가르치려 하고 있습니다. 만일 내가 스스로 스승이라 여기면서 제자들이 스승보다 조금이라도 부족하다고 여긴다면, 나는 내가 안다고 생각하는 것을 강화하고 있는 것입니다. 항상 배우는 학생의 입장에서 열린 마음으로 살아가는 스승이라면 계속해서 의식을 확장합니다. 참된 스승(즉 참된 학생)에게는 스승과 제자가 언제나 동등합니다.

당신은 마음이 다스려질 수 없다고 말합니다. 그런데 때로는 마음이 모든 것이라고 말합니다. 앞의 마음은 에고의 마음이고, 뒤의 마음은 알아차림인가요?

그렇습니다. '알아차림(앎, awareness)'[1] 이란 에고가 완전히 이해되고 있다고 말하는 하나의 방식입니다. 알아차림(앎)은 에고의 생각에 속지 않습니다. 그것은 지금 있는 것과 지금 없는 것의 차이를 언제나 압니다.

수보리가 그랬듯이 누가 당신에게 "어떻게 마음을 다스려야 합니까?"라고 물으면, 뭐라고 답하시겠습니까?

먼저, 나는 스트레스를 받는 느낌을 알아차려 보라고 권하겠습니다. 느낌은 일어나는 생각의 짝과 같습니다. 그 둘은 왼쪽과 오른쪽

---

1 이 책에서 말하는 '알아차림(앎)' 이란 노력이 필요한 알아차림이 아니며, 끊임없이 저절로 이루어지는 자연스러운 앎이자 현존이다. 머리로 아는 게 아니라 그냥 늘 아는 우리의 본성이다. 이 앎은 우리가 꿈 없는 깊은 잠을 잘 때도 끊이지 않는다. 앎. awareness.—옮긴이

처럼 짝을 이룹니다. 생각이 일어나면, 동시에 느낌도 일어납니다. 그리고 불편한 느낌은 "당신은 꿈에 사로잡혀 있어요"라고 알려 주는 자명종과 같습니다. 그때는 탐구해야 할 때입니다. 그뿐입니다. 하지만 자명종을 존중하지 않으면, 우리는 외부세계처럼 보이는 곳에 손을 뻗어 느낌을 바꾸고 조작하려 합니다. 흔히 우리는 느낌을 먼저 알아차립니다. 내가 느낌이 자명종이라고 말하는 이유는 그 때문입니다. 이 자명종은 당신이 생각에 갇혀 있음을 알게 해 주어 그 생각을 조사해 볼 수 있게 해 줍니다. 그 생각이 어떤 식으로든 마음을 불편하게 한다면, 당신은 질문하고 '작업'을 해 볼 수 있습니다.

그다음에는 마음에 나타나는 '스트레스를 주는 생각'에 질문을 해 보라고 권하겠습니다. 그게 바로 '작업'이며, '작업'은 이런 생각들에 질문하는 정확한 방법을 보여 줍니다.

'작업'의 사례 하나를 보여 드리고 싶군요. 오래전에 뉴욕에서 공개 모임을 할 때, 품위 있는 초로의 사업가 한 분이 일어나서 나와 함께 동업자에 대해 '작업'을 해 보고 싶다고 말했습니다. 그는 자신이 '양식'에 쓴 내용을 읽기 시작했습니다. "나는 동업자에게 화가 난다. 왜냐하면 그는 직원들 앞에서 나를 말썽꾼이라고 했기 때문이다. 그는 그렇게 말할 권리가 없다. 그는 내 평판을 훼손했다. 그는 내게 사과해야 한다." 그리고 내가 그에게 물었습니다. "그게 진실인가요?" 그는 "예, 그렇습니다. 그는 나를 모욕했어요. 당연히 사과해야 합니다." 그는 확신에 차 있었습니다.

하지만 그는 지성적인 남성이었고, 고통스러운 감정에서 벗어나기를 진심으로 원했습니다. 그래서 내가 '작업'의 두 번째 질문("동업자가 사과해야 한다는 게 진실인지 당신은 확실히 알 수 있나요?")을 하자, 그는 내면으로 들어가서 자기가 쓴 문장을 진지하게 살펴보았습니다. 잠시 침묵한 뒤 그가 말했습니다. "아니요."

"'아니요'라는 대답을 어떻게 찾았나요?" 내가 물었습니다.

"음, 그가 그렇게 말한 이유를 내가 정말로 알 수는 없으니까요. 내가 다른 사람의 마음을 알 수는 없습니다. 그는 아마 자신이 옳다고 믿겠죠. 그러니 그가 사과해야 하는지 내가 확실히 알 수는 없습니다." 이 대답이 그의 내면에서 무언가를 느슨하게 해 준 것 같았습니다. 그가 진실이라고 생각했던 문장이 이제는 그에게 이전처럼 명백한 진실로 보이지는 않게 되었습니다.

이어서 그에게 세 번째 질문을 했습니다. "동업자가 당신에게 사과해야 한다는 생각을 믿을 때, 당신은 어떻게 반응하나요? 무슨 일이 일어나나요?"

그는 대답했습니다. "화가 납니다. 그가 좋은 아이디어를 내놓아도 일부러 안 좋게 평가하며 거부해 버립니다. 뒤에서 그를 헐뜯습니다. 그가 눈에 보이면 다른 데로 피해 버립니다. 퇴근해서도 분이 풀리지 않아 공연히 아내에게 불평을 합니다." 그렇게 그는 현실과 아무 상관이 없을지 모르는 생각을 믿기 때문에 생기는 스트레스를, 원인과 결과를 보기 시작했습니다.

내가 물었습니다. "동업자의 좋은 아이디어를 일부러 거부하고 뒤에서 헐뜯는 사람을 당신은 뭐라고 부르겠어요?"

그가 놀란 표정으로 말했습니다. "맙소사. 나는 정말 말썽꾼이네요. 그가 옳았어요!"

그 뒤 나는 네 번째 질문을 했습니다. "그 생각이 없다면 당신은 누구일까요? 동업자가 사과해야 한다는 생각을 믿지 않는다면, 그와 함께 일하는 당신은 누구일까요?"

그 남성은 아주 부드러운 목소리로 말했습니다. "나는 그의 친구일 겁니다. 다시 그와 함께 일할 거고, 그러면 우리 회사에 이익이 될 겁니다. 나는 모든 사람에게 더 나은 본보기가 될 테고, 집에서도 더 행복하겠죠."

이렇게 네 가지 질문을 한 뒤, 그 생각을 뒤바꿔 보라고 했습니다. '뒤바꾸기'는 그 생각의 반대를 경험해 보고, 바꾼 문장이 적어도 원래 문장만큼은 진실한지를 보는 것입니다.

"나는 그에게 사과해야 한다." 그는 이렇게 뒤바꾼 문장을 말한 뒤 얘기했습니다. "예, 그러네요. 그가 사람들 앞에서 나를 모욕했을지 모르지만—지금은 정말 그랬는지조차 확신할 수 없습니다만—내가 개인적으로 그에게 비열했다는 걸 알겠습니다." 또 하나의 뒤바꾸기는 "나는 나 자신에게 사과해야 한다"였습니다. 그가 말했습니다. "나는 나 자신에게 사과해야 합니다. 왜냐하면 내 생각을 믿고 화를 내는 바람에 나 자신이 돈도 잃고 친구도 잃게 만들었기 때문입니다. 그러니 나 자신에게 사과를 해야 합니다." 그가 발견한 세 번째 뒤바꾸기는 "동업자는 내게 사과하지 말아야 한다"였습니다. "설령 동업자가 말한 방식이 적절하지 않았거나 너무 지나쳤다 해도, 이제 보니 그가 사과해야 한다고 믿는 것은 오만한 태도였던 것 같습니다. 어쩌면 그는 나를 모욕하려는 게 아니었을지도 모릅니다. 그냥 솔직했던 것인지도 모르죠. 사실은 회사에 손해를 끼치는 문제를 지적하여 나와 좋은 친구가 되려 했는지도 모르고요."

이 모든 변화가 불과 40분가량 대화하는 동안 일어났습니다. 나와 함께 하는 '작업'이 끝날 무렵, 그 남성은 크게 안도하는 것 같았습니다. 그는 몹시 분노하고 기분 나빠하던 자리를 떠나, 동업자를 이해하고, 좀 더 겸손하고, 자기가 옳다는 믿음에 훨씬 더 의문을 품는 자리로 옮겨갔습니다. 이렇게 우리의 인식이 바뀌면, 우리가 인식하는 세계가 바뀝니다.

우리 문제의 원인이 다른 사람이라고 생각한다면, 우리는 제정신이 아닙니다. 자기의 생각에 대해 '작업'을 하여 혼란스러운 마음을 깨끗이 정리하면, 문제가 사라집니다. 스트레스를 주는 생각에 질문을 하면 삶은 늘 더 단순하고 친절해집니다. 이런 생각들은 개인의 것이 아닙니다. 모든 사람이 언젠가 적어도 한 번은 그런 생각을 합니다. 이런 생각들은 매우 오래된 것이며, 세계의 모든 언어권에서 스트레스를 주는 생각은 새로운 것이 아니며 계속해서 거듭 반복됩니다. 하지만 그런 생각들에 질문을 하면, 마음이 근본적으로 변하기 시작합니다. 그리고 마침내 생각을 이해로 만나게 됩니다. 다음번에 그런 생각들이 또 일어나면, 우리를 우울하게 했던 바로 그 생각이 웃음을 가져올 수도 있습니다. "동업자는 나에게 사과해야 한다"고 생각했던 앞의 남성처럼 말이지요. 이전에는 화나게 하고 원망하게 하고 우울하게 만들었던 생각들이 이제는 그에게 큰 웃음을 선사했습니다. 자기에게 정말로 진실한 것이 무엇인지를 깨달았기 때문입니다.

우리는 결코 마음을 다스릴 수 없습니다.

오로지 마음에 대해 질문하고,

마음을 사랑하고,

이해로 만날 수 있을 뿐입니다.

3
환히 빛나는 순간

부처님께서 말씀하셨다. "진심으로 진리를 구하는 모든 보살은 이 한 생각에 집중하여 마음을 다스려야 한다. '내가 깨달음을 얻으면 우주의 모든 세계에 있는 모든 중생을 해탈시켜 영원히 평화로운 열반에 들게 하리라.' 그러나 헤아릴 수 없고 상상할 수 없이 많은 모든 중생이 해탈했을 때, 실제로는 해탈한 중생이 아무도 없다. 왜 그런가? 참된 보살은 '나'와 '남'이라는 관념을 갖지 않기 때문이다. 그러므로 실제로는 깨달음을 얻는 '나'도 없고, 해탈하는 중생도 없다."

여기에서 붓다는 보살에 관해 얘기하는데, 보살이란 모든 존재를 위해 깨달음을 얻는 사람입니다. 어느 불교 전통에 따르면, 보살은 다른 모든 존재가 먼저 열반에 들 때까지 자신은 열반에 들지 않겠다는 서약을 한다고 합니다. 아주 다정한 생각이지만, 여기에는 오해가 있습니다.

만일 자유를 미루어야 한다거나 미룰 수 있다고 생각한다면, 그는 자유가 무엇인지 모르고 있습니다. 자유를 미루는 것은 자비로운 행위가 아닙니다. 당신이 모든 존재에게 줄 수 있는 가장 큰 선물은 자기 가슴의 평화입니다. 하지만 자유를 미루는 것은 그렇지 않다고 여기는 것이며, 당신이 자비심과 동정심 때문에 계속 괴로움을 겪어야 한다고 믿는 것입니다. 이것은 말이 안 됩니다. 당신의 괴로움이 어떻게 남에게 도움이 될 수 있겠어요? 유일하게 도움이 될 수 있는 길은 당신의 괴로움을 끝내는 것입니다.

이런 개념은 또한 더 현명하고 존귀한 존재가 구원하러 올 때까지 모든 존재는 괴로움을 겪어야 한다고 여깁니다. 이것도 말이 안 됩니다. 만일 의도는 좋지만 진실을 오해하는 어떤 사람이 세상에서 일어나는 끔찍해 보이는 모든 일과 괴로움을 겪는 듯한 모든 존재를 상상하고, 그런 모습들이 정말 존재하는 것처럼 여기면서 그 모습들에 집착한다면, 그의 상상 속에서 그 모든 존재의 자유는 미루어지고 그 사람과 함께 계속 괴로움을 겪게 됩니다. 이것이 현실입니다. 하지만 그가 진실을 알아차리면, 이 모든 상상 속의 존재는 해방되고, 그때 보살은 깨닫게 됩니다. 모든 존재는 보살의 깨달음을 돕기 위해 여기에 있으며, 그 반대가 아닙니다. 모든 존재는 보살 안에 있습니다. 단지 보살의 바깥에 있는 것처럼 보일 뿐입니다. 그들은 보살을 깨우치기 위해 끊임없이, 중단 없이 여기에 있습니다.

붓다는 깨달음에 관해 얘기합니다. 하지만 그는 깨달음이 없음을 압니다, 그런 것은 없습니다. 당신은 꿈에서 깨어나면 꿈이 실재한 적이 없음을 깨닫습니다. 당신이 잠들어 있었을 뿐입니다. 당신이 잠들어 있었던 까닭은 이야기들을 믿었기 때문인데, 그 이야기들은 어찌나 흥미진진했던지 그 이야기를 하는 자(storyteller, 이야기꾼)까지 만들어 냈습니다.

모든 존재는 마음 안에 존재합니다. 그들은 모두 생각-형상이며, 허락을 받든 안 받든 열반에 듭니다. 그들은 모두 나온 곳으로, 아무 데도 아닌 곳으로 돌아갑니다. 그리고 시간은 실재하지 않으므로 그들은 이미 열반에 들었습니다. '나중'은 없습니다. 그들은 열반에 들 필요조차 없습니다. 모든 존재는 애초에 그들을 만들어 낸 자의 깨달음을 통해 해방됩니다. 그리고 그는 더도 덜도 아니고 단지 열반에 드는 것처럼 보일 뿐입니다. 여기에는 붓다와 중생, 꿈꾸는 자와 꿈꾸어지는 것이 모두 포함됩니다.

붓다는 보살이 "내가 깨달음에 이르면 모든 중생을 해탈시키겠다"는 한 생각에 집중해야 한다고 말합니다. 하지만 곧 이어지는 말로 그 생각을 무효로 만드는데, 모든 중생이 해탈한다 해도 결국은 아무도 해탈하지 않았다고 말합니다. 정말 그렇습니다. "내가 깨달음을 얻으면……"이라는 서약은 에고의 고상한 속임수입니다. 그것은 자비심과 동정심을 가리키므로 고상합니다. 하지만 이 말은 미래를 가정하는데, 미래는 모두 망상입니다. 어떤 일도 미래에 일어나지는 않을 것입니다. 일어나는 모든 일은 오직 지금에만 일어날 수 있습니다.

사람들은 내게 깨달았느냐고 자꾸 물었는데, 그럴 때마다 나는 이렇게 대답했습니다. "나는 깨달음에 관해 아무것도 모릅니다. 단지 고통을 일으키는 것과 그렇지 않은 것의 차이를 아는 사람일 뿐입니다." 분리는 고통을 일으킵니다. 모든 정체성은, 보살이나 붓다처럼 아무리 매력적인 정체성일지라도, 진실을 축소하게 됩니다. 이미 완전한 것에 이름을 덧붙이기 때문입니다. 모든 이름은 거짓말입니다. 모든 이름은 존재들이 분리되어 있다고 여기며, 그래서 현실과 동떨어져 있습니다. 그리고 '깨달음'이라는 이름은 당신이 도달해야 하는 어떤 것이 있다고 생각하게 합니다. 그래서 그 단어는 많은 노력이 뒤따르게 합니다. 그 단어는 또한 당신이 진정한 정체성을 추구하는 사람으로 있게 합니다. 추구의 다른 쪽 끝에 있는 "나는 ……을 발견한 사람이다"라는 것은 "나는 ……을 추구하는 사람이다"라는 말만큼이나 당신을 제한합니다.

깨달음에 대해서는 아무것도 알 필요가 없고, 알 수도 없습니다. 우리가 알아야 하는 중요한 것은 단 하나입니다—어떤 생각이 고통을 일으키면, 그 생각에 대해 질문해 보세요. '깨달음'은 영적 관념일 뿐입니다. 결코 오지 않는 미래에 얻으려 하는 또 하나일 뿐입니다. 가장 고귀한 진리조차 또 하나의 관념에 불과합니다. 내게는, 경험이 모든 것이며, 탐구가 밝혀 주는 것은 바로 그 사실입니다. 고통을 주는 것은 모두 해결되어 사라집니다. 지금…… 지금…… 지금. 만일 당신이 깨달았다고 생각한다면, 당신의 차가 견인되어 가는 것도 사랑할 것입니다. 그것이 진짜 증거입니다! 자녀가 아플 때 당신은 어떻게 반응하나요? 남편이 이혼하자고 할 때 당신은 어떻게 반응하나요? 남편이 원하는 인생을 살려 하는 걸 보고 가슴이 설레나요? 남편이 집을 떠나려 짐 싸는 걸 도와줄 때 진심으로 그를 사랑하나요? 만일 그렇지 않다면, 당신과 순수한 자비심 사이를 어떤 생각이 가로막고 있나요? 어떤 생각들이든 종이에 쓰고 질문해 보세요. 스트레스를 주는 어떤 생각도, 어떤 분리도 탐구의 힘을 견디고 살아남을 수 없습니다. 당신에게 필요한 모든 깨달음은 당신이 바로 지금 다가오기를 기다리고 있습니다.

모든 존재가 먼저 열반에 들기 전에는 자신은 열반에 들지 않겠다는 보살의 서원이 왜 오해하는 것이라고 말하나요? 자비란 자기보다 남을 우선하는 것 아닌가요?

보살이 열반입니다. 열반은 어떤 장소가 아닙니다. 누구도 열반에 들어갈 필요가 없습니다. '다른' 모든 존재는 깨닫지 못한 보살들입니다. 그들은 이미 자유롭지만, 그렇다는 것을 아직 모르고 있으며, 때로는 알아차리기 시작하고 도움을 요청합니다. 그들이 괴로움처럼 보이는 것 때문에 도움을 요청하지 않으면, 보살은 할 일이 없고, 목적도 없습니다. 응답하는 것이 보살의 본성입니다. 그는 자기보다 다른 사람들을 우선하는 것을 자비심이라고 여기지 않습니다. 그에게는 '다른 사람'이 없기 때문입니다. 그가 늘 보살피는 것은 자기 자신입니다. 어느 누가 구원을 받아야 한다고 믿으면 괴로움을 경험하게 됩니다. 내가 사람들과 '작업'을 하는 까닭은 그들이 내게 요청하기 때문입니다. 그들은 자신에게 '작업'이 필요하다고 생각하고, 나는 그것을 그들에게, 곧 나 자신에게 줍니다. 그들은 나의 내적인 삶입니다. 그래서 그들의 요청은 나의 요청입니다. 그들에게 응답하는 것은 자기를 사랑하는 행위입니다. 자기사랑은 완전히 탐욕스럽습니다.

행동하는 보살의 예를 들어 보겠습니다. 누가 그녀에게 인사를 하면, 그녀는 대답합니다. "안녕하세요. 참 아름다운 날이에요!"

당신은 깨달음이 없다고 말합니다. 하지만 분명히 대다수 사람은 행복하지 않지만, 강한 깨달음을 경험한 사람들은 늘 행복을 경험하고 있지 않은가요?

'무(無, nothing)'가 깨달음의 상태입니다. 괴로움은 '어떤 것(something)'처럼 보이는 것의 부름입니다. 그리고 그 부름에 응답하는 것은 사랑이 하는 일입니다. 괴로움이 없으면 원인이 없습니다. 원인이 없으면 결과가 없습니다. 그러므로 괴로움이 없을 때는 오직 행복만이 남아 있습니다.

당신은 모든 존재가 마음 안에 있다고 말합니다. 당신의 개인적인 마음 안에 모든 존재가 있다는 뜻인가요?

더 정확히 말하면, '안'이라는 것은 없습니다. 마음은 당신 안에 있지 않습니다. 마음이 당신을 만들어 내고, 마음이 자기 자신을 '당신'이라는 개인으로 여기기 때문에 세상에 혼돈과 괴로움이 생겨납니다. 석가모니는 삶의 특징이 불만족 혹은 괴로움이라고 말했다고 스티븐이 알려 주었습니다. 하지만 그 까닭은 단지 삶이 오해된 상상이기 때문입니다. 삶과 죽음 너머의 알아차림(앎)이 있습니다. 그 붓다마음, 질문된(탐구된) 마음은 자기 자신에게 깨어나고, 그것이 어떤 것도 아님을 보며, 그래서 그것의 무한하고, 멈출 수 없고, 창조적이고, 눈부시게 친절하고, 상상할 수도 없는 삶을 자유롭게 살아갑니다.

우리가 알아야 하는 중요한 것은

단 하나입니다 ―

어떤 생각이 고통을 일으키면

그 생각에 대해 질문해 보세요.

4
주는 것이 받는 것이다

부처님께서 말씀하셨다. "또 수보리야, 보살이 자비를 베풀 때는 자비를 베푼다는 생각에 집착하지 말아야 한다. 이를 '모양에 집착하지 않으면서 자비를 베푼다'고 하며, '모습, 소리, 냄새, 맛, 촉감, 관념에 집착하지 않으면서 자비를 베푼다'고 한다. 보살이 자비라는 생각에 집착하지 않으면서 자비를 베푼다면, 그들의 공덕은 헤아릴 수 없을 것이다.

수보리야, 내가 묻겠다. 동쪽의 허공은 헤아릴 수 없다. 그렇지 않으냐?"

"예, 스승님. 실로 그렇습니다."

"좋구나, 수보리야. 우주의 어느 방향이든 마찬가지 아니냐? 어느 방향이든 허공은 헤아릴 수 없지 않으냐?"

"예, 스승님. 그렇습니다."

부처님께서 말씀하셨다. "수보리야, 자비를 베푼다는 생각에 집착하지 않으면서 자비를 베푸는 보살이 얻는 공덕도 그와 같이 헤아릴 수 없다. 보살이 일심으로 이 가르침에 전념하면 중요한 진실을 이해할 것이다."

여기에서 붓다는 자비에 대해 말하며, 그의 말은 자비의 본질을 가리킵니다. 참된 자비는 자비롭다는 생각조차 없이 일어납니다. 그냥 줍니다. 그뿐입니다. 그 행위에는 아무것도 따라붙지 않습니다. 그것은 주는 행위이자 받는 행위입니다. 주는 것이 받는 것입니다. 보살은 자비를 베푼다는 생각에 집착하지 '않아야 한다'는 것이 아닙니다. 보살은 그런 생각에 집착하지 '않는다'는 말입니다. 그런 행위는 그들이 스스로 감독하거나 애써야 하는 것이 아닙니다. 당신이 자비롭고 온 마음으로 무언가를 줄 때는 자비롭다는 생각조차 없습니다. 자기를 의식하지도 않습니다. 그럴 때 어떤 사람이 당신을 보고 자비롭다고 말하면, 당신은 웃음이 나올 것입니다. 우스운 말이기 때문입니다. 엄마가 아기에게 젖을 먹이면서 "나는 얼마나 자비로운지 몰라!"라고 생각하나요? 그런 생각은 눈곱만큼도 들지 않을 것입니다. 엄마가 아기에게 주는 것은 엄마 자신에게 주는 것입니다.

내가 다섯 살 때 가장 소중히 여겼던 물건은 인형 모양의 작은 놋쇠 종이었습니다. 나무로 된 손잡이에는 여자의 윗몸이 조각되어 있었는데 얼굴은 색이 바래 있었고, 그 아래에는 치마 모양의 종이 달려 있었습니다. 나는 그 종을 무척 좋아해서 손에서 놓을 수가 없었습니다. 어느 날 그 종을 손에 쥐고 산을 올랐는데, 아버지가 말했습니다. "어려운 일이 있으면 그 종을 울리렴. 내가 너를 찾으러 갈 테니." 그 후 유치원에서 성탄절 파티를 할 때 나는 가장 친한 여자 친구인 베티 조에게 그 종을 주었습니다. 그 애가 그걸 가지고 싶어 했기 때문입니다. 우리 본연의 자연스러운 상태에 있을 때 우리는 이렇게 합니다. 그러지 말라고 배우기 전에는……. 그 작은 종은 내가 나

69

의 것이라고 여긴 첫 번째 물건이었지만, '나의 것'이라는 관념은 아직 고정되어 있지 않아서 쉽게 변할 수 있었고, 그래서 그 종은 즉시 '그 애의 것'이 되었습니다.

그날 집에 돌아왔을 때 어머니가 종이 어디 있냐고 물었고, 내가 사실대로 대답하자 어머니는 잔뜩 화가 났습니다. "바이런 캐슬린!" (어머니는 평소에 나를 '케이티'나 '캣'이라고 불렀지만, 화가 나면 엄한 목소리로 바이런 캐슬린이라고 불렀습니다.) "당장 베티 조에게 가서 돌려 달라고 말해!" 그래서 다음 날 그 종은 다시 내 것이 되었습니다. 어머니가 왜 그렇게 화를 냈는지 나는 이해할 수 없었습니다. 내가 그 장난감을 얼마나 좋아하는지 알고 있던 어머니는 아마 어떤 상실감을 나에게 투사하고 있었던 것 같습니다. 아니면, 소유물의 가치를 가르쳐 주려 했는지도 모릅니다. 어떤 이유 때문이었든 나는 너무나 당황스럽고 부끄러웠습니다. 왜 그러는지 도무지 이해가 되지 않았습니다. 내가 아는 것이라고는 그저 내가 뭔가 잘못을 저질렀다는 것뿐이었습니다. 어머니가 보기에 너무나 어리석은 짓을 했다는 생각에 말할 수 없는 부끄러움을 느꼈습니다.

1986년에 깨어난 경험을 한 뒤로, 나는 물건을 소유한다는 의식을 다시는 갖지 않았습니다. 사람들이 내게 감사의 표시로 자주 선물을 주었는데, 어떤 사람이 그걸 좋아하면 나는 즉시 그에게 주었습니다. 심지어 남편 스티븐이 결혼 예물로 사 준 금반지도 주어 버렸습니다. 우리 부부의 젊은 친구에게 그 반지를 주었는데, 몇 분도 안 되어 그가 돌려주었습니다. 몇 년이 지난 뒤 나는 그 반지를 다시 다른 사람에게 주었습니다. '작업 모임'을 마치고 나서 다발성경화증을 앓고 있는 사랑스러운 남성에게 주었고, 그는 그것을 받았습니다. 스티븐은 재미있어했습니다. 이렇게 행동하는 성향이 어디에서 나오는지를 이해하기 때문입니다. 그때 우리는 뉴욕에 있었는데, 스티븐은 나를 데리고 보석 가게에 가서 다른 반지를 사 주었습니다. 그리고 돈이 있는 한, '천일야화'에 등장하는 램프의 요정 지니처럼 다른 결혼반지를 계속 나타나게 해 주겠다고 말했습니다. 그는 우리의 결혼반지에 신경을 쓰지만, 나의 것으로 남아 있는 것은 그의 그런 배려심뿐입니다.

내가 당신에게 모든 것을 줄 수 없다면, 깨달음은 내게 아무런 가치가 없습니다. 나는 어떤 목적을 가지고 주지 않으며, 그런 자비는 이야기가 없을 때 우리 본연의 모습입니다. 당신이 얼마나 주지 않으려 하는지를 보면, 당신이 어떤 이야기에 얼마나 집착하고 있는지를 알 수 있습니다. 당신은 주지 않으려 할 때 집착하고 있음을 느낍니다. 그것은 편안하지 않습니다.

나는 31년 동안 봉사하는 삶을 살았습니다. 세상처럼 보이는 이곳에서 고통을 끝내는 일에 나 자신을 헌신했습니다. 하지만 어느 누가 실제로 고통을 겪고 있다고 믿기 때문에 그러는 것은 아닙니다. 나 자신을 섬기기 때문에 그렇게 합니다. 내가 생각하는 자비란 그런 것입니다—순수한 이기심. 나는 내가 보는 모든 사람과 모든 것을 사랑합니다. 그 모든 존재는 나 자신이기 때문입니다. 이따금 나는 모든 것이 헛되다고 말합니다. 스티븐은 '헛됨(vanity)'이라는 말이 옛날에는 '텅 비어 있음'이라는 의미였다고 알려 줍니다. 나는 그 의미가 마음에 듭니다.

그것은 마치 고통 받는 모든 존재를 구하기 위해 돌아오는 상상된 보살 같습니다. 어떤 사람이 내게 "케이티, 나는 절망적이에요. 당신이 필요해요."라고 말하면, 나는 그 말을 이해합니다. 그 자리를 알기 때문입니다. 그래서 내가 받은 것을 그에게 줍니다. 선택의 여지가 없습니다. 만일 어느 누가 고통을 겪고 있으면, 다시 말해 어느 누가 고통의 세계가 존재한다고 믿고 있으면, 그것이 나의 남아 있는 것입니다. 그것은 나의 옛 자아입니다. 그것은 마땅히 누려야 할 자유를 누리지 못하고 있는 나의 세포 중 하나이며, 내 몸의 세포 중 하나입니다. 그리고 나는 그 세포가 완전하다는 것을 압니다. 그 세포는 그렇지 않다고 말하고 있지만……. 그래서 나는 그 자리에, 움직이지 않는 맑은 마음에 머무릅니다. 나는 내가 나타나는 것이 오직 나 자신을 위해서임을 압니다. 두려워하는 그 사람이 나입니다. 절망에 빠져 있는 그 사람이 나입니다. 내가 '작업'의 네 가지 질문과 뒤바꾸기로 섬기는 사람은 바로 나입니다. 나중으로 미루는—당신의 상상인—보살은 바로 나입니다. 나는 양극성의 양쪽이며, 언제나 나 자신을 섬깁니다. 이보다 더 자비로운 것은 없습니다.

앞에서는 전남편 폴과 자녀들에 대한 기억이 돌아오지 않았다고 말했습니다. 그런데 여기서는 놋쇠 종 인형에 대한 생생한 기억을 얘기합니다. 그 차이를 설명해 주시겠어요?

모르겠습니다. 내 마음속에 이미지가 떠오르기도 하고, 떠오르지

72

않기도 합니다. 나는 왜 그러는지 묻지 않습니다. 내 경험에 따르면, 사람들이 기억이라고 부르는 것은 소리 없는 말이 들러붙어 있는 이미지입니다. 나는 그런 이미지들을 보고, 그것들은 내가 알아차리면 사라집니다. 나는 보일 수 없는 것을 볼 뿐입니다. 그래서 기억이 없다고 정직하게 말할 수 있습니다.

만일 당신이 어떤 사람도 정말로 고통을 겪고 있다고는 믿지 않는다면, 어떻게 그들에게 공감하고 그들의 문제를 진지하게 받아들일 수 있나요?

사람들이 내게 얘기하는 고통은 상상된 과거나 상상된 미래에서 올 수밖에 없습니다. 왜냐하면 어떤 정체성을 가진 마음은 항상 현실에서 일어나고 있지 않은 것을 기억하거나 예상하기 때문입니다. 나는 모든 사람이 늘 괜찮다는 것을 알게 되었습니다. 알든 모르든, 모든 사람은 늘 은총 속에 있습니다. 사전을 보면 '공감'의 뜻은 다른 사람의 감정을 이해할 수 있는 능력입니다. 내게는 이 말이 적절해 보입니다. 사람들이 괴로워하고 있을 때, 나는 그들이 바로 나 자신이며, 그들이 고통스러운 과거에 사로잡혀 있거나 위험한 미래를 걱정하고 있다는 것을 이해합니다. 그리고 악몽을 꾸는 어린이를 존중하듯이 그것을 존중합니다. 꿈꾸는 사람에게 그것은 꿈이 아니기 때문입니다. 내가 할 일은 괴로워하는 사람을 흔들어 깨우는 게 아니라, 내가 보는 것을 보고, 그들의 괴로움을 무시하거나 경시하지 않는 것입니다. 그들에게는 꿈이 그야말로 현실처럼 느껴지기 때문입니다. 내가 할 일은 이해하는 것입니다.

어떤 사람들은 공감이란 다른 사람의 아픔을 느끼는 것이라고 생각합니다. 그렇지만 우리는 다른 사람의 아픔을 느낄 수 없습니다. 실제로는 사람들이 남의 아픔이 어떠할 것이라는 추측을 투사한 뒤, 자신이 투사한 것에 반응하는 것입니다. 자비로운 행위에는 그런 공감이 필요하지 않습니다. 그런 식의 공감은 오히려 방해가 됩니다. 내 경험에 따르면, 공감은 다른 사람의 고통을 상상하는 것과 아무 상관이 없습니다. 공감은 두려움 없이 연결되는 것이며, 움직이지 않는 사랑입니다. 온전히 현존하는 길입니다.

나는 사람들의 문제를 진지하게 대하지만, 그들의 관점에서 볼 때만 그렇습니다. 나는 가까이, 더 가까이 함께합니다. 나의 세계에서는 이전의 생각을 믿지 않으면 문제가 있을 수 없습니다. 하지만 사람들에게는 그런 말을 하지 않습니다. 내가 보는 것을 그들에게 말하는 것은 친절한 행위가 아닐 것이기 때문입니다. 나는 그들의 말을 경청하고, 내가 쓸모 있을 때까지 기다립니다. 나도 마음의 고문실에 갇혀 있던 적이 있었습니다. 나는 사람들의 망상을, 그들의 슬픔과 절망을 듣고, 내가 두려움도 슬픔도 없이 지금 있는 현실의 은총 안에 살 때, 그들에게 온전히 도움이 될 수 있습니다. 그리고 마침내, 사랑이 늘 그렇게 하듯이, 그들의 마음이 탐구에 열리면 문제가 사라지기 시작합니다. 문제가 있다고 보지 않는 사람과 함께 있는 자리에서는 문제가 사라집니다. 그것은 처음부터 문제가 없었음을 보여 줍니다.

나는 세상처럼 보이는 이곳에서

고통을 끝내는 일에 나 자신을 헌신했습니다.

하지만 어느 누가 실제로 고통을 겪고 있다고 믿기 때문에

그러는 것이 아닙니다.

나 자신을 섬기기 때문에 그렇게 합니다.

작업

"데이브가 나를 무시했어요"

이 대화와 뒤에 나오는 다른 대화들은 150명~1,200명가량 모인 청중 앞에서 '작업'을 한 것이다. 한 남성이나 여성이 '이웃을 판단하는 양식'에 쓴 종이를 가지고 무대 위에서 케이티와 마주 앉아 있다. '양식'을 쓰는 요령은 다음과 같다. "아래 빈칸에 당신이 100퍼센트 용서하지 못한 사람에 관해 쓰세요. 자신에 관해서는 쓰지 마세요. 짧고 단순한 문장으로 쓰면 좋습니다. 쓸 때는 자신을 검열하지 마세요. 실제 느끼는 대로 마음껏 비난하고 옹졸해지세요. 영적인 사람이나 친절한 사람이 되려 하지 마세요."

독자나 청중으로 '작업'을 처음 경험할 때는 마음이 불편해질 수 있다. 다른 사람들과 자기 자신을 가엾게 여기며 동정하는 데 익숙해진 사람들에게는 케이티의 깊은 공감—그녀는 모든 사람이 자유롭다고 보기 때문에 전혀 동정하지 않는다—이 가혹해 보일 수도 있기 때문이다. 케이티는 말한다. "나는 당신의 가슴입니다. 당신이 나를 안으로 초대하면, 나는 당신이 귀 기울여 듣지 않았던 깊은 내면입니

76

다. 그것은 더 큰 목소리로 말해야 했고, 그래서 나로 나타나야 했습니다. 당신의 믿음들이 그 목소리를 가로막고 있기 때문입니다. 나는 탐구의 건너편에 있는 당신입니다. 나는 믿음들로 두껍게 덮여 있어서 당신이 내면에서 듣지 못하는 목소리입니다. 그래서 나는 여기 외부에, 당신 앞에―실제로는 당신 자신 안에―나타납니다." 여기에서 우리는 모든 참여자―케이티, 그녀와 함께 '작업'을 하는 사람, 청중―의 목적이 같다는 점을 기억할 필요가 있다. 모두가 진실을 추구하고 있는 것이다. 가끔 케이티가 상대방의 감정에 둔감해 보일 수 있지만, 더 자세히 들여다보면, 케이티가 놀리는 대상은 괴로움을 겪는 사람이 아니라 괴로움을 일으키는 생각임을 알게 될 것이다.

케이티는 사랑하는 사람끼리 애정을 담아 쓰는 호칭을 거리낌 없이 사용한다. 그것이 불편하게 느껴지는 분들도 있을 것이다. 케이티의 책《네 가지 질문》을 읽은 어느 독자는, 어떤 여성이 모든 사람을 '스윗하트'나 '허니'라고 부르는 걸 듣고 싶으면 오클라호마의 트럭 정류장에나 가는 게 낫겠다고 불평했습니다. 그녀는 케이티가 이런 호칭을 상투적으로, 함부로 사용한다고 생각했습니다. 하지만 케이티에게는 그런 말들이 글자 그대로 진실입니다. 그녀가 만나는 모든 사람이 그녀에게는 '사랑하는 사람'이기 때문입니다.

조애나 ('양식'에 쓴 글을 읽는다) "나는 데이브에게 화가 난다. 왜냐하면 그는 나를 안아 주지 않고 아무 말도 없이 가 버렸기 때문이다."

케이티 좋아요. 그런데 어떤 상황인가요? 어디에서 일어나는 일인가요? 당신과 데이브가 어디에서 무얼 하고 있었는지 자세히 설명해 주세요.

조애나 우리는 집에 있었는데, 그가 차를 타려고 현관문을 열고 나갔어요.

케이티 "그는 당신을 안아 주지 않고 아무 말도 없이 가 버렸다"-그게 진실인가요?

조애나 예. 그는 그냥 돌아서서 집 밖으로 나갔고, 차를 향해 걸어갔어요. 나는 차 있는 데까지 그를 따라가서 두 손을 들어 의문을 표시했죠. 그가 돌아보기에 "왜 그러는 거야?"라고 물었어요. 그는 "뭐가?"라고 되묻더군요. 그래서 "그냥 그렇게 떠날 거야?"라고 물었죠. 완전히 무시당한 기분이었어요.

케이티 스윗하트, '작업'에서 질문 1과 2에 대한 대답은 한 단어입니다. '예' 또는 '아니요'죠. '작업'을 할 때 우리는 스트레스를 받는 순간에 대해 명상을 합니다. 당신의 마음이 어떻게 당신의 입장을 정당화하고 방어하고, 그 입장에 관해 얘기하고 싶어 하는지를 알아차려 보세요. 그냥 알아차리기만 하세요. 그리고 돌아와서, 분명한 '예'나 '아니요'가 떠오를 때까지 "그게 진실인가?"라는 질문에 대해 다시 명상해 보세요. 알겠죠? "그는 당신을 안아 주지 않고 아무 말도 없이 가 버렸다"—당신은 그게 진실인지 확실히 알 수 있나요? 추측할 필요는 없습니다. 그때의 장면을 떠올리면 답이 떠오를 겁니다. 그러려면 고요해야 합니다. 형사가 되어 보세요. 그 생각이 진실이라고 믿는다면, 형사가 되어 보세요. 당신이 틀렸다는 것을 증명하려 노력해 보되, 근거가 확실해야 합니다. 당신은 자신을 속일 수 없습니다. 그때의 장면이 당신에게 알려 주게 하세요. 그걸 보려면 용기가 필요합니다. 그래서, 당신은 그게 진실인지 확실히 알 수 있나요?

조애나 (잠시 뒤) 아니요.

케이티 그 대답을 가만히 느껴 보세요. 그 대답이 충분히 이해될 때까지 시간을 가져 보세요. '아니요'라는 대답이 나와도 좋고, '예'라는 대답이 나와도 좋습니다. 다음에는 그 대답을 받아들이도록 허용해 보세요. '아니요'가 대답일 때는 그 대답을 받아들이기가 어려울 수 있습니다. 그가 옳은 건 부당하게 느껴질 수도 있습니다. 우리는 그가 옳다는 것을 인정하고 싶어 하지 않습니다. (잠시 침묵) 자, 이제 질문 3을 봅시다. 눈을 감고 그때의 일에 대해 계속 명상해 보세요. "그는 당신을 안아 주지 않았고 아무 말도 없이 가 버렸다"는 생각을 믿을 때, 당신이 어떻게 반응하는지, 어떤 감정이 일어나는지 알아차려 보세요. 가슴이 답답해지나요? 속이 뒤집히나요? 흥분되나요? 걱정되고 불안해지나요? 말이나 시선으로 그를 공격하나요? 이유를 캐묻나요? 그에게 욕을 하거나 어떤 형태로든 벌을 주나요? 알아차려 보세요. "그는 나를 안아 주지 않고 아무 말도 없이 가 버렸다"는 생각을 믿을 때, 당신은 어떻게 반응하나요?

조애나 매우 불안해하면서 애정을 원하게 됩니다. 몹시 원하게 되죠. 나 자신을 의심합니다. 내가 사랑받을 만한 사람인지 의심하게 됩니다. 자존감이 낮아집니다. 그리고 그의 관심을 구걸해야 할 것 같다고 느낍니다. 그러고는 "아, 나는 너무 애정에 굶주려 있어"라고 생각합니다. 모든 것이 의심스러워집니다. 절망적인 느낌이 듭니다. 실재하지 않는 것을 부여잡으려는 듯이 손을 뻗습니다.

케이티 그냥 그걸 경험해 보세요. 눈은 계속 감은 채로. 당신이 사랑하는 그 남자가 차를 향해 걸어가는 모습을 볼 때, 그 생각이 없다면 당신은 누구 또는 무엇일까요? "그는 나를 안아 주지 않고 아무 말도 없이 가 버렸다"는 생각이 없다면, 당신은 누구일까요?

조애나 그가 차를 향해 걸어가는 걸 그냥 알아차리고 있겠죠. (청중이 웃는다.)

케이티 그 생각도 없이 계속 그 순간을 지켜보세요.

조애나 아마 그가 얼마나 잘생긴 남자인지도 알아차릴 거예요. (더 큰 웃음) 그렇다는 건 미래에 그가 떠나 버릴 때 내가……

케이티 탐구는 오직 바로 지금, 바로 여기에 관한 것입니다. 당신이 그 순간을 지켜볼 때는 오직 지금 묵상하고 있는 그 순간에 관한 것입니다.

조애나 그가 안아 주기를 기대하면 안 되는 건가요? 그가 어떻게 하든 그저 받아들이기만 해야 하나요?

케이티 지금 우리는 토론을 하려는 게 아닙니다. 토론은 결코 당신의 문제를 해결해 주지 않을 거예요. 다시 '작업'으로 돌아갑시다.

조애나 좋아요.

케이티 '작업'은 어떤 일이 일어나고 있었다고 생각되는 것이 아니라, 실제로 일어나고 있었던 일을 알아차리려는 것입니다. 다음에 무얼 하겠다고 계획하는 게 아닙니다. 바로 지금 우리는 그 생각이 없다면, 당신이 그에게 덧씌운 이 조건이 없다면, 그 상황에서 당신이 누구일지를 보고 있을 뿐입니다. 때때로 우리는 이 질문에 대답하는 데 어려움을 느낍니다. 에고는 자기가 옳기를 원하고, 당신의 마음을 헤아리지 못한 그를 아무 처벌 없이 놓아주기를 원하지 않습니다. 우리는 '만일 그 생각이 없다면 우리가 누구일지'를 보면 그가 옳고 우리가 잘못한 게 될 것으로 생각하는데, 하지만 그가 잘못했고 우리가 옳다고 생각하기 때문에 우리가 분노에 매달릴 가치가 있다고 생각합니다.

조애나 그렇게 큰 분노는 아닌 것 같아요. 그냥 거부당한 느낌일 뿐이죠. 당신이 어떻게 나한테……

케이티 예. 그러면 가슴이 아프죠.

조애나 다시는 그런 기분을 느끼고 싶지 않아요.

케이티 그를 사랑하나요?

조애나 예.

케이티 좋아요. 눈을 감아 보세요. 당신의 이야기는 잠시 내려놓아 보세요. 그가 차를 향해 걸어가는 모습을 바라보세요. 그가 얼마나 자유로운지 보세요. 그는 당신을 무척 사랑해서 포옹할 필요도 없습니다. (웃음) 그는 안심할 수 있는 남자입니다. 이야기를 내려놓으면, 당신은 마음을 열고 배우게 됩니다. 반면에 이야기를 믿고 있는 한, 당신은 고통에 노출됩니다. 사실은 당신 자신이 바로 괴로움의 원인이 됩니다. 전적인 원인이……. 내가 그걸 어떻게 알까요? 그것은 가슴을 아프게 하기 때문입니다. 그는 자유롭습니다. 그는 외출하면서 당신에게 인사할 필요도 없습니다.

조애나 예, 그는 자유로워요. 내 마음을 이해하지 못할 뿐이죠.

케이티 그는 아무 잘못이 없습니다. 그렇다는 걸 알겠어요?

조애나 예, 알겠어요. 아주 분명히.

케이티 좋아요. "그는 나를 안아 주지 않고 아무 말도 없이 가 버렸다." 어떻게 뒤바꿀 수 있을까요? 이 문장의 반대는 뭘까요?

조애나 그는……

케이티 "그는 나를 안아 주지 않고 아무 말도 하지 않았다"—뒤바꿔 보세요.

조애나 그는 나를 안아 주었고 말을 했다.

케이티 좋아요. 당신이 그 상황을 지켜볼 때, 그가 언제 당신을 안아 주고 당신에게 말을 했나요?

조애나 음, 그가 차까지 갔을 때, 나는 그가 그렇게 하지 않았다고, 아니면 그가 그렇게 하지 않아서 내 기분이 어떠했는지 얘기했을 때, 그는 나에게 말을 했어요. 나를 보면서 "내가 어떻게 하기를 원해?"라고 말했거든요.

케이티 그리고 당신은 그에게 "당신은 참 잘생겼어! 스윗하트, 당신이 나를 안아 주면 좋겠어"라고 말했나요?

조애나 그렇게 말했어요.

케이티 정말 그렇게 말했나요?

조애나 예. 뭐, 똑같이 그렇게 말한 건 아니지만요. (큰 웃음)

케이티 오, 당신을 포용하면 기분이 좋아지겠어요. 그 순간에는요.

조애나 예. 그렇게 말한 건 아니라고 할 수 있겠네요. "나를 안아 주지도 않고, 간다는 말도 없이 그냥 갈 거야?" 정확히는 이렇게 말했죠. 그는 막 떠나려 하고 있었어요.

케이티 그럼 당신은 안아 달라고 요청하지는 않았군요.

조애나 맞아요. 요청하지는 않았어요.

케이티 당신은 이미 대답이 정해져 있는 질문을 했네요.

조애나 그랬네요.

케이티 그러고 나서 그가 당신을 안아 주었나요?

조애나 그랬어요.

케이티 당신이 요청하지도 않았는데요.

조애나 그건…… 안아 준 건 맞아요. 내가 원하는 방식과 똑같지는 않았지만, 안아 준 건 맞죠.

케이티 당신이 원했던 포옹은 아니었군요. 어떻게 안아 달라고 얘기했나요?

조애나 내가 요구했기 때문에 마지못해 안아 주는 것 같다고 느꼈어요.

케이티 당신이 위협했기 때문에. (청중의 웃음) 요청한 게 아니었죠.

조애나 말씀하신 대로예요.

케이티 이제 조금씩 이해되나요?

조애나 예, 그래요.

케이티 나는 이 '작업'을 사랑합니다. 당신이 탐구를 통해 그가 누구와 함께 사는지 알아 가는 것을 사랑합니다. (웃음)

케이티 이제 "그는 나를 안아 주지 않았고 아무 말도 하지 않았다"―뒤바꿔 보세요. "나는……"

조애나 나는 그를 안아 주지 않았고 아무 말도 하지 않았다. 사실이에요. 나는 달려가서 그를 붙잡고 안아 줄 수 있었지만,

그러지 않았죠.

케이티 예. 당신이 믿고 있던 생각만 제외하면, 당신은 그 사람처럼 자유롭습니다. 그게 아름다운 점이죠. 좋아요. 2번의 문장을 봅시다. 그 상황에서 당신은 그가 어떻게 해 주기를 원했나요?

조애나 "나는 데이브가 떠나기 전에 나를 안고 바라보기를 원한다. 그저 나를 바라보기를."

케이티 당신은 그가 떠나기 전에 당신을 안고 바라보기를 원하나요?

조애나 맞아요. 이따금 그가 나를 보지 않고 지나치는 것 같아요.

케이티 좋아요. 이제 그 상황을 지켜보세요. 눈을 감아 보세요. "당신은 그가 떠나기 전에 당신을 안고 바라보기를 원한다"—그게 진실인가요? 당신은 자신이 정말 원한다고 생각하는 것들이 무엇인지 아나요? 아마 모를 겁니다. 당신은 그게 무엇인지 스스로 탐구해 보기 위해 멈추지도 않아요. 그저 계속 믿을 뿐이죠. 그래서, 그 상황에서 "당신은 그가 떠나기 전에 당신을 안고 바라보기를 원한다"—그게 진실인가요?

조애나 그 순간에는 그래요.

케이티 그런데 이번에 당신이 뭔가를 이해하게 된 다음에는요? 그게 진실인가요?

조애나 꼭 그렇지는……. 아니요. 정말 그런 건 아니에요.

케이티 아닙니다. 이제 그 생각을 믿을 때 당신에게 무슨 일이 일어나는지, 당신이 어떻게 반응하는지 알아차려 보세요. 다시 말하지만, 우리는 지금 추측을 하고 있는 게 아닙니다. (청중에게) 여러분은 이 두 사람의 모습이 보이나요? 여러분 중 얼마나 많은 사람이 자기 생각에 의해 즉각 희생자가 되었나요? 순교자가 되었나요? (조애나에게) 그 남자가 차를 향해 걸어가고 있는 것 말고는 아무 일도 일어나고 있지 않았어요! (웃음) 당신은 괴로움을 겪고 있습니다. 당신은 피해자입니다. 그리고 그게 다 그의 잘못입니다! 그래서, 누가 괴로움의 원인인가요? 그 남자인가요? 아니면 당신인가요?

조애나 나예요.

케이티 이제 당신이 그 생각을 믿을 때 그를 어떻게 대하는지 알아차려 보세요. 그는 자유롭습니다. 그는 차를 향해 걸어가고 있습니다. "나는 그가 떠나기 전에 나를 안아 주고 바라보기를 원해."

조애나 나는 온갖 이야기를 믿기 시작해요. 그가 내게 정말 관심이 있는 건 아니라는, 그는 나를 사랑하지 않는다는 이야기를.

케이티 "나는 그가 나를 안고 바라보기를 원해"라는 생각이 없다면, 그가 차를 향해 걸어가는 모습을 지켜볼 때, 당신은 누구일까요?

조애나 나는 일어난 일에 행복할 거예요. 그저 행복할 테고, 그가 하는 행동에 감사할 겁니다. 그 순간 정확히 있는 그대로의 그 사람에게, 그의 모습에. 그저 그를 사랑할 거예요.

케이티 예. 이제 그 문장을 뒤바꿔 볼까요. "나는 그가 떠나기 전에 나를 안고 바라보기를 원한다."

조애나 나는 그가 떠나기 전에 나를 안고 바라보기를 원하지 않는다.

케이티 그 문장이 당신에게 무슨 의미인가요?

조애나 나는 그가 그렇게 하기를 원하지 않아요. 왜냐하면 그가 그러기를 원하지 않으니까요. 그가 항상 그렇게 하고 싶어 하는 건 아니죠.

케이티 그는 아마 당신이 거기에 마음 쓰고 있는 줄도 모를 거예요. 내 말은, 당신이 그 상황을 보고 있으니까 당신만 알 수 있다는 거죠. "나는 그가 떠나기 전에 나를 안고 바라보기를 원하지 않는다." 이 문장이 당신에게 또 어떤 의미가 있나요? 내가 하나 찾았는데, 들어 보겠어요?

조애나 물론이죠. 얘기해 주세요.

케이티 당신은 그에게 "떠나기 전에 나를 안고 바라봐 주면 좋겠어"라고 요청했나요?

조애나 아니요. 요청하지는 않았어요. 그랬다고 착각했을 뿐이죠.

케이티 그 사람이 남의 마음을 읽을 수 있는 심령술사인가요? (웃음)

조애나 아니요. 그냥 그가 그러고 싶어 하기를 내가 원했던 것 같아요.

케이티 당신은 그가……

조애나 그저 자연스럽기를 원했어요. 그가 그러기를 원하는 게 자연스러운 거라고 생각했죠.

케이티 그는 자연스러워요. 그는 차를 향해 가고 있어요. 자연스럽게. 그에게는 그게 자연스러운 거예요. (웃음) 여기 두 남자가 있습니다. 당신의 머릿속에 한 남자가 있고, 실재하는 그 남자가 있습니다. (웃음) 그리고 실재하는 남자가 당신의 상상

속 남자가 아닐 때는 당신은 그에게 벌을 줍니다. 냉정하게 대하든, 달리 어떻게 행동하든. 마치 "아니, 세상에 나를 안아 주지도 않고 떠나려는 거야?" 그렇게 말하는 것 같은 어조로요. 맞아요? 당신은 그가 사랑하지 않은 사람이 됩니다.

조애나 맞아요. 정말 그래요.

케이티 "나는 그가 떠나기 전에 나를 안고 바라보기를 원한다" ─그게 진실인가요? 나는 진실이 아니라는 걸 압니다. 왜냐하면 당신은 그렇게 해 달라고 요청하지 않았으니까요. (청중에게) 만일 여러분이 요청하는데도 그가 그렇게 하지 않으면, 함께 있는 사람을 다시 만나세요. (조애나에게) 우리가 한번 역할을 바꿔 봅시다. 당신은 그러기를 원하지 않는 그 남자가 되어 보는 거예요. 좋아요. 내가 당신이고, 당신은 데이브입니다. "떠나기 전에 나를 안고 바라봐 주지 않을래?"

조애나 "아니, 그렇게는 못 하겠어. 당신에게 화가 많이 났거든. 그러고 싶지 않아."

케이티 "나한테 화가 많이 나서 그런 거야? 아, 완전히 이해돼. 그런데 화가 났어도 나를 안고 바라봐 주지 않을래? 그래 줄 수 있겠어? 나한테는 그게 정말로 중요하거든. 당신의 기분이 지금 어떻든 난 관심 없어." (웃음)

조애나 "그거 참 유감이네. 나도 당신 기분이 어떻든 관심이 없거든. 그럼, 오늘 잘 지내."

케이티 "와! 정말 좋은 조언이네. '오늘 잘 지내'라니. 고마워, 스윗하트. 그 말처럼 오늘 잘 지내려 해 볼게."

조애나 그러니까 당신이 말하는 요점은 무슨 일이든 감정적으로 받아들이지 말고, 아무도……

케이티 아니요, 내 말은 내가 그를 바꿀 수 없다는 겁니다. 당신은 그러고 싶지 않을 때도 어떤 사람을 안고 그의 눈을 들여다보기를 원하나요?

조애나 물론 그러고 싶진 않아요. 하지만 우리는 연인이나 반려자에게 그걸 바라지 않나요?

케이티 음, 내가 그걸 원한다면 내 남편에게 요청할 겁니다. "스윗하트, 내 눈을 들여다보고 나를 안아 주지 않을래요?" 그가 바빠서 그럴 수 없으면, 나는 세상 모든 사람에게 그렇게 해 달라고 요청할 수 있습니다. (웃음) 문밖으로 나가서 제일 먼저 만나는 사람에게 요청할 거예요. (웃음) 내 경험으로는 남편이 그러지 못할 정도로 너무 바쁘지는 않았습니다. 그러나 만일 그가 너무 바쁘면, 그런데 나는 정말로 누가 안아 주기를 원한다면, 남편의 사정이 왜 나를 가로막는 걸림돌이 될 수 있겠어요? 나는 진지하게 말하고 있어요. 무슨 말인지 이해되나요?

조애나 하지만 나는 다른 사람이 아니라 바로 그 사람이 안아 주기를 원해요.

케이티 음, 이건 모두 나에 관한 일일 뿐이에요. 안기기를 원하는 사람은 바로 나입니다. 누군가가 내 눈을 들여다보아 주기를 원하는 건 바로 나입니다. 그게 그 남자와 무슨 상관이 있나요? 그는 가까이 있어서 이용하기 쉬울 뿐이죠. (웃음)

조애나 알겠어요. 그래서……

케이티 당신은 그가 당신의 문제를 해결해 주기를 원합니다. 그게 일어난 일의 전부 아닌가요? "내가 안전하다고 느낄 수 있는 걸 내게 줘. 그러지 않으면 우리에겐 문제가 생길 거야. 내 말은, 이건 모두 나를 위한 거라는 뜻이야." 더 정직하게 표현하고 싶다면 아마 이렇게 말할 수 있겠죠. "내가 그리 잘하고 있는 건 아니고, 당신이 지금 나를 안고 싶지 않다는 걸, 당신이 정말 많이 화났다는 걸 알아. 하지만 나는 당신의 도움이 필요해. 왜냐하면 나는 다른 방도를 모르거든. 제발 나를 도와줘. 도와줘. 도와줘. 도와줘."

조애나 그리고 이 사람은 십중팔구 그렇게 해 줄 수 없을 거예요.

케이티 그는 '그러고 싶지 않아'라고 대답합니다.

조애나 아마도 어쨌든 그가 그렇게 할 수 없기 때문이겠죠.

케이티 그는 단지 '그러고 싶지 않아'라고 대답할 뿐입니다. 그렇죠? 그래서 나에게 남아 있는 건 나 자신뿐입니다. 어쨌든 모두가 나에 관한 일이기 때문입니다. 나를 보살필 수 있는 건 나 자신뿐입니다. 다른 뒤바꾸기를 찾을 수 있나요? 전부 당신으로 바꿔 보세요. "나는 내가⋯⋯"

조애나 나는 내가 떠나기 전에 나를 안고 나를 바라보기 원한다.

케이티 예, 내가 현실을 완전히 떠나기 전에. 나는 힘들고 혼란스러운 상태에 있습니다. 누가 나를 안아 주어야 합니다. 그래서, 그가 떠나는 걸 볼 때, 당신은 거기 앉아서 자신을 다정하게 안아 주고, 또 달래 줄 수도 있습니다. 당신은 큰 문제를 겪고 있기 때문이죠. 하지만 그건 그 사람 때문이 아닙니다. 그러니 두 팔로 자신을 감싸 안고, 가만히 있어 보세요. 만일 나에게 문제가 있다면, 나는 문제를 해결하기 위해 남편을 바라보지는 않습니다. 그건 그의 일이 아니기 때문입니다. 나는 나 자신을 바라봅니다. 그게 가장 빠른 길입니다. 문제를 얼른 해결하고 싶은 사람들은 그렇게 합니다. 그러고 나면 나는 남편과 가까이 있습니다. 더없이 가까이. 그 가까움은 나의 것입니다. 그것은 친밀합니다. 나는 연결되어 있습니다. 여행을 계속해 봅시다. 당신은 아주 잘하고 있습니다. "나는 내가 나를 안고… ."

조애나 나는 내가 나를 안고 바라보기를 원한다.

케이티 예. 당신이 거기에 관심이 없다면, 왜 그가 관심을 가지겠어요? (웃음)

조애나 맞아요.

케이티 그리고 당신은 자기를 정말로 안아 줄 수 있습니다. 자기를 안아 주는 방법은 많습니다. 거울 앞에 가서 자기의 눈을 들여다볼 수도 있습니다. 만일 당신의 이야기를 내려놓고 정말로 바라보면, 진정한 연인과 반려자를 만날 겁니다. 우리는 다른 사람에게서는 그 사랑을 받을 수 없습니다. 자기 안에서 그 사랑을 발견하기 전에는, 자기는 거부당할 수 없는 존재임을 마침내 알게 되기 전에는. 이제 '양식' 3번의 문장을 보죠.

조애나 (키득키득 웃으며) "데이브는 내게 더 많은 애정을 보여 주어야 하고, 먼저 신체적 친밀감을 자주 표현해 주어야 하고, 말과 행동을 일치시켜야 한다."

케이티 좋아요. 전에는 아주 심각한 문제였던 생각들이 이제는 웃음이 나오게 한다는 걸 알아차려 보세요.

조애나 그는 그렇게 할 필요가 없어요.

케이티 "그는 내게 더 많은 애정을 보여 주어야 한다."

조애나 그는 물건을 잘 고치죠. 그걸 좋아해요. "사랑해"라는 말을 많이 하고, 뭐든 고치는 걸 좋아하죠. 항상 집 주변의 물건들을 고치고, 늘 물건을 고치고 싶어 해요.

케이티 그럼 그가 해야 하는 것은 뭔가요?

조애나 그는 늘 물건을 고치고 싶어 하지만, 신체적 친밀감과 애정 표현은 충분하지 않아요. 내가 말하는 건 그거예요. 그는 내게 더 많은 애정을……

케이티 예, 스윗하트. 집에 가서 당신이 얼마나 친밀하고 싶은지를 그에게 표현하면, 정말 근사한 시간을 보낼 수 있을 거예요.

조애나 알겠어요.

케이티 그는 그걸 정말 좋아할 수 있어요. (웃음)

조애나 그래요.

케이티 "그는 내게 더 많은 애정을 보여 주어야 한다." 전부 뒤바꿔 봅시다. "나는……"

조애나 나는 그에게 더 많은 애정을 보여 주어야 하고, 내가 먼저 신체적 친밀감을 더 자주 표현해야 하고, 나의 행동과 말을 일치시켜야 한다. 예, 그래요.

케이티 그래서 뒤바꾸기는 당신 자신에 대한 조언이라는 걸 알 수 있습니다. 이 뒤바꾸기는 당신이 자기 자신과도 그 사람과도 함께 행복하게 사는 길을 보여 줍니다. 이제 4번의 문장을 봅시다.

조애나 "나는 데이브가 나와 더 많은 시간을 함께 보내고, 나와 더 깊이 현존할 필요가 있다."

케이티 좋아요. 그게 진실인가요? 당신이 행복해지려면 그게 필요한가요? 당신이 얼마나 의존적인지 알아차리고 있나요?

조애나 아니요, 나는 그게 필요하지 않아요. 그저 그걸 원할 뿐이죠.

케이티 그 상황에서 그가 더 많은 시간을 당신과 함께 보내고 당신과 더 깊이 현존하면, 그게 당신을—기분이 상하거나 화나게 하는 대신—정말로 행복하게 만들어 줄까요?

조애나 아니요.

케이티 그 생각을 믿을 때 당신이 어떻게 반응하는지 알아차려 보세요. 그 생각을 믿을 때 당신이 데이브를 어떻게 대하는지, 그리고 그럴 때 어떤 기분을 느끼는지 알아차려 보세요.

조애나 나는 끊임없이 그에게 물어봐요. 그러면 그는 기분 나빠하죠. 내가 그의 감정을 의심한다면서 왜 그러는지 이해할 수 없다고 해요. 그는 항상 "당신이 왜 그렇게 말하는지 이해하지 못하겠어"라고 말해요.

케이티 왜냐하면 당신이 남들에게 드러내지 않는 은밀한 삶을 살고 있기 때문입니다. 완전히 비밀스러운 삶을 살면서, 그 속에서 그에게 얘기하지 않는 온갖 드라마를 혼자 쓰고 있어요. 그러면서도 그가 당신의 마음을 읽을 수 있다고 여깁니다. 그는 그저 차로 걸어가고 있을 뿐인데, 갑자기 당신의 적이 되고, 이제 더는 당신을 사랑하지 않는 사람이 되어 버립니다. 그가 한 일이라곤 차를 향해 걸어가고 있었던 것뿐인데요. (웃음) 아마 당신을 위해 뭔가를 고쳐 주려고 필요한 연장을 사러 나가는 길이었을 텐데 말이죠.

조애나 예! 맞아요! 정말 그랬어요! (웃음)

케이티 (청중에게) 여성 여러분, 애정과 고장 난 수도를 고치는 것 중에서 어떤 쪽을 선택하겠어요? (웃음) 이것도 조금, 저것도 조금, 균형을 이루는 게 좋겠죠. (조애나에게) 좋아요. 눈을 감아 보세요. 스윗하트. "나는 데이브가 나와 더 많은 시간을 함께 보내고, 나와 더 깊이 현존할 필요가 있다"는 생각을 믿지 말고, 그를 바라보세요. 당신의 이야기를 놓아 버리세요. 데이브를 바라보세요. 무엇이 보이나요?

조애나 (울면서) 내 인생의 아름다운 선물…… 순전한 선물인 아름다운 남자. 좋은 사람.

케이티 예.

조애나 사랑이 아주 많고 너그러운 사람.

케이티 이제 이야기 없이 당신 자신을 바라보세요. 그가 차를 향해 걸어가는 모습을 보고 있는 자신을 바라보세요. 당신의 생각과 믿음이 없다면, 당신은 괜찮나요?

조애나 내 생각과 믿음이 없다면, 천국이에요. 더할 나위 없이 좋게 느껴져요.

케이티 예. 자기 자신을 바라보세요! 그럴 때 당신은 건강하고 행복하고 온전하고 사랑받는 사람입니다. 이번에는 그 이야기를 믿는 당신을 바라보세요. 얼마나 다른지 보세요.

조애나 그 이야기를 믿으면, 결핍과 부족과 포기와 외로움이 느껴져요. 거기에는 아무도 없어요. 그건 악몽이에요. 정말 끔찍한 악몽.

케이티 이야기를 믿으면 그렇습니다. 이제 그 이야기 없이 그 상황을 지켜보세요.

조애나 그 이야기가 없으면, 평화와 감사가 있습니다.

케이티 건강과 아름다움, 사랑도 있죠. 모든 게 거기에 있어요. "나는 데이브가 나와 더 많은 시간을 함께 보내고, 나와 더 깊이 현존할 필요가 있다"—뒤바꿔 보세요. "나는 내가 나와……."

조애나 나는 내가 나와 더 많은 시간을 함께 보낼 필요가 있다?

케이티 당신 자신과 그 사람에 대한 생각 중에서 아직 질문해 보지 않은 생각을 탐구하는 데 더 많은 시간을 보내 보세요.

조애나 그리고 나 자신과 더 깊이 현존할 필요가 있다.

케이티 그 순간에.

조애나 내가 그러기 위해 노력할 필요가 있어요. 그저 현존하고……

케이티 "나는 그 순간 나와 더 많은 시간을 함께 보낼 필요가 있고, 나 자신과 더 깊이 현존할 필요가 있다. 왜냐하면 그때 나는 제정신이 아니니까."

조애나 맞아요. 나는 미친 사람 같았어요. 그럴 때면 내가 정말 미친 것 같아요. 제정신이 아니죠. 이성을 잃은 것 같아요.

케이티 예. 그래서 당신은 데이브를 뒤따라가기 전에 자신과 함께 좀 더 많은 시간을 보낼 필요가 있습니다. (웃음)

조애나 맞아요. 그저 차를 향해 걸어가고 있는 사람.

케이티 그리고 자신과 더 깊이 현존할 필요가 있습니다. 두 사람 모두를 위해.

조애나 오, 세상에. 정말 그래요. 맞아요. 그 순간 자신과 함께 현존할 때 아픔이 느껴지면, 그런 채로 가만히 앉아서……

케이티 당신은 자신이 그 순간 제정신이 아니라는 것만을 알고, 당신이 필요하다고 여기는 것을 데이브가 줄 수 없다는 것을 압니다. 그때가 '이웃을 판단하는 양식'을 써야 하는 시간입니다. 당신이 믿는 생각을 종이에 쓰고, 그 문장에 대해 질문해 보세요. 다시 말해, 지금 여기서 한 대로 똑같이 하면서 더 많은 시간을 보내세요. '작업'은 명상입니다. 그것은 질문을 만나기 위해 일어나는 대답을 경험할 수 있을 만큼 충분히 고요해지는 것입니다.

조애나 알겠어요.

케이티 '작업'은 홈페이지(http//thework.com)에서 누구나 무료로 이용할 수 있습니다. 이웃을 판단하는 양식, '작업'하는 방법 등이 모두 있고, 유튜브에서도 볼 수 있어요. 어디서든 '작업'을 할 수 있는 스마트폰 앱도 1.99달러면 살 수 있습니다. '이웃을 판단하는 양식'을 쓸 수 있는 태블릿 앱도 있고, 자신의 믿음에 대해 한 번에 하나씩 질문할 수 있는 앱도 있습니다. 그러니 학교에서 아이를 기다리거나 가게에서 줄 서 있는 동안에도, 혹은 마음이 혼란스럽거나 가슴이 아프거나 스트레스를 받을 때면 언제 어디서든 '양식'을 이용할 수 있습니다. 데이브가 차를 타고 떠날 때, 의자에 앉아서 당신의 생각을 알아차리고, 종이에 쓰고, '작업'을 해 보세요. 그러면 그가 차를 타고 떠날 때 당신은 "당신을 사랑해"라고 정직하게 말할 수 있습니다. 당신의 말이 그에게 들리든 안 들리든 상관없습니다. 당신이 누구를 사랑할 때는 어떤 느낌인가요? 그 사랑은 누구의 것인가요? 그의 것인가요, 당신의 것인가요? 그녀의 것인가요, 당신의 것인가요? 당신의 것입니다. 내가 "스티븐, 당신을 사랑해요"라고 말하면, 그는 내 말이 "나는 사랑해요"라는 뜻인 걸 알고 나 때문에 기뻐합니다. 그것은 참 아름답습니다. 물론 나는 그것을 함께 나누고 싶습니다. 내가 "스티븐, 당신을 사랑해요"라고 말할 때, 이 말은 그가 곧 나라는 의미입니다. 그게 무슨 뜻일까요? 예를 들어, 당신이 데이브를 어떤 사람이라고 믿는다면, 그는 그런 사람일 것입니다. 그 이상도 이하도 아닙니다. 이해가 되나요? 당신은 그가 안에 있다고 믿었는데, 이제는 그가 밖에 있다고 믿습니다. 그는 언제나 당신이 데이브라고 믿는 사람입니다. 당신은 결코 그를 알 수 없습니다. 그래서 중요한 건 당신 자신을 아는 것입니다. 자기 자신을 알면 진정으로 우리 모두를 알게 됩니다. 좋아요. 5번의 문장을 봅시다.

조애나 "데이브는 나에게 관심이 없고 거리를 두며 나를 그다지 사랑하지 않는다." 맙소사!

케이티 좋아요. "그 순간에 나는……"

조애나 나는 나에게 관심이 없고 거리를 두며 나를 그다지 사랑하지 않는다.

케이티 전혀.

조애나 전혀 사랑하지 않는다.

케이티 당신은 자신에 대해 온갖 끔찍한 일들을 생각하고 있었습니다. 또 하나의 뒤바꾸기가 있군요. "나는 데이브에게 관심이 없고 거리를 두며 그를 그다지 사랑하지 않는다."

조애나 내가 데이브를 그다지 사랑하지 않는다고요?

케이티 당신이 따라가서 뭔가를 요구했던 그 남자. 그는 당신이 상상했던 데이브, 매정한 데이브가 아니었습니다. 그는 단지 차를 향해 걸어가는 데이브였습니다. 그러니까 당신은 데이브가 그 자신이 아닌 다른 어떤 사람이라는 이유로 공격하고 있습니다.

조애나 아, 알겠어요.

케이티 진짜 데이브가 있습니다. 데이브라는 사람. 그리고 당신이 데이브라고 상상하는 사람이 있습니다. 한 사람은 데이브이고, 다른 한 사람은 데이브가 아닙니다. 당신은 데이브를 한 번도 만난 적이 없을지도 모릅니다. 나는 진지하게 말하고 있습니다. 나는 종종 "어떤 두 사람도 만난 적이 없습니다"라고 말합니다.

조애나 맞아요. 왜냐하면 똑같은 데이브가 내가 원하는 대로 전부 해 줄 때도 있는데, 한 사람 안에 다른 두 사람이 있을 순 없으니까요. 그가 갑자기 변한 건 아니겠죠. 그건 내 마음속에서 일어난 일입니다.

케이티 그가 항상 완전하다는 사실만 알고 계세요. 그는 언제나 사랑스럽죠. 당신이 그에 대해 생각하고 믿는 것만 제외하면. (웃음)

조애나 알겠어요.

케이티 그리고 그런 문제에 부닥칠 때면 '작업'을 해야 할 시간입니다.

조애나 예.

케이티 좋습니다. 6번의 문장을 읽어 보세요.

조애나 "나는 데이브가 나에 대한 감정을 의심하면서 떠나기를 원하지 않는다."

케이티 좋아요. "나는 기꺼이……"

조애나 나는 기꺼이 데이브가 나에 대한 감정을 의심하면서 떠나게 하겠다.

케이티 "나는 고대한다……"

조애나 나는 데이브가 나에 대한 감정을 의심하면서 떠나기를 고대한다.

케이티 이 문장에 대해 따로 탐구해 보면 좋겠군요.

조애나 아, 그렇군요. 아마…… 내가 이런 '작업'을 충분히 하면, 그가 나를 떠나도 다 괜찮고 평화로운 날이 오겠죠?

케이티 그걸 행복한 삶이라고 하죠.

조애나 내가 원하는 게 그거예요.

케이티 예. 만일 내 남편이 작별 인사도 없이 차를 타고 나가서 영영 다시 연락하지 않으면, 나는 그가 멋진 삶을 살고 있을 것이라고 여길 겁니다. 그리고 당신이 어떤 사람을 사랑할 때, 당신이 그를 위해 바라는 것은 바로 그것 아닌가요? 그래서 그가 내 곁에 머무르면, 좋습니다. 그가 떠나면, 그것도 좋습니다. 어느 경우든 나는 그를 사랑합니다. 그뿐입니다. 그건 변함이 없습니다.

조애나 고마워요, 정말 고마워요, 케이티.

케이티 천만에요.

5장
일상 속의 붓다들

부처님께서 말씀하셨다. "수보리야, 내가 묻겠다. 신체의 특징[1] 으로 부처를 알아볼 수 있겠느냐?"

수보리가 대답했다. "스승님, 그렇지 않습니다. 신체의 특징으로는 부처를 알아볼 수 없습니다. 왜냐하면 부처님께서 부처의 신체의 특징은 사실 신체의 특징이 아니라고 말씀하셨기 때문입니다."

부처님께서 말씀하셨다. "모양이 있는 모든 것은 환상이다. 만물의 모양이 환상임을 알면, 곧 부처를 알아보게 된다."

샤람들은 붓다가 마음에 대해 비범한 것을 발견했기 때문에 틀림 없이 비범한 몸을 가졌을 것이라고 믿었습니다. 금빛 피부, 머리 위의 불룩 솟은 부분, 발바닥의 바퀴 무늬 같은 신비한 신체의 특징이 있을 것이라고 여겼습니다. 하지만 좋은 의도에서 비롯되었다 해도,

---

1 인도의 신화에서는 위대한 사람에게 32가지 신체의 특징이 있다고 한다. 발바닥에 있는 천 개의 살이 있는 바퀴 무늬, 손가락과 발가락 사이에 있는 얇은 비단 같은 막, 금빛 몸, 몸을 감싸고 있는 3미터가량의 영기(靈氣), 검푸른 눈, 정수리 위의 불룩 융기되어 있는 부분 등이 여기에 포함된다.

이런 식의 숭배는 우리를 제한하고 분리를 초래합니다. 만일 붓다에게는 반드시 머리 위의 불룩 솟은 부분이 있어야 한다고 믿는다면, 현실로 깨어난 사람은 외모가 어떻든 붓다라는 것을, 또 아직 현실로 깨어나지 않은 사람도 붓다라는 것을 당신이 어떻게 알 수 있을까요? 그러니 붓다를 몸으로 여기거나 붓다에게 몸이 있다고 생각하면, 올바른 이해에 장애가 됩니다. 그런 생각은 당신을 제한합니다. 진실은, 붓다에게는 몸이 없다는 것입니다. 아무도 몸을 가지고 있지 않습니다.

이 몸은 전부 상상된 것입니다. 나는 이 소파에 눈을 감고 앉아 있을 때, 몸의 모습들을 보고, 몸과 연관된 감각들을 느끼는데, 그 모든 경험은 나의 지각 안에서 일어납니다. 바깥에 있는 것은 아무것도 없습니다. 이제 나는 눈을 뜨고 내 손과 발을 보는데, 이른바 나의 몸의 이른바 이런 부위들은 여전히 나의 지각 안에 있는 모습들입니다. 그것들을 눈에 보이는 나머지 세계와 분리하여 나의 몸이라고 부를 수도 있겠지만, 그 분리 역시 마음의 행위이며, 그 모습들은 언제나 과거의 일입니다. 비록 그 과거가 10억분의 1초 전에 일어난 일이라 해도……. 그것들은 현실이라는 영화의 일부일 뿐, 현실 자체는 아닙니다. 왜 내가 마음의 스크린 위에서 상영되는 영화를 실재하는 것이라고 믿겠어요? 이 몸에서 실재하는 것처럼 보이는 것에 집중하려 할 때마다 그것은 사라져 버리고, 집중하는 '나'도 사라져 버립니다. 변함없이 지속하는 것은 하나도 없습니다. 꿈이 사라질 뿐만 아니라 꿈꾸는 자도 영원히 사라집니다. 그리고 꿈꾸어지고 있는 몸—나는 그 몸을 앉게 하고, 서게 하고, 걷게 하고, 먹이고, 이를 닦아 주고, 옷을 입히고, 밤에 침대에 눕히고, 아침에 침대에서 일어나게 하는데, 그 모든 일은 실제가 아닙니다. 온통 마음의 투사일 뿐입니다. 마음 밖에 무엇이 있다는 상상은 순전히 망상입니다.

신체의 통증조차 상상입니다. 깊이 잠들어 있을 때도 몸이 아프던 가요? 몸의 통증에 시달리고 있을 때 전화벨이 울리는데, 간절히 기다리던 전화였고 상대방과 나누는 대화에 정신이 온통 쏠려 있다면, 통증이 없습니다. 생각하는 대상이 바뀌면 통증도 바뀝니다.

예전에 나는 손을 주스기 속에 너무 깊이 넣었다가 다친 일이 있습니다. 뭔가 타다닥 부닥치는 소리가 들려서 손을 꺼냈더니 피가 줄줄 흐르고 있었습니다. 피는 선홍색이었는데, 그렇게 아름다운 것은 어디에서도 본 적이 없었습니다. 옆에 서 있던 딸 록산은 소스라치게 놀랐습니다. 그 애는 놀랄 수밖에 없었습니다. 마음이 과거와 미래에 쏠렸기 때문입니다. 주스기 안에 있던 내 손의 모습, 이미 사라져 버린 소리, 그 애가 내게 투사한 통증, 또 어머니가 몇 개의 손가락을 잃은 미래의 모습에……. 하지만 실제로는 그 경험 전체가 아름다웠습니다. 손가락 끝에서 흐르던 피는 건강하고 사랑스럽고 자유로웠습니다. 나는 과거나 미래로 투사하지 않았으므로 통증을 느끼지 못했습니다. 그 환히 빛나는 순간을 가리는 것은 아무것도 없었습니다. 다친 손가락은 붓다였습니다. 피는 붓다였고, 소스라치게 놀란 사랑스러운 딸도 붓다였습니다. 나는 통증이 일어나기를 기다렸고, 통증을 일으키는 환상을 기꺼이 받아들이려 했지만, 사랑이 늘 그렇듯이, 아무 일도 일어나지 않았습니다. 손톱 두 개가 빠졌고 손가락 하나의 끝이 조금 떨어져 나갔습니다. 우리는 손가락에 소독약을 바르고 거

즈를 대고 싸맸습니다. 하지만 나를 보살필 필요는 없었습니다. 보살
필 것이 없었기 때문입니다. 손가락, 피, 주스기, 딸, 보는 자, 그 모두
는 붓다의 특징이었습니다.

1990년대 초 어느 날, 전남편 폴과 나는 차를 타고 붐비는 고속도
로를 달리고 있었는데, 앞에 가던 차가 급정거하는 바람에 우리 차가
그 차를 들이받았습니다. 이어서 뒤따르던 차가 우리 차를 들이받았
고, 또 그 뒤의 여러 차가 연쇄 추돌했습니다. 나는 앞으로 튕겨 나가
면서 앞유리에 머리를 찧었습니다. 나는 공중을 날아가는 기쁨으로
내 안에 미소가 번지는 것을 알아차렸습니다. 다음에는 충돌의 기쁨
을 느꼈습니다. 그것은 '내가' 물체에 부딪혔다기보다는 그 물체와 합
쳐지는 것 같았습니다. 나는 얼굴에 미소를 띤 채 차 안의 바닥에 떨
어졌습니다. 경찰이 우리 차에 다가와서는 내가 쇼크 상태이므로 구
급차에 실어 병원으로 보내겠다고 말했습니다. 나는 말했습니다. "저
기요, 스윗하트. 저는 괜찮아요. 뭔가 변화가 생기면 우리가 조치를
취할게요. 꼭 그렇게 하겠지만, 지금 저는 괜찮아요." 내가 어디를 다
칠 수 있을까요? 대체 무엇이 나를 해칠 수 있을까요? 물론 그 경찰
에게 이렇게 말하지는 않았습니다. 그 무렵 나는 사람들이 그런 말을
이해하지 못한다는 것을 알고 있었기 때문입니다.

이런 일들은 흔치 않은 경험이었습니다. 그렇지만 내가 통증을 늘
느끼지 않는 것은 아닙니다. 8년 전 내게 신경 장애가 일어났습니다.
어느 날 부엌에서 걸어가는데 난데없이 무엇이 발바닥을 찌르는 듯
한 격심한 통증이 일어났고, 그 후로 한번씩 너무 아파서 걷지 못할
때가 있었습니다. 그래서 공개 모임과 '작업 학교'가 진행되는 동안

줄곧 휠체어나 세그웨이(2륜 전동휠)를 타고 다녀야 했습니다. 하지만 그렇다고 해서 통증은 마음의 투사라는 사실이 변하는 것은 아닙니다. 통증을 면밀히 관찰해 보면 통증은 결코 도착하지 않으며, 항상 지나가고 있다는 것을 알게 됩니다. 통증은 언제나 우리의 지각의 표면 위에서 일어나고 있으며, 그 밑에는 드넓은 기쁨의 바다가 있습니다.

깨어난 마음에 지각되는 것은 무엇이든 아름답습니다. 그것은 마음이 거울에 비친 모습이며, 그것이 마음에 보이는 것입니다. 이것을 이해하면 마음의 관념을 잃게 됩니다. 어떤 미인이 거울에 비친 자기 모습을 보고 싶어 하지 않을까요? 만일 당신이 거울에 비친 모습을 사랑하지 않는다면, 당신의 눈에 문제가 있는 것입니다. 괴로움, 가난, 광기, 잔인함, 분노, 절망 등 인간의 모든 경험이 그렇습니다. 모든 것은, 만일 정말로 존재한다면, 붓다 마음 안에 존재하며, 붓다 마음이 보기에는 모든 것이 아름답습니다. 붓다 마음에게는 추한 것이 없으며, 받아들일 수 없는 것도 없습니다. 이는 붓다가 수동적이라거나 불친절을 용납한다는 말이 아닙니다. 그는 친절의 정수이며, 세상에서 괴로움처럼 보이는 것을 끝내기 위해 할 수 있는 최선을 다합니다. 하지만 붓다의 친절함은 그가 인식하는 모든 것과 더불어 가장 깊은 평화를 느끼는 데서 비롯됩니다. 만일 당신이 세상의 어떤 것을 받아들일 수 없다고 여긴다면, 틀림없이 당신의 마음이 혼란스러운 것입니다. 무엇이든 당신의 마음 밖에 있다고 생각한다면, 그것은 망상입니다. 궁극적으로는 안도 밖도 실재하지 않습니다. 하나가 기쁨이고, 하나가 괴로움입니다, 하나가 잠들어 있음이고, 하나가 깨어 있음입니다. 결국에는 모든 것이 동등합니다.

붓다를 찾을 때는 비범한 사람을 찾지 마세요. 집에 더 가까운 것, 집보다 더 가까운 것을 찾으세요. 자기의 마음을 이해할 때, 기대 이상으로 지혜로운 사람을 만나기 시작할 것입니다. 당신이 살고 있는 공간에서 누군가는 붓다일 것입니다. 그는 설거지를 하고 있을 수도 있고 하고 있지 않을 수도 있습니다. 이 붓다가 어떻게 사는지를 지켜보세요. 당신은 아무것도 잘못할 수 없습니다. 비록 당신의 마음은 그럴 수 있다고 상상할지 몰라도……. 자신의 이야기가 없다면 당신은 누구일까요? 당신이 가지고 있는 깨달은 존재의 이미지와 자기 자신을 비교하지 않을 때, 당신은 누구일까요? 대다수 붓다는 드러내지 않고 살아갑니다. 붓다가 있다는 소식이 전해지는 일은 드뭅니다. 당신이 자신을 붓다라는 관념과 비교하여 스스로 초라하게 만든다면, 스트레스가 생깁니다. 반면에 그런 관념이 없으면 수월하게 깨달을 수 있습니다. 당신은 애씀 없이 아이를 학교에 데려다 주고, 개와 함께 산책하고, 방을 청소하는데, 그런 행위에 어떤 관념도 들러붙지 않습니다. 그것이 붓다가 하는 일입니다. 당신은 바로 지금 살아 있는 본보기가 될 수 있으며, 그렇다는 것을 아무도 몰라도 됩니다.

나는 내 아이들에게 "평범함과 친구가 되어라"고 자주 말했습니다. 설거지를 하는 동안 완전한 깨달음을 발견할 수 있습니다. 그보다 더 영적인 일은 없습니다. 동굴 속에서 3년 동안 명상을 하는 사람도 있지만, 매일 설거지하는 행위도 그와 동등합니다. 당신은 방을 청소할 때의 균형과 조화를 사랑할 수 있나요? 그 조화가 궁극의 성공이며, 당신이 극빈자든 왕이든 상관없습니다. 당신의 신분이 무엇이든 그 조화를 이룰 수 있습니다. 거기에는 승리의 나팔 소리가 울리지 않으며, 평화가 있을 뿐입니다.

평화는 평범한 일상 속에 있습니다. 그보다 멀리 있지 않습니다.

당신은 "이 몸은 전부 상상된 것입니다"라고 말합니다. 어째서 당신은 실명하고 두 개의 각막을 이식하고 신경 장애가 생긴 몸을 상상했나요? 영원히 젊고 죽지 않는 몸을 상상하지 않은 이유가 무엇인가요?

내게 더 젊고 건강한 몸이 필요했다면, 기꺼이 그런 몸을 상상했을 것입니다. 하지만 지금 이 몸이 나를 위한 몸입니다. 왜 내가 다른 몸을 원하겠어요? 나는 진심으로 이 몸을 사랑합니다. 이 몸은 언제나 젊습니다. 순간순간 새롭기 때문입니다. 이 몸은 결코 죽지 않습니다. 처음부터 이 몸은 순전히 상상된 것이기 때문입니다.

어떻게 통증이 상상된 것이라고 말할 수 있나요? 무슨 뜻인가요?

나는 통증이 어디에서 나오는지를 이해하고, 통증이 정확히 어디에서 끝나는지를 이해합니다. 통증이 어디서 끝나는지를 이해하면, 통증은 끝났습니다. 이미 끝나 버렸습니다. 이것은 마음속에서 무슨 일이 일어나는지 면밀히 주의를 기울이면 이해할 수 있는 일입니다. 통증의 원인을 깨달을 때, 모든 통증은 과거의 일이라는 것을 이해하게 됩니다. 현재에 통증을 느끼는 것은 불가능합니다. 현재는 없기 때문입니다. 자유는 '지금'조차 환상이라는 사실을 이해하는 것입니다. '지금'은 또 하나의 관념일 뿐입니다.

몸의 통증이 극심한 상태일 때, 어떻게 해야 알아차림을 유지할 수 있나요?

통증이 견딜 수 있는 수준보다 더 심할 때, 당신은 다른 현실로 옮겨 갑니다. 통증이 견딜 수 없다고 생각할 때가 있지만, 그런 생각은 대개 거짓말입니다. 통증은 견딜 수 있습니다. 당신이 지금 견디고 있기 때문입니다. 통증이 몹시 고통스러운 이유는 당신이 미래를 투사하고 있기 때문입니다. 당신은 "통증이 영원히 계속될 거야", "통증이 더 심해질 거야", "죽을지도 몰라" 같은 생각을 믿고 있습니다. 이런 미래의 이야기만이 당신을 두렵게 할 수 있습니다. 미래에 일어날 것 같은 일을 투사할 때, 당신은 지금 실제 일어나고 있는 일을 놓치게 됩니다.

더 자세히 살펴봅시다. 통증이 견딜 수 있는 한계를 정말로 벗어나면, 마음은 그 통증을 제어할 수 없으므로 다른 현실로 옮겨갑니다. 그런데 마음은 경험해 보지 않은 미래를 과거로부터 상상할 수 없습니다. 또 당신은 미래로 가 본 적이 없으니 다음에 일어날 일을 투사하는 방법을 모릅니다. 마음은 미래에 관해 참고할 자료가 없으므로 몸이라는 정체성을 벗어납니다. 어떤 사람들이 성폭행이나 고문을 당할 때 몸을 벗어나 천장에서 내려다보고 있었다고 말하는 것은 이런 이유 때문입니다. 마음이 정체성을 바꾸는 까닭은 다음에 몸에 일어날 일을 투사할 수 없기 때문입니다. 미래에 관해 참고할 자료가 없는 상태를 벗어나는 것입니다.

당신은 받아들일 수 없는 것은 없다고 말합니다. 집단 학살, 테러, 강간, 아동 학대와 동물 학대에 대해서는 어떻게 생각하세요? 이런 것들도 받아들일 수 있나요?

집단 학살, 테러, 강간, 아동 학대와 동물 학대는 과거의 일입니다. 지금 이 순간에는 존재하지 않으며, 그렇다는 것은 순전한 은총입니다. 나는 깊이 감사하는 마음으로 그 은총을 받아들입니다.

그렇게 끔찍해 보이는 일들이 실제 일어나고 있는데도 일어나서는 안 된다고 믿을 때, 당신은 고통을 받습니다. 그럴 때 당신은 세상의 고통에 한 사람의 고통을 더 얹고 있습니다. 왜 그래야 하나요? 당신의 고통이 피해를 보고 있는 사람에게 도움이 되나요? 그렇지 않습니다. 당신의 고통이 공익을 위해 행동하도록 동기를 유발하나요? 자세히 들여다보면, 그렇지 않다는 것을 알 수 있습니다. 그런 일들이 일어나면 안 된다는 믿음에 대해 질문해 보면, 다른 사람들의 고통에 대한 당신 자신의 고통을 끝낼 수 있습니다. 그리고 그렇게 되면 당신은 더 친절한 사람이 되고, 분노나 슬픔이 아니라 사랑에 의해 행동하는 사람이 된다는 것을 알아차릴 수 있습니다. 세상의 고통을 끝내는 일은 당신의 고통을 끝내는 일로부터 시작됩니다.

만일 당신이 세상의 어떤 것을
받아들일 수 없다고 여긴다면,
틀림없이 당신의 마음이
혼란스러운 것입니다.

6
마음이 모든 것이며
마음은 선하다

수보리가 말했다. "스승님, 이 가르침을 듣고 진리에 대한 분명한 통찰을 얻는 원숙한 사람이 언제나 있겠습니까?"

부처님께서 말씀하셨다. "수보리야, 물론 그런 사람이 있을 것이다! 지금부터 수천 년이 지난 뒤에도 이 가르침을 듣고 묵상하여 진리를 통찰하는 사람이 많이 있을 것이다. 그런 사람은 스스로는 알지 못해도 한 부처의 제자로 맑은 마음을 닦은 것이 아니라, 수많은 부처의 제자로 맑은 마음을 닦은 것이다. 그들이 이 가르침을 듣고 묵상하면 현실을 한순간에 분명히 있는 그대로 보게 될 것이다. 그들이 자신의 본성으로 깨어날 때 부처는 그들을 온전히 알고 인정한다.

그들은 어떻게 그리하는가? 그들이 현실을 분명히 보게 되면 '나'와 '남'이라는 관념에 다시는 집착하지 않는다. '진리'와 '비진리'라는 관념에도 집착하지 않는다. 만일 그들의 마음이 분리된 사물들이라는 관념에 집착한다면, 그들은 '나'와 '남'이라는 관념에 집착할 것이다. 만일 그들이 사물들의 존재를 부정한다면, 여전히 '나'와 '남'이라는 관념에 집착할 것이다. 그러므로 분리된 사물들이라는 관념에 집착하지 말고, 분리된 사물들의 부정에도 집착하지 말아야 한다.

그런 까닭에 나는 사람들에게 '나의 가르침은 뗏목과 같다'고 말한다. 뗏목은 강을 건너기 위해 사용하는 것이다. 강을 건넌 뒤에는 강가에 뗏목을 두고 떠나야 한다. 올바른 가르침도 뗏목처럼 두고 떠나야 하는데, 하물며 그릇된 가르침이야 말해 무엇하겠느냐!"

붓다는 원숙한 사람들이 "현실을 한순간에 분명히 있는 그대로 보게 될" 것이라고 말합니다. 현실을 있는 그대로 볼 때 그들은 과거나 미래라는 것이 없음을 즉시 깨닫습니다. 그러므로 그들에게 가르침을 준 수많은 붓다는 모두 지금 이 순간에 존재합니다. 이 붓다들은 그들이 마음속에서 알아차렸거나 알아차리고 있는 수많은 '질문되지 않은 생각'들입니다. 모든 생각은 그 자체입니다. 모든 생각은 붓다이며, 당신에게 가지 말아야 할 곳을 보여 줍니다. 사랑은 이런 환상들, 상상으로 지어낸 이야기들을 만나서 "이것도 아니다, 저것도 아니다"라고 노래합니다. 그래서 모든 생각이 그것의 근원인 '없음'(nothingness)'으로 돌아갈 때, 원숙한 제자는 그 생각에 공경하며 절합니다.

과거와 미래가 존재하지 않는다는 것을 처음 깨달았을 때, 나는 계속해서 놀라워하는 상태에 있었습니다. 모든 것을 새로운 눈으로 보고 있었고, 나의 마음은 백지상태였습니다. 어느 날 요양원 원장이 나에게 차를 운전하여 다른 소도시에 가서 그녀가 원하는 책들을 사

110

다 달라고 부탁했습니다. 나는 대답했습니다. " '그것'[1]은 그럴 수 없어요. '그것'은 아무 데도 가는 길을 몰라요." 원장이 말했습니다. "당신은 할 수 있어요. 길은 내가 알려 줄게요." 나는 " '그것'은 함께 갈 사람이 필요해요"라고 말했지만, 원장은 "아니요, 혼자 다녀오세요"라고 했습니다. 나는 그녀를 통해 내가 할 수 있다는 말을 들었습니다. 그녀는 내게 차 열쇠를 주었고 가는 길도 알려 주었습니다. 몹시 기이했습니다. 내겐 미래가 없었으므로 무엇을 '가지러 간다'는 관념이 없었습니다. 내겐 책이라는 것도 없었습니다. 지금 내게 보이는 것 말고는 아무것도 없었습니다. 그러니 그것은 마치 절벽 밖으로 차를 운전하라는 말을 듣는 것 같았습니다. 나는 자동차 사고가 나서 내가 다치는 모습을 투사할 수는 없었지만, 내가 미지의 깊은 구렁으로 곧장 들어가고 있다는 것은 알았습니다.

그 경험은 이와 같았습니다. 나는 그 자동차가 어디 있는지 모르고, 자동차가 무엇인지도 모르고, 건물에서 나오는 방법도 모르며, 혹은 바깥이라는 것이 있는지조차 모릅니다. 하지만 나는 일어나서 걸어가고 계속 걸어가는데, 왜 그런지 모르겠지만 차가 거기에 있습니다. 차에 타니 생각이 떠오릅니다. 차 열쇠! 주머니에서 차 열쇠를 꺼내고 꽂을 자리를 발견하는데, 운전대는 처음 보는 것이고, 앞유리도 처음 보는 것이고, 백미러도 처음 보는 것이고, 모든 것이 처음 보는 낯선 것들입니다. 발밑을 내려다보는데, 어떤 게 가속페달이고 어떤 게 브레이크인지 모르고, 차를 도로의 오른쪽 길과 왼쪽 길 중 어

---

1 바이런 케이티는 현실로 깨어난 초기에 개인의 정체성이 없어서 자신을 '그것'이라고 불렀다.—옮긴이

디로 운전해야 하는지 모르고, 파란불과 빨간불이 무슨 의미인지 모르지만, 어쨌든 아무 노력 없이 모든 일이 일어납니다. '그것'은 무엇을 해야 하는지, 어디로 가야 하는지 압니다. 이 모든 일이 노력 없이 자연스러운 흐름으로 이어지며, 나는 굉장한 놀라움—강렬한 흥분과 경외감—을 느낍니다. 내가 관여하지 않고 아무런 결정을 내리지 않아도, 모든 일이 저절로 일어나기 때문입니다. 그리고 내가 차에서 내려 걸어갈 때, 한 걸음씩 걸을 때마다 우주의 널빤지들 사이로 끝없이 떨어질 수도 있겠다고 느낍니다. 마치 인도를 이루는 원자들 사이의 텅 빈 공간 속으로 떨어지듯이……. 그러는 동안 나는 '내'가 행위자가 아님을 줄곧 보았습니다. 당시에는 그걸 표현할 언어가 없었지만, 내가 본 것은 '나'라는 개인 너머의 어떤 무엇이 그렇게 하고 있다는 것이었습니다—그것은 '나'라는 개인이 아니지만, 또한 나입니다. 한 걸음씩 걸을 때마다 나는 우주의 가장자리로 오게 되고, 맞은편을 건너다보고, 거기에는 아무것도 없음을 보게 됩니다. 그래도 여전히 다음 발걸음이 오고, 또 다음 발걸음이 오고, 그 모든 일은 저절로 일어납니다. 하지만 나는 우주의 가장자리 너머를 건너다보는 것만이 아니라 걸을 때마다 그 너머로 떨어집니다. 하지만 나는 떨어지지는 않으며, 떨어질 수 없다는 것을 계속 배웁니다. 그건 놀라운 일입니다. 그러므로 모름과 놀라움은 완전히 서로 엮여 있습니다.

첫 몇 주 동안의 상태는 이와 같았습니다. 우주의 가장자리에서 떨어지는 놀라움, 모든 일이 행위자 없이 이루어지는 것을 보는 경외감, 내가 보는 모든 것의 아름다움으로 흘러넘치는 가슴, 그리고 그 모든 것이 붓다라는 것, 그 모든 것이 있는 그대로라는 것. 그리고 모든 것의 배후에 살아 있는 평화. 나의 의식은 언제나 그 자리에서 나오고 있었습니다. 앞의 전경(前景)에는 끊임없는 떨어짐과 상실이 있었고, 뒤의 배경(背景)에는 완전한 평화가 있었습니다. 늘 부서지는 것은 어쨌든 존재하지 않았습니다. 세상은 늘 사라지고 있었고, 평화 말고는 아무것도 남지 않았습니다. 그 평화는 결코 변하지 않았습니다.

이 경전에서 붓다가 전하는 말은 흠잡을 데 없습니다. 아주 정확하고 세밀해서 다른 말을 조금도 덧붙일 필요가 없습니다. 스티븐이 읽어 주는 금강경의 이 대목을 들을 때 나는 붓다의 발밑에 앉아 공경하며 배웁니다. 나는 또한 나를 찾아오는 모든 사람의 발밑에 앉아 있고, 풀잎 하나, 개미 한 마리, 먼지 하나의 발밑에 앉아 있습니다. 당신 자신이 붓다의 발밑에 앉아 있는 붓다임을 깨달을 때, 당신은 그 모든 것으로부터 자유를 발견합니다. 이 맑은 마음은 더없이 아름답습니다. 더할 것도 없고 뺄 것도 없습니다.

나도 없고 남도 없다는 것은 진실입니다. 진리도 없고 비진리도 없다는 것은 진실입니다. 분리된 것들은 없으며, 분리되지 않은 것들도 없습니다. 당신의 바깥에는 세상이 없고, 당신의 안에도 세상이 없습니다. 왜냐하면 한 명의 '당신'이 있다고 믿기 전에는 당신은 아직 세상을 만들어 내지 않았기 때문입니다. 만일 세상이 있다고 믿는다면, 당신에게는 두 가지—당신과 세상—가 있습니다. 당신의 바깥에 세상이 없다고 믿어도, 당신에게는 여전히 그 두 가지가 있습니다. 하지만 사실 둘은 없습니다. 둘은 혼란한 마음이 만들어 낸 것입니다. 오직 하나만 있고, 그것조차 없습니다. 세상이 없고, 자아가 없고, 물질이 없습니다. 오직 이름 없는 알아차림(앎)만 있을 뿐입니다.

어떤 진실도 없습니다. 오로지 그 순간 당신에게 진실한 것만 있을 뿐입니다. 그리고 만일 그것을 조사해 보면, 그것도 잃게 될 것입니다. 하지만 그 순간 당신에게 진실한 것을 존중하는 것은 단순히 자신의 정직함을 따르는 문제입니다.

이른바 보편적 진실이라는 것들도 사라집니다. 그런 것들도 없습니다. 마지막 진실—나는 이것을 '마지막 이야기'라고 부릅니다—은 "신은 모든 것이다. 신은 선하다"입니다. (나는 '신'이라는 말을 '현실'과 동의어로 사용합니다. 현실이 다스리기 때문입니다.) "마음이 모든 것이다. 마음은 선하다"고 말할 수도 있습니다. 그 말이 좋으면 그 말을 간직하며 행복한 삶을 사세요. 그것에 반하는 것은 가슴을 아프게 합니다. 그 말은 늘 참된 북쪽을 가리키는 나침반과 같습니다.

붓다는 자신의 가르침이 사람들을 고통의 강가에서 자유의 강가로 건네주는 뗏목과 같다고 합니다. 그리고 그것이 가르침의 유일한 목적이라고 말합니다. 건너편 강가에 도달하면 우리는 뗏목을 놓아두고 떠납니다. 뭍에서 뗏목을 등에 지고 걸어가는 것은 우스운 일입니다. 붓다는 영적 가르침도 뗏목과 같다고 말합니다. 가장 분명한 가르침일지라도, 금강경일지라도 마찬가지입니다. 붓다는 자기의 말을 스스로 허물어뜨려 우리가 발 디딜 곳을 남겨두지 않습니다. 나는 그런 방식을 사랑합니다.

'작업'도 뗏목과 같습니다. 네 가지 질문과 뒤바꾸기는 당신이 혼란을 벗어나 맑은 마음으로 건너가도록 도와줍니다. 마침내 탐구를 통해 당신은 더는 현실에 생각을 덧씌우지 않고 모든 것을 있는 그대로, 순수한 은총으로서 경험할 수 있습니다. 그때는 질문 자체가 필요 없어집니다. 질문은 말 없는 질문으로 바뀌고, 스트레스를 주는 모든 생각은 일어나자마자 즉시 말 없는 질문을 만나 해결됩니다. 이렇게 마음은 이해로 자신을 만납니다. 뗏목은 뒤에 남겨집니다. 당신은 질문들이 되었습니다. 질문들은 호흡처럼 자연스러워져서, 이제는 일부러 질문할 필요가 없습니다.

'건너편' 강가에 도달할 때, 우리는 출발한 강가를 떠난 적이 없다는 사실을 깨닫습니다. 강가는 하나밖에 없고, 우리는 이미 거기에 있습니다. 비록 우리 중 일부는 아직 그 사실을 깨닫지 못하고 있을지라도……. 우리는 여기에서 저기로 건너가야 한다고 생각하지만, '저기'는 '여기'인 것으로 밝혀집니다. 저기는 내내 여기였습니다.

묵상하며 앉아 있을 때, 실제로 존재하는 것을 보고, 과거의 기억과 미래에 대한 예상을 모두 배제하면, 붓다 마음이 뚜렷해지고, 당신은 태어나지 않은 존재로서 깨어나게 됩니다. 정말로 평화를 원하면, 자기탐구가 삶과 죽음을 초월한다는 것을 이해하면, 당신의 실천이 당신을 건너편 강가로 건네줄 것입니다. 그리고 그것은 건너편 강가가 아니라 '유일한' 강가임이 밝혀집니다. 다른 강가가 있다는 생각은 상상이었고, 이 사실을 깨달을 때 당신은 붓다가 늘 가리키는 강가에 있었음을 깨닫게 됩니다. 뗏목은 필요하지 않습니다.

과거나 미래에 대한 생각이 없다면, 어떻게 어떤 일을 해낼 수 있나요?

어떤 일을 할 때 과거나 미래는 필요하지 않습니다. 나는 그저 앞에 놓인 일, 그 순간 나타나는 일을 합니다. 나는 지켜보고 목격합니다. 알아차림(앎)으로서 남아 있습니다. 나는 과거나 미래 없이, 어디로도 가지 않고, 속도의 한계를 넘어 계속해서 확장됩니다. 하지만 만일 내게 어떤 과거와 미래가 필요하다면, 주저 없이 취할 것입니다.

붓다는 사물의 존재를 부정하는 사람도 여전히 '나'와 '남'이라는 관념에 집착하는 것이라고 말합니다. 당신은 삶이 꿈이라고 말하는데, 그건 분리된 것들의 존재를 부정하는 게 아닌가요?

"아무것도 존재하지 않는다"는 말이 진실처럼 여겨질 수 있습니다. 왜냐하면 그 말은 견고한 세상을 내다보는 견고한 자아보다 더 정확한 것을 가리키기 때문입니다. 하지만 사물의 비존재가 관념이 아닌 어떤 것이 되려면, 먼저 우리가 그것을 깊이 깨달아야 합니다. 만일 당신이 아무것도 존재하지 않는다고 믿는다면, 여전히 당신은 아무것도 존재하지 않는다고 믿는 한 명의 '당신'을 자기 자신으로 동일시하고 있습니다. 세상이 오직 상상으로서만 산다는 점을 이해하면, 당신은 자유롭습니다. 거기에는 당신이 없습니다. 다 끝났습니다. 당신은 자기를 어떤 무엇으로도 동일시할 수 없습니다. 그것은 믿음의 종말이며, 가장 심오한 생각조차 의미를 잃어버립니다. 그러면 '나는 알아' 하는 마음이 다룰 것은 이제 '무(無, nothing)'밖에 없습니다.

당신은 "마음이 모든 것이다. 마음은 선하다"고 말합니다. 여기서 마음이란 알아

차림(앎)을 가리키는 건가요? 왜 여기서 '마음'이라는 단어를 사용하나요? 왜 영혼이나 영(靈) 같은 단어를 사용하지 않나요?

마음 말고 아는(알아차리는) 것이 또 있나요? 그러니 마음 자신을 아는(알아차리는) 마음이 알아차림(앎)입니다. 그리고 마음이 마음 자신을 알아차릴 때, 마음은 자신이 개인적인 존재가 아닐 뿐더러 심지어 존재하지도 않음을, 환상에 불과함을 깨닫습니다. '나' 이전에는 아무것도 없습니다. 이름 없는 것이 먼저이고, 그것으로부터 '나'가 두번째로 나옵니다. 마음 자신에게 질문하는 '마음처럼 보이는 것'은 자신이 나오는 근원을 이해하기 시작합니다. 그 근원은 순수한 사랑인데, 더 나은 말이 없어서 그렇게 부릅니다. 그래서 만일 마음이 사랑의 노래가 아니라면, 마음의 타고난 본성이 왜곡되어 있는 것입니다.

내가 영혼이나 영(靈) 같은 말을 사용하지 않는 이유는 이 말들의 의미를 모르기 때문입니다.

당신은 사람들이 '작업'을 계속 실천하다 보면, 마침내 '작업'의 말들이 말 없는 질문으로 바뀐다고 말합니다. 그게 어떤 건지 설명해 주시겠어요?

탐구를 할 때는 질문과 만나는 것을 주의 깊게 듣고 지켜볼 필요가 있습니다. 계속 그러다 보면 마침내 마음은 자기 안에서 일어나는 모든 판단에 대해 자동적으로 질문하게 되고, 자기의 생각에서 자유로워집니다. 사람들은 자신이 무엇을 행하는 것이 아니라 자신이 행해지고 있음을, 자신이 어떤 것을 생각하는 것이 아니라 자신이 생각되고 있음을 깨닫게 됩니다. 당신 안에 '작업'이 살아 있을 때, 스트레스를 줄 가능성이 있는 생각이 마음의 표면에 떠오르면 즉시 말 없는 질문을 만나게 되고, 이 질문은 "그게 진실인가?"를 낳습니다. 그런 식으로 질문을 만난 생각은 부정적인 감정을 일으키는 힘을 잃어버립니다. 그 생각은 즉시 풀리고 해체되고 증발되며, 당신에게는 원래의 본성만이 남게 됩니다. 깨닫는 순간마다 모든 것의 선함이 분명해집니다. 그 모든 것은 환상이지만 친절한 환상이며, 내가 어머니의 자궁을 떠나 태어난 세계인 무서운 환상이 아닙니다.

그래서 '작업'을 하다 보면 언젠가 탐구가 필요 없어지나요?

나는 자주 말합니다. 모든 것의 본성이 선하며 그 선함이 모든 것임을 깨달으면 탐구할 필요가 없다고……. 31년 전 맨 처음 통찰의 순간부터 그렇다는 것은 분명했습니다. 스티븐이 인터넷에 떠도는 이야기를 들려주었는데, 아인슈타인에 따르면 단 하나의 중요한 질문은 "우주는 친절한가?"라고 합니다. (스티븐이 나중에 그 인용구를 확인해 보니, 가짜였고 아인슈타인이 직접 한 말은 아니라고 합니다. 하지만 그래도 상관없습니다.) "우주는 친절한가?" 1986년에 나는 여기에 완전히 "예"라고 말하는 상태로 깨어났는데, 그때는 질문이 있다는 것을 알지도 못했습니다. 그냥 즉시 이해했습니다. 온 우주가, 그 안에서 일어나는 모든 일이 친절하다는 걸 알게 된 것입니다. '작업'의 네 가지 질문과 뒤바꾸기는 그런 이해에 이르는 내면의 길입니다.

마침내 탐구를 통해

당신은 더는

현실에 생각을 덧씌우지 않고,

모든 것을 있는 그대로,

순수한 은총으로서

경험할 수 있습니다.

7
일상생활 중에 집에 있기

부처님께서 말씀하셨다. "수보리야, 내가 묻겠다. 부처가 깨달음을 얻었느냐? 부처가 전해 줄 가르침이 있느냐?"

수보리가 대답했다. "스승님, 제가 이해한 바로는 깨달음이라는 것은 없습니다. 부처님께서 전하시는 가르침도 없습니다. 그 이유는 이러합니다. 부처님께는 가르칠 것이 없습니다. 진실은 붙잡을 수도 없고 표현할 수도 없습니다. 진실은 있는 것도 아니고 없는 것도 아닙니다. 모든 원숙한 사람은 알아야 할 것이 없음을 압니다."

세상이 나와 남으로 분리되어 있지 않음을 이해하면, 깨달음이라는 것이 없음을 매우 분명히 알게 됩니다. 깨달음은 있을 수 없습니다. 결국, 누가 있어 깨닫겠습니까? 당신이 깨달음을 경험할 수 있으려면 먼저 어떤 사람이어야만 합니다. 자유로워질 에고가 있어야 합니다. 하지만 에고는 자유로워지지 않습니다.

꿈결 같은 상태에서 깨어나면 모든 고통에서 벗어난다는 것은 사실입니다. 하지만 그런 식으로 말하는 것은 여전히 어떤 사람, '깨어 있다'고 하는 어떤 존재를 가리킵니다. 붓다를 하나의 분리된 자아로 여길 때만 그가 깨달았다는 관념이 성립될 수 있습니다. 이 모든 영적 관념은 단지 마음이 만들어 낸 것에 불과합니다. 당신이 '나'라고 부르는 이런 상상된 모습에 대해 '내'가 무엇을 알겠습니까?

붓다의 말씀을 듣고 있던 승려들 가운데 상당수는 붓다가 누구인지를, 즉 아무도 아님을 깨달았을 것입니다. 하지만 일부 승려는 붓다를 구루(guru, 영적 스승)처럼 떠받들고, 그를 다른 종류의 인간으로 여기며, 자신들보다 우월하고 더 진화했거나 고귀한 존재라고 생각하고 싶었을지 모릅니다. 동경하고 숭배하는 눈으로 붓다를 바라보았을지 모릅니다. 그에 대한 반응으로 붓다는 그들을 사랑했고, 그들이 자기의 생각에 대해 질문하도록 계속 도왔습니다. 그래서 결국 그들은 자신의 자유를 발견할 수 있었습니다. 붓다가 어찌 그들의 투사에 장단을 맞출 수 있었겠습니까? 붓다는 그들에게 없는 것은 자신에게도 없다고 계속 얘기했습니다. 그리고 끊임없이 그들이 그들 자신에게 돌아가게 했는데, 그것이 유일하게 가능한 길입니다. 숭배하는 사람에게는 그런 숭배가 아주 기분 좋게 느껴질 수 있겠지만, 탐구는 이런 숭배가 오래가지 않게 하며, 이것이 탐구의 아름다움입니다. 탐구는 모든 것을 평평하게 하며, 우리 모두를 평등하게 해 줍니다. 깨달은 스승을 모시고 있다는 이야기는 기분 좋게 느껴질지 몰라도, 결국은 스승과 우리가 분리되어 있다는 이야기입니다.

사람들은 자기 깨달음을 특별한 것으로 생각합니다. 하지만 우리

는 일상생활 가운데 집에 있을 때까지는 집에 있는 것이 아닙니다.[1]
우리는 거기에서 편안함을 느낍니다. 어떤 사람이 "어떻게 지내세
요?"라고 물으면 나는 "잘 지내요"라고 대답합니다. 그것은 하나 되었
습니다. 그것은 관통했습니다. 그래서 '나'는 분간되지 않습니다. 나는
다른 사람들과 함께 길모퉁이에 서서 핫도그를 먹으며 지나가는 악
단을 구경합니다. 나는 당신보다 낫지도 못하지도 않습니다. 만일 우
리가 한 호흡만큼이라도 다른 사람보다 낫거나 못하다면, 우리는 집
에 있는 것이 아닙니다.

수보리가 붓다에게 질문하거나 붓다가 수보리에게 질문합니다. 어
느 경우든 붓다가 묻고 붓다가 대답하는 것입니다. 진실을 낳는 것은
질문입니다. 내가 대답할 수 있으려면, 먼저 무엇이 진실한지를 직접
깨달아야 합니다. 나의 세계에 진실하지 않은 것을 만들어 내고 싶지
않기 때문입니다. "나는 남에게 가르칠 것이 있다"—그게 진실인가?
그게 진실인지 나는 확실히 알 수 있는가? 물론 아닙니다. 이것이 가
르침입니다. 가르침은 언제나 나 자신을 위한 것입니다. 내게는 다른
사람에게 줄 가르침이 없습니다. 당신이 질문하고 내가 대답할 때,
나는 오직 나 자신만을 깨닫게 하며, 나를 깨닫게 하는 것은 당신의
지혜—질문하는 지혜—입니다. 그것이 내 깨달음의 원천입니다. 그
런 식입니다. 어떤 이가 내게 "어디로 가세요?"라고 물으면 그 질문이
나를 일깨웁니다. 외견상의 나, 나, 나—모두 진짜가 아니고, 모두 진
짜입니다. 지각하는 자가 그렇듯이. 믿든 믿지 않든, 깨달았든 깨닫지

---

1 여기에서 '집'이란 우리의 근원을 가리킨다. 우리의 근원을 고향집으로 비유하는 경
   우가 많다. 이런 의미에서, 깨어남 또는 깨달음이란 집에 돌아온 상태, 집에 있는 상
   태라고 말할 수도 있다.—옮긴이

못했든.

"누가 생각하는가?"라고 자신에게 물어보세요. 이 질문에는 대답이 없습니다. 그 질문이 마음을 중단시키기 때문입니다. 당신은 결코 대답을 얻을 수 없습니다. 백만 년을 기다려도 침묵만 있을 것입니다. 그리고 사실은 어떤 것에도 대답이 없습니다. 우리는 삶에 본질적인 것은 아무것도 설명할 수 없습니다. 하지만 왜 설명하기를 원하겠어요? 설명할 수 있으면 조금이라도 더 행복해지나요? 나는 종종 묻습니다. "당신은 옳기를 바라나요, 아니면 자유롭기를 바라나요?" 나는 아무것도 설명할 수 없지만 31년 동안 아무 문제가 없었습니다.

나는 모든 것에서 신비를 제거합니다. 그것은 정말 간단한 일입니다. 왜냐하면 아무것도 없기 때문입니다. 지금 나타나는 이야기가 있을 뿐입니다. 붓다들과 붓다 아닌 사람들이라는 이야기, 어떤 사람들은 깨달았고 다른 사람들은 깨닫지 못했다는 이야기, 당신이 이미 가진 것보다 더 많이 필요하다는 이야기, 당신이 온전해지려면 어떤 높은 영적 상태에 도달해야 한다는 이야기. 당신은 그저 이런 이야기들이 나타나고 사라지는 것을 지켜볼 수 있을 뿐이고, 지금 이 순간 그 이야기만 존재한다는 것을 알아차릴 수 있을 뿐입니다.

우리 모두는 근원이 거울에 비친 모습입니다. 소파에 앉아 있는 여자, 남자가 금강경을 읽는 소리를 듣고 있는 여자—그게 나의 전부입니다. 그리고 이 말을 내가 조사해 보면…… 그게 진실인가? 아니요. 나는 내가 거울에 비친 모습보다 먼저라는 것을 알 수 있습니다. 나는 그 모습 이전의 알아차림(앎)입니다. 나는 아무도 아니고 어느 누구이며, 나는 모든 것이며 아무것도 아닙니다. 나는 시작(거울에 비치

123

지 않은 마음)이며 끝(거울에 비치지 않은 마음)입니다. 그리고 나는 너무 텅 비어 있어서 거울에 비친 나 자신을 보고 싶어 합니다. 남자가 읽는 소리를 듣고 있는 여자, 질문에 대답하고 있는 여자.

수보리는 깨달음이 없을 뿐만 아니라 가르침도 없음을 깨닫습니다. 붓다가 전하는 어떤 가르침도 있을 수 없습니다. 왜냐하면 지금 당신이 이 책을 읽을 때 마음속에 일어나는 생각들이 그렇듯이, 모든 가르침은 사라지기 때문입니다. 그 모든 것은 상상된 것입니다. 그러니 가르칠 것이 없습니다. 바람이 없는 날에 바람은 어디로 가나요? 그리고 당신이 방금 들이쉰 숨, 그것은 오직 순전한 상상으로만 지금 존재하지 않나요? 당신은 콧구멍으로 들어오는 숨을 알아차렸는데, 과거에 대한 생각이 당신에게 전혀 없다면, 그것은 당신이 처음으로 들이쉰 숨이며, 지금은 그 숨이 사라졌습니다. 그러니 그 호흡이 일어났는지를 당신이 어떻게 알 수 있을까요?

진실은 아주 단순합니다. 말해진 모든 말, 전해진 모든 가르침은 아무리 귀중하더라도, 실제로는 전혀 존재하지 않는 관념 체계만을 남깁니다. 그것은 누가 듣고 있고, 누가 말하고 있고, 어떤 것이 알려진다고 억측합니다. 진실을 말로 표현하려 하다 보면 불필요한 여분을 만들어 내게 됩니다. 그러면 지금 실제로 있는 것에 불필요한 것이 더해지므로 거짓말이 됩니다.

붓다 마음은 이미 완전합니다. 그 마음은 깨달음이 필요하지 않습니다. 그 마음은 가르칠 필요가 없습니다. 그 마음은 어떤 것도 깨달을 필요가 없습니다. 그 마음은 그것이 원한다고 생각했던 모든 것입니다—바로 지금. 모든 일은 그것을 위해 애씀 없이 이루어집니다.

그것은 아름다운 노래처럼 저항 없이 움직입니다. 그것이 가질 모든 것을 그것은 지금 가지고 있고, 그것이 할 모든 일을 그것은 지금 합니다. 그것은 그저 알아차림(앎)으로서 흐를 뿐입니다. 우리에게 어떤 문제가 있다는 이야기는 조사해 보면 웃음이 나오는 일이 됩니다. 그리고 그 이야기조차 붓다 마음입니다.

――――――――

깨달음을 위해 애쓰는 것은 쓸데없는 노력인가요?

깨달음의 정의가 '고통에서 해방되는 자유'라면, 그렇지 않습니다. 고통이라는 환상을 끝내기 위한 탐구가 어떻게 쓸데없는 노력이겠어요? 에고도 고통을 끝내고 싶어 합니다. 비록 "더 많은 돈(혹은 성공이나 섹스)을 가지면 행복할 거야"처럼 완전히 착각하고 있는 방식으로 추구하지만……. 그러니 당신을 불행하게 만드는 생각에 질문하는 것이 전적으로 타당한 길이며, '저 바깥'이란 마음의 투사임을 알아차리면 더 타당해집니다.

언제나 말이 지금 있는 것에 불필요한 것을 보태고, 그래서 거짓말이 된다면, 어째서 붓다는 애써 가르침을 전했나요? 또 당신은 왜 이 책을 썼나요?

금강경처럼 심오한 경전조차 궁극적으로는 중요하지 않습니다. 금강경이 없는 세상도 금강경이 있는 세상과 다를 바 없습니다. 두 세상 모두 정말로 존재하는 것은 아니기 때문입니다. 금강경을 누가 썼든 그 사람이 금강경을 쓴 이유는 사랑이 그렇게 하기 때문입니다.

누가 물으면 사랑은 대답합니다. 내가 이 책을 쓴 것도 그 때문입니다. 사람들은 케이티의 새 책을 출간해 달라고 계속 요청했고, 스티븐은 내가 금강경에 관해 얘기하기를 바랐습니다. 물론 나는 그러겠다고 했지요. 나는 스티븐에게 필요한 글감을 주어서 행복했고, 내 말에 스티븐의 목소리가 더해져서 행복했습니다. 이 책이 당신에게 도움이 된다면 나는 행복합니다. 당신이 이 책을 시간 낭비일 뿐이라고 여긴다면, 그래도 나는 똑같이 행복합니다. '나'는 이 행복을 모든 이에게 투사합니다. 내가 보기에, 사람들은 자신의 생각을 믿으려고 최선을 다하지만, 마음 깊은 곳에서는 그 생각을 정말로 믿을 수 없고 믿지도 않습니다. 나는 정말 그런지 시험해 보았습니다. 내면의 맑음에서 나오는 대답에 마음이 열리면, 사람들은 그들이 믿는다고 믿는 '스트레스를 주는 생각'을, 아무리 믿으려 애를 써도, 믿지 않는다는 것을 알게 됩니다.

붓다는 자신이든 다른 누구든 세상에 들여올 수 없는 것을 들여올 수는 없음을 이해했습니다. 그렇지만 존재하는 것처럼 보이는 의식 안에는 아무 해로움이 없습니다. 정말로 믿는 사람은 아무도 없기 때문이며, 탐구가 분명히 드러내는 것은 그것입니다—붓다 마음, 마음 없음, 아무것도 없음.

만일 우리가

한 호흡만큼이라도

다른 사람보다 낫거나 못하다면,

우리는 집에 있는 것이 아닙니다.

8장
궁극의 자비

부처님께서 말씀하셨다. "수보리야, 내가 묻겠다. 어떤 이가 상상할 수 없을 만큼 많은 보물을 쌓은 뒤 그것을 보시한다면, 이 사람이 얻는 공덕이 크지 않겠느냐?"

수보리가 대답했다. "대단히 큽니다, 스승님. 하지만 이 공덕은 크더라도 실체가 없습니다. 단지 '크다'고 말하는 것뿐입니다."

부처님께서 말씀하셨다. "그렇다, 수보리야. 하지만 마음이 열린 어떤 사람이 이 경전을 듣고서 그 가르침을 진실로 깨닫고 체화하여 그대로 살 수 있다면, 그 사람의 공덕은 더 클 것이다. 모든 부처와 깨달음에 관한 그들의 모든 가르침은 이 경전의 가르침에서 나온다. 그러나 수보리야, 가르침이란 없다."

여기서 붓다가 말하는 요지는, 나도 없고 남도 없음을 깨달을 때 당신은 비할 수 없이 귀중한 선물을 주게 된다는 것입니다. 그것은 남들에게도 당신 자신에게도(실제로는 둘 다 존재하지 않습니다) 궁극의 자비입니다. 모든 붓다 앎—즉, 현실을 진실로 있는 그대로 보는 마음—은 이 깨달음에서 비롯됩니다.

마음을 떠날 수는 없습니다. 그 모두는 상상의 여행일 뿐입니다. 마음은 근원이므로 움직이지 않습니다. 마음은 떠나지 않으므로 자신에게 '돌아오지' 않습니다. 하늘과 땅은 내가 있을 때 태어났고, 유일하게 태어난 것은 '나'입니다. 이 질문되지 않은 '나'로부터 온 세상이 생겨납니다. 그리고 그와 함께 이름들의 세상이 생기고, 그런 이름들과 짝을 이루는 마음의 속임수가 생깁니다. 그 이야기로부터 수없이 많은 형태의 고통이 나옵니다. "나는 이거야" "나는 저거야" "나는 사람이야" "나는 여자야" "나는 세 아이가 있는 여자야. 그런데 어머니는 나를 사랑하지 않아."

당신이 자신을 어떤 사람이라고 믿는다면, 당신은 그런 사람입니다. 당신이 다른 사람들을 어떤 사람들이라고 믿는다면, 당신에게는 그들이 그런 사람들입니다. 그들은 그런 사람일 수밖에 없습니다. 만일 마음은 하나이며, 모든 사람과 모든 것은 당신 자신의 투사(당신도 포함해서)임을 깨달으면, 당신은 늘 자기 자신만을 상대하고 있음을 이해하게 될 것입니다. 그러면 당신은 결국 자기 자신을 사랑하고, 자기의 모든 생각을 사랑하게 될 것입니다. 모든 생각을 사랑할 때, 당신은 생각이 창조하는 모든 것을 사랑하고, 당신이 창조한 온 세상을 사랑합니다. 처음에는 당신 안에서 흘러넘치는 사랑이 당신을 다른 사람들과 연결해 주는 것 같고, 만나는 모든 사람과 친밀하게 연결되는 느낌은 기분이 좋습니다. 그런데 그다음에는 마음이 마음 자신과 연결되는 것임을 깨닫게 됩니다. 궁극의 사랑은 마음이 마음 자신을 사랑하는 것입니다. 마음이 마음과 하나 됩니다——구분도 분리도 없는 마음 전부, 마음의 모든 것이 사랑받습니다. 궁극적으로 나는 내가 알 수 있는 모든 것이며, 내가 알게 되는 것은 '나'라는 것이 없다는 사실입니다.

그래서 당신은 마음조차 상상된 것임을 알게 됩니다. 탐구는 당신이 그 사실에 눈을 뜨게 합니다. 과거로 여겨지는 것을 탐구해 보면 미래를 잃게 됩니다. 그러면 지금 이 순간은 우리가 태어나는 순간입니다. 우리는 태어나지 않은 존재입니다. 우리는 지금…… 지금…… 지금…… 태어납니다. 어떤 이야기도 탐구를 견디고 살아남을 수 없습니다. '나'는 '나'에 의해 상상되고, 그렇다는 것을 한번 알아차리면 당신은 자기 자신을 그리 심각하게 받아들이지 않게 됩니다. 그리고 아무도 아닌 자기를 사랑하는 법을 배웁니다. 마음과 마음의 연애는 위대한 춤이자 유일한 춤입니다.

자기가 없음을 깨달으면, 죽음도 없음을 깨닫게 됩니다. 죽음이란 단지 정체성의 죽음일 뿐이며, 그것은 아름다운 일입니다. 왜냐하면 마음이 쌓아 올린 모든 정체성이 탐구로 사라지면, 당신은 아무 정체성이 없으므로 태어나지 않기 때문입니다. 과거와 미래의 '나'는 이제 존재하지 않으며, 남은 것은 상상된 것뿐입니다. 마음이 멈추면, 마음이 없음을 알 마음도 없습니다. 완벽합니다! 죽음은 끔찍한 악명을 떨치고 있지만, 그건 헛소문에 불과합니다.

진실은 무(無, nothing)와 어떤 것(something)이 동등하다는 것입니다. 둘 다 현실의 다른 측면일 뿐입니다. '어떤 것'은 지금 있는 것을 위한 말입니다. '무(無)'도 지금 있는 것을 위한 말입니다. 알아차림(앎)은 둘 중 어느 하나를 더 좋아하지 않습니다. 알아차림(앎)은 어느 하나도 부정하지 않습니다. 소나무의 솔잎 하나도 부정하지 않습니다. 호흡 하나도 부정하지 않습니다. 나는 그 모든 것입니다. 그것은 전적인 자기사랑이며, 그 사랑은 모든 것을 가질 것입니다. 그것은 모든 것의 발밑에 엎드려 절합니다. 죄인, 성인(聖人), 개, 고양이, 개미, 물방울, 모래알의 발밑에 엎드려 절합니다.

붓다는 이러한 금강경의 핵심 가르침을 깨달은 사람의 공덕이 가장 자비로운 자선가의 공덕보다 더 크다고 말합니다. 이 깨달음이 우리가 줄 수 있는 가장 큰 선물입니다. 하지만 궁극적으로는 아무 공덕도 없습니다. 결국, 공덕을 기록하는 자가 없습니다. 만일 당신이 분리된 개인으로서 존재하지도 않는다면, 어떻게 공덕을 얻을 수 있겠어요? '공덕'이란 자기가 누구인지를 깨닫는 것보다 더 귀중한 일은 없음을 말하는 하나의 방식일 뿐입니다.

붓다 마음은 주지 않으려는 게 아무것도 없습니다. 그 마음은 자기 안의 모든 것을 아낌없이 줍니다. 대가 없이 받았기 때문입니다. 그 마음은 쌓아 둘 창고가 없습니다. 그래서 그 안으로 흘러드는 것은 모두 밖으로 흘러나갑니다. 가진다는 생각, 준다는 생각도 없이……. 가진 것 중에 즉시 주지 않는 것이 없으며, 그것의 가치는 주는 데 있습니다. 붓다 마음은 그것이 필요하지 않습니다. 붓다 마음은 그릇과 같고, 끊임없는 흐름 속에 존재합니다. 붓다에게 어떤 지혜가 있다 해도, 붓다는 그것을 자신의 것이라고 주장할 수 없습니다. 그 지혜는 모든 이의 것이기 때문입니다. 그 지혜는 그저 내면에서 깨달아지며, 정확히 그만큼 똑같이 남에게 주어집니다. 더 귀중할수록 더 아낌없이 주어집니다.

나는 당신이 이미 가지고 있는 것이 아니면 어떤 것도 당신에게 줄 수 없습니다. 자기탐구는 당신 안에 이미 존재하는 지혜에 다가갈 수 있게 해 줍니다. 그리고 당신이 직접 진실을 깨달을 수 있는 기회를 줍니다. 진실은 오지도 가지도 않으며, 늘 여기 있고, 열린 마음이라면 늘 만날 수 있습니다. 만일 내가 당신에게 무언가 가르쳐 줄 수 있다면, 그것은 당신이 믿고 있는 '스트레스를 주는 생각'을 알아차리고, 그 생각에 질문하여, 자기의 대답을 들을 수 있을 만큼 충분히 고요해지는 방법입니다. 스트레스는 당신이 잠들어 있음을 알려 주는 선물입니다. 분노나 슬픔 같은 감정이 존재하는 이유는 오로지 당신이 자기의 이야기를 믿고 있다는 사실을 알려 주기 위해서입니다. '작업'은 지혜로 들어가는 입구를, 자기의 참된 본성에 눈뜨게 해 주는 대답들에 다가가는 길을 제공합니다. 모든 고통이 어떻게 해서 일어나며 어떻게 하면 끝날 수 있는지를 당신이 깨달을 때까지……. '작업'은 당신을 모든 것이 시작되기 이전으로 되돌려 줍니다. 아무 정체성도 없다면 당신은 누구일까요?

우리는 하나의 이야기로서 태어납니다. 그 이야기는 저 바깥에 있으면서 오래오래 자기의 생애를 살아갑니다. 나의 경우에 그 '오래오래'는 43년 동안 이어졌는데, 그 기간이 그때까지 살아온 모든 생애—모든 시간과 공간—였습니다. 나는 내가 희망이 보이지 않고 빠져나갈 길도 없는 극심한 고통 속에 갇혀 있다고 생각했습니다. 그 뒤 네 가지 질문이 나를 '이야기하는 자(storyteller)'에게 돌아가게 해 주었습니다. 이야기하는 자가 없음을 깨달았을 때, 나는 웃음을 터뜨리지 않을 수 없었습니다. 알고 보니, 나는 언제나, 시간의 맨 처음부터 줄곧 자유로웠습니다.

금강경에서 붓다는 자비에 대해 말하지만, 사랑에 대해서는 말하지 않습니다. 그 이유가 뭐라고 생각하시나요?

흔히 사랑을 하나의 감정이라고 생각하지만, 사랑은 감정보다 훨씬 광대합니다. 에고는 사랑할 수 없습니다. 왜냐하면 에고는 실재하지 않으며, 실재하는 것을 만들어 낼 수 없기 때문입니다. 붓다는 어떤 정체성도 초월하며, 그것을 나는 순수한 사랑이라고 봅니다.

내가 말하는 사랑이란 단순히 정체성이 없는 깨어난 마음입니다. 만일 당신이 자신을 이것이나 저것, 남자나 여자, 어떤 식의 신체적 자아, 몸, 성격이라고 여기며 그런 정체성을 가지고 있다면, 당신은 에고의 한정된 영역 안에 있습니다. 만일 당신의 생각이 사랑을 거스른다면, 당신은 스트레스를 느낄 것이고, 그 스트레스는 당신이 본질적인 자기와 멀어졌음을 알려 줍니다. 만일 당신이 균형감과 기쁨을 느낀다면, 그것은 당신의 생각이 정체성 너머의 참된 정체성과 조화롭다는 것을 말해 줍니다. 나는 그것을 '사랑'이라고 합니다.

사랑과 투사는 어떤 관계인가요?

내가 어떤 사람을 판단할 때, 나는 남처럼 보이는 사람에게 덧씌워진 나 자신의 왜곡된 마음을 보고 있는 것입니다. 나와 함께 있는 사람을 분명히 보기 전에는 나는 그(혹은 그녀)를 사랑할 수 없고, 그 사람을 바꾸고 싶은 욕구가 없어지기 전에는 그를 분명히 볼 수 없습니다. 마음이 혼란에 빠져 있을 때, 마음이 현실과 다투고 있을 때, 나는 나 자신의 혼란만을 봅니다. "네 이웃을 너 자신으로서 사랑하라"는 말은 외부에서 오는 명령이 아닙니다. 그것은 관찰의 결과입니다. 이웃을 사랑할 때, 당신은 자기 자신을 사랑하고 있습니다. 자기 자신을 사랑할 때는 이웃을 사랑하지 않을 수 없습니다. 이웃이 곧 당신 자신이기 때문입니다. 그는 남처럼 보이지만 '남'이 아닙니다. 그는 마음의 순전한 투사입니다.

나는 질문되지 않은 마음이 얼마나 고통스러운지 이해합니다. 또 사랑이 힘이라는 것도 이해합니다. 마음은 사랑에서 나오며, 결국 그 근원으로 돌아갑니다. 사랑은 마음의 자동 유도 장치이며, 마음이 돌아오기 전에는 쉬지 않습니다.

당신은 죽음이 없다고 말합니다. 하지만 몸은 죽지 않습니까? 마음은 뇌와 상관이 없나요? 뇌가 죽으면 마음이 남아 있다는 걸 어떻게 알 수 있나요?

당신이 믿는 생각 말고는 아무것도 태어나지 않으며, 당신이 깨달은 그 생각 말고는 아무것도 죽지 않습니다. 그리고 마침내 당신은 그 생각이 애초에 태어난 적이 없다는 것을 이해하게 됩니다. 나는 어느 누구도 살아 있다고 보지 않습니다. 왜냐하면 모든 존재는 내 안에 있으며, 그들이 어떻다고 '내'가 보는 대로만 있기 때문입니다.

만일 당신이 몸들은 죽는다고 생각하면 몸들은 죽습니다. 당신의 세계에서는……. 하지만 나의 세계에서는 몸들은 마음속 말고는 다른 어디에서도 태어날 수 없습니다. 태어나지 않은 것이 어떻게 죽을 수 있겠어요? 그럴 수는 없습니다. 최면에 걸려 순진하게 믿는 사람의 상상 속에서만 그럴 수 있을 뿐.

당신은 "무(無)와 어떤 것이 동등하다"고 말합니다. 그것은 아무것도 중요하지 않다는 뜻인가요? 그렇다면 우울하지 않을까요?

모든 어떤 것(something)은 무(無, nothing)입니다. 모두 상상된 것이기 때문이며, 따라서 '무(無)'는 '어떤 것'과 동등합니다. 무언가가 중요한가요? 예, 에고에게는 그렇습니다. 하지만 에고가 믿는다고 해서 그게 실제가 되는 것은 아닙니다.

자신이 무(無)임을 깨달으면, 당신은 '아무것도 중요하지 않다'는 사실에 흥분하게 됩니다. 거기에 아주 많은 자유가 있기 때문입니다! 순간순간 모든 과거가 깨끗이 지워집니다. 그것은 모든 새로운 순간이 새로운 시작이며, 거기에서는 무엇이든 가능하다는 말입니다. 당신은 그 문장의 뒤바꾸기도 원래의 문장만큼 진실하다는 것을 깨닫습니다. 즉, '모든 것이 중요하다.' 이것도 그 반대만큼이나 흥분됩니다.

당신은 늘 자기 자신만을
상대하고 있습니다.

9장
사랑은 자기에게 돌아온다

부처님께서 말씀하셨다. "수보리야, 말해 보아라. '흐름에 들어
간 자'[1]의 경지에 이른 수행자가 '나는 흐름에 들어간 자의 경지
에 이르렀다'고 생각하겠느냐?"

수보리가 대답했다. "스승님, 그렇지 않습니다. 왜냐하면 이런
사람들은 모습, 소리, 냄새, 맛, 촉감, 혹은 마음속에 일어나는
생각으로 들어가는 자가 아무도 없음을 깨닫기 때문입니다. 그
러므로 그들을 '흐름에 들어간 자'라고 부릅니다."

"수보리야, 말해 보아라. '한 번 돌아오는 자'[2]의 경지에 이른 수
행자가 '나는 한 번 돌아오는 자'의 경지에 이르렀다'고 생각하
겠느냐?"

"스승님, 아닙니다. 왜냐하면 '한 번 돌아오는 자'라는 이름은 '간
뒤 한 번 더 돌아오는 사람'이라는 뜻이지만, 그들은 실제로는
감도 옴도 없음을 깨닫기 때문입니다. 그러므로 그들을 '한 번
돌아오는 자'라고 부릅니다."

"수보리야, 마찬가지로 '다시 돌아오지 않는 자'[3]의 경지에 이른
수행자가 '나는 다시 돌아오지 않는 자의 경지에 이르렀다'고 말

---

1 붓다의 8정도를 수행하기 시작한 사람들.
2 부분적으로 깨달음을 얻었고, 인간 세계에 한 번만 더 다시 태어나는 사람들.
3 천상계 중 하나에 태어나 그로부터 열반에 이르는 사람들.

하겠느냐?"

"스승님, 아닙니다. 왜냐하면 '다시 돌아오지 않는 자'라는 이름은 '다시는 고통의 세계로 돌아오지 않는 사람'이라는 뜻이지만, 그들은 실제로는 돌아옴이라는 것이 없음을 깨닫기 때문입니다. 그러므로 그들을 '다시 돌아오지 않는 자'라고 부릅니다."

"수보리야, 아라한[1]의 경지에 이른 수행자가 '나는 아라한의 경지에 이르렀다'고 생각하겠느냐?"

"스승님, 그렇지 않습니다. 왜냐하면 실제로는 아라한이라는 것이 없기 때문입니다. 만일 아라한이 '나는 아라한의 경지에 이르렀다'는 생각을 낸다면, 그것은 그가 '나'와 '남'이라는 관념에 집착한다는 뜻입니다.

스승님께서는 모든 제자 가운데 제가 명상에 가장 능숙하고, 평화 속에 머물며, 욕망에서 가장 벗어난 아라한이라고 말씀하셨습니다. 그렇지만 저는 결코 저 자신을 아라한이라고 생각하지 않으며, 욕망에서 벗어난 사람이라고 생각하지 않습니다. 만일 제가 아라한의 경지에 이르렀다는 생각을 믿는다면, 스승님께서는 제가 평화 속에 머무른다고 말씀하시지 않았을 것입니다. 왜냐하면 실제로는 어디에도 머물 곳이 없기 때문입니다. 그런 까닭에 스승님께서 제가 평화 속에 머문다고 말씀하시는 것입니다."

여기서 붓다는 다양한 경지를 언급하면서 경지마다 멋진 이름을

---

1 열반에 들어 다시는 태어나지 않는 사람들.

붙여 줍니다. 알아차림을 실천하는 사람들에게는 '흐름에 들어간 자'라는 이름을, 한 번만 더 태어나는 사람들에게는 '한 번 돌아오는 자'라는 이름 등등. 하지만 '나'라는 관념이 없다면 이런 단계들은 다 허물어집니다. 더 많이 깨달은 사람, 덜 깨달은 사람, 많은 환생, 다시 환생하지 않음, 옴, 감—이 모든 것은 관념에 불과합니다. 만일 자신이 영적인 길에서 얼마나 진보하고 있는지를 계속 확인하려 하고 있다면—만일 당신이 얼마나 먼 길을 왔는지 알 수 있다고 생각한다면—그런 수고를 덜고 싶을지도 모릅니다. 어느 경지에 도달하는 것이란 없습니다. 왜냐하면 당신은 이미 당신이 되고 싶어 하는 존재이기 때문입니다. 알아차림(앎)의 빛 속에서는 모든 분리가 사라집니다.

진실을 깨달으면, 그것은 성취가 아니라는 것도 깨닫게 됩니다. 당신은 아무것도 하지 않았습니다. 성취란 이미 당신 자신인 바로 그것에게 받아들여지는 기쁨일 뿐입니다. 그것은 아무런 반대 없이 마음을 만나는 마음입니다. 그것은 개인적인 일이 아닙니다. 진실은 우리가 '자기'와 '남'이라는 관념에서 해방되게 해 줍니다. 인간은 없습니다. 마음도 없습니다. 모두 꿈일 뿐입니다. 마음이 마음으로라도 존재한다고 믿는 한, 탐구를 실천하면 모든 것이 지워집니다. 먼저 투사된 세계가 풀리고, 그다음에는 마음이 풀리고, 이어서 마음이 존재했다는 흔적까지 풀려 사라집니다. 그것이 나의 세계입니다. 그 일이 끝나면, 다 끝납니다.

깨달음에 대해 알 필요가 있는 단 하나는, 어떤 생각을 믿는 것이 스트레스를 주는가 주지 않는가, 입니다. 그 생각이 가슴을 아프게 하나요, 안 하나요? 그 생각이 가슴을 아프게 하지 않는다면, 괜찮습니다. 그 생각을 즐기세요. 만일 그 생각이 가슴을 아프게 한다면, 슬픔이나 화, 어떤 불편함을 일으킨다면, 그 생각에 대해 질문해 보세요. 그래서 자신이 그 생각을 깨닫게 하세요. 고통은 우리가 선택하는 것입니다. 고통은 몇 년씩 지속될 필요가 없습니다. 몇 달, 몇 주, 며칠, 몇 분, 몇 초로 줄일 수 있습니다. 그러다 보면 나중에는 과거에 당신을 괴롭히던 생각들이 일어나더라도 마음이 편안할 수 있습니다. 사실 당신은 환히 빛납니다. 당신은 수천 와트짜리 전구처럼 환한 빛을 발하면서 거리를 걸어갑니다. 그때 '나는 어머니의 사랑이 필요해'라는 생각이 떠오르면, 웃음이 나옵니다. 당신은 그 생각에 대해 깨달았기 때문입니다. 다음 생각에 대해서도, 또 다음 생각에 대해서도…….

탐구는 당신을 맑은 마음의 자리로 되돌려 줍니다. 당신이 '나'의 모든 생각보다 먼저인 존재임을 깨닫게 해 줍니다. 현실로 돌아오는 것은 얼마나 재미있는지요! 나는 돌아옴을 중단하지 않을 것입니다. 눈을 뜨고 거울에 비친 나 자신을 보는 것은 하나의 특권입니다. 하지만 영원히 맑은 마음 상태는 없습니다. 맑은 마음에는 미래가 없기 때문입니다. 우리는 영원히 깨어나는 게 아닙니다. 오직 지금 깨어납니다. 지금 이 순간 당신의 생각에 질문하고 행복할 수 있나요? 사람들은 영적으로 열리는 멋진 경험을 하는데, 이런 경험은 '그것'이 아닙니다. "이 멋진 경험이 영원히 지속되기를 원해"라고 생각하는 순간, 그들은 미래로 이동했고 현실을 잃어버렸습니다. 바로 지금, '이것'이 그것입니다. 이렇게 단순합니다. 이것만이 존재합니다.

"나는 깨달음을 얻고 싶어"라는 생각을 믿을 때, 당신은 어떻게 반응하나요? 스트레스를 받습니다. 당신이 상상한 '깨닫지 못함' 속에 갇혀 있습니다. 탐구는 의심할 여지 없이 그렇다는 것을 보여 줍니다. 그 생각이 없다면 당신은 누구일까요? 그 모든 것에서 자유로운. 나는 깨달음이라는 것이 있는지도(그런데 깨달음은 없습니다) 알지 못한 채로 은총을 받은 사람입니다.

하지만 자유를 향한 갈망, 깨달음에 관한 이런 생각들을 일으킬 수 있는 갈망─그것은 진짜입니다. 나는 몹시 혼란스러운 상태에 있을 때, 침대에 누워서 "집에 가고 싶어!"라며 울부짖을 때가 많았습니다. 나는 내가 육체의 죽음을 원한다고 생각했습니다. 천국이나 지옥을 믿지 않았던 나는 그렇게 해서라도 견딜 수 없어 보이던 고통에서 벗어나고 싶었습니다. 무지했던 나는 죽어야 고통이 끝날 것이라는 내 생각이 옳다고 믿었습니다. 나는 먼저 죽어야 했습니다. 하지만 사실 내가 정말로 원했던 것은 육체의 죽음이 아니었습니다.

모든 사람이 진정한 것을 갈망합니다. 그것은 늘 여기 있습니다. 그것이 참된 스승입니다. 그 무엇도 그것을 없앨 수는 없습니다. 그것은 듣는 자이며, 이야기 없는 존재입니다. 나는 그것을 사랑이라 부릅니다. 우리는 사랑이 존재하지 않는다는 주장을 뒷받침하는 온갖 이야기를 할 수 있겠지만, 사랑은 존재합니다. 사랑을 거스르면, 고통만을 만들어 내고 경험하게 됩니다. 사랑은 언제나 스스로 깨끗이 하며 정화합니다. 사랑은 아무것도 아끼지 않으며, 사랑을 한 번 맛본 사람은 그 순수함을 지키기 위해서라면 기꺼이 불 속으로 걸어 들어가서 완전히 타 버릴 것입니다. 선택의 여지가 없습니다. 단두대에서 칼날이 떨어져 내려 머리가 잘리기 직전, 마지막으로 떠오르는 생각은 은총입니다. "아, 이것도 고맙습니다!"

나는 43년 동안 순수한 알아차림(앎)을 경험하지 못했습니다. 그런데 그 뒤 한순간 그 알아차림(앎)을 경험했고, 그것으로 충분했습니다. 왜냐하면 그 순간 이후 나의 내면에 탐구가 자리했기 때문입니다. 탐구가 태어났습니다. 그 순간 태어난 것이 바로 그것이었습니다. 나의 내면에 질문이 깨어 있었습니다. 그리고 완벽한 순환이 있었습니다—밖으로 나가기, 그리고 평화로 돌아오기. 실제로는 일어나지도 않은 이 여행을 마칠 가능성도 없이, 돌아오는 길도 모르는 채, 끝없이 밖으로 나가기만 하는 것이 아니라…….

당신은 모든 것을 잃어야 합니다. 외부에 있는 것처럼 보이는 것은 모두 죽습니다. 하나도 남김없이. 당신은 아무것도 가질 수 없습니다. 사랑하는 모든 것을 하나도 가질 수 없습니다. 남편도 가질 수 없습니다—그는 물질적인 남편이 아니기 때문입니다. 자녀도 가질 수 없습니다—그들은 물질적인 자녀가 아니기 때문입니다. 단 하나의 관념도 가질 수 없습니다. 무집착이란 사랑하는 사람이나 물건과 분리되는 것이라고 사람들은 생각하지만, 무집착은 그보다 훨씬 더 깊은 의미가 있습니다. 사람들이 어떤 것과 분리되는 것에 관해 얘기할 때, 나는 그 말이 무슨 뜻인지 알지 못합니다. 왜냐하면 내게는 모든 것이 안에 있기 때문입니다. 그렇지만 나는 사람들의 언어를 이해하는 법을 배웠습니다. 사랑은 이런 식으로 함께합니다.

상상된 자아가 존재하는 모든 것입니다. 당신이 정말 집으로 돌아오고 싶다면, 자아에 대해 질문해 볼 수 있습니다. 질문하는 것은 정말 안전합니다. 당신이 자신이라고 생각하는 것들에 대해 질문해 보면, 자아가 남지 않게 됩니다. 그리고 당신은 더 가치 있는 무엇으로 남게 됩니다. 즉, 꿈이 흘러나오는 근원의, 꿈이 거울처럼 비추는 것의 변함없는 본성. 삶이 꿈이라면 악몽을 다루어 봅시다. 당신이 믿는 것에 대해 질문해 보고, 무엇이 남는지 보세요. 당신이 자기라고 믿는 '당신'은 참된 자기 자신이 아니라는 것을 진짜로 깨닫기 전에는 당신은 자유로이 그 이상이 되지 못합니다. 제한된 마음이 몹시 고통스러운 까닭은 그 때문입니다. 마음은 언제나 자기의 감옥—자기를 몸으로 여기는 정체성—에서 뛰쳐나오려고 시도합니다. 마음의 본성을 깨달을 때, 당신은 마음이 모든 것이고, 모든 것의 본성이며, 결핍처럼 보이는 것은 모두 상상 속의 허구일 뿐임을 깨닫게 됩니다.

자아 없이 사는 삶은 어떨까요? 아무 일도 일어나지 않습니다. 삶조차도. 당신이 보고 듣고 만지고 냄새 맡고 맛보고 생각하는 모든 것은 그 행위가 시작하기 전에 이미 끝나 버렸습니다. 나의 발이 방금 움직였는데, 내가 그 움직임을 지켜볼 때, 나는 과거를 보고 있을 뿐입니다. 그 일은 지금 일어나고 있는 것처럼 보이지만, 내가 그것을 볼 때조차 그 지금은 이미 지나갔습니다. 이것이 깨달은 마음의 힘과 선함입니다. 나는 차도 마실 수 없습니다. 그 일은 일어나기 전에 사라졌고, 그것에 대해 내가 할 수 있는 것은 아무것도 없습니다. 나는 벽에 걸린 포스터를 바라봅니다. 사랑하는 남편 스티븐이 그의 책 《길가메쉬》 표지의 황금 가면 옆에 있는 포스터입니다. 나의 눈이 포스터 위에 머물고 계속 응시하는데, 그 포스터는 존재하는 것처럼 보이지만, 내가 그것을 아무리 사랑하더라도 그것은 환상입니다. 생각이 없을 때는 세상이 없습니다. 어떤 생각도 믿지 않을 때는 시간도 없고, 공간도 없고, 현실도 없습니다. 내 삶은 끝났고, 나는 그 삶이 시작한 적도 없음을 이해합니다.

나는 나의 유일한 세상입니다. 나는 여기에 있는 유일한 존재입니다. 세상은 나의 투사, 나의 상상이 살아 있는 것입니다. 모습, 소리, 냄새, 느낌, 인간, 개, 고양이, 나무, 하늘……. 나는 세상을 사랑합니다. 세상이 살아 있는 것처럼 보일 때도 사랑하고, 세상이 죽는 것처럼 보일 때도 사랑합니다. 질문된 마음은 세상의 무한한 방식을 사랑합니다. 이 세상에는 하나의 법칙이 있습니다―삶이 너무 좋아서 이보다 더 좋을 수는 없다고 생각할 때, 당신에게 삶은 그럴 수밖에 없습니다. 그리고 당신은 삶이 가져다주는 것이라면 무엇이든 기꺼이 경험합니다. 또 그것을 경험하기를 고대합니다. 아름답고, 아름답고, 오해되고, 자비로운 삶. 꿈의 세계를 사랑하지 않는 사람은 삶이란 마음이며, 마음의 밖에는 아무것도 없음을 아직 이해하지 못합니다. 마음이 생각하는 것을 마음이 믿는 한, 마음은 길을 잃고 헤매게 됩니다. 마음은 자기의 생각을 믿습니다. 어느 날 마침내 마음이 스스로 해방되기 전에는.

당신은 자유에 대한 갈망을 말합니다. 사람들이 결국 자유로워질 것이라는 희망을 품는 것이 도움이 될까요?

나는 언제나 '지금 있는 것'을 좋아합니다. 그것이 희망보다 훨씬 효과가 빠르기 때문입니다. 당신이 자기의 생각을 사랑하게 되면 결국 현실이 희망을 대체하게 되고, 그러면 당신은 자신이 살고 있는 것처럼 보이는 세상을 사랑하게 됩니다. 나는 내 생각을 이해합니다. 그래서 내가 세상으로 보는 것은 어떤 희망도 필요하지 않습니다. 희망은 필요가 없어지고 쓸모가 없어집니다. "나는 '작업'을 하니까 더 나아질 거야."—이런 생각이 당신에게 '작업'의 동기가 된다면, 그런 희망을 품어도 됩니다. '작업'을 하면 당신은 더 나아지기 때문입니다. 그러다 보면 마침내 소중하고 멋진 자아를 따라잡게 되고, 당신이 믿는 생각을 제외하면 당신과 세계는 늘 완벽했음을, 당신이 무지해서 그런 줄 모르고 있었을 뿐임을 발견하게 됩니다.

희망은 미래의 이야기입니다. 그러니 나의 삶에는 희망이 있을 자리가 없습니다. 나는 희망이 필요 없습니다. 하지만 만일 희망이 필요하면 주저 없이 희망할 것입니다. 왜냐하면 미래가 있는 사람들은 그래야 하기 때문입니다. 그럴 필요가 없을 때까지는. 원숙한 마음은 평화로운 마음이며, 현실을 사랑하는 마음입니다. 현실은 너무 아름다워서 계획이 필요하지 않습니다.

하지만 스트레스를 주는 생각에 질문하는 법을 배우지 못한 사람들에게는 희망이라는 관념이 도움이 될 수 있습니다. 그들은 희망이 있으면 계속 살아갈 수 있다고 생각하기 때문입니다. 희망은 그들이 아는 유일한 다른 선택인 절망보다 좋습니다. 그 후 마침내 자기의 생각에 대해 질문하는 법을 배우면, 그들은 미래란 없으며 희망은 두려움처럼 무의미하다는 것을 보기 시작합니다. 그때 즐거움이 시작됩니다.

무집착이란 무슨 의미인가요?

당신이 생각하는 어떤 것도 믿지 않는다는 뜻입니다. 반면에 집착이란 질문되지 않은 생각을 믿는다는 의미입니다. 우리는 탐구하지 않으면 어떤 생각을 진실이라고 억측합니다. 그 생각이 진실한지 아닌지를 결코 알 수 없는데도……. 집착의 목적은 우리가 이미 완전하다는 사실을 깨닫지 못하게 하려는 것입니다. 우리는 어떤 것들에 집착하는 게 아니라, 어떤 것들에 대한 이야기에 집착합니다.

당신은 질문하는 것이 안전하다고 장담합니다. 하지만 모든 것을 잃어야 한다는 말도 합니다. 그런 말은 대다수 사람을 겁먹게 하지 않나요?

그런 말은 사람들을 겁먹게 할 수 있습니다. 하지만 자신을 몸이라고 믿을 때 당신은 정말 안전한가요? 자신을 몸이라고 여기면, 당신이 사랑하는 모든 사람이 결국 당신을 떠나거나 죽을 것이고, 당신이 나이 먹고 병들고 온갖 아픔을 겪고 결국 죽을 것이라는 게 명백하지 않은가요? 그런 '당신'이 안전한가요? 그러므로 당신의 거짓 정체성을 잃는 것이 곧 모든 것을 얻는 것입니다. 자기와 남이 없는 세계에는 괴로움이 없고, 쇠약해짐이 없고, 죽음이 없고, 거짓이 없습니다. 그것은 순수한 아름다움의 세계입니다. 그 세계는 이미 당신의 것이며, 당신이 그것을 깨닫기만을 기다리고 있습니다.

만일 마음이 자기의 생각을 믿는 데 너무 몰두해 있다면, 어떻게 마음이 자기를 해방시킬 수 있나요?

그건 쉬운 일입니다. 스트레스를 주는 생각을 알아차리고, 그 생각을 종이에 쓰고, 그 생각에 대해 질문을 해 보고, 고요함 가운데 대답이 떠오르기를 기다려 보세요. 그러면 붓다 마음이 당신을 깨닫게 할 것입니다.

이 세상에는 하나의 법칙이 있습니다.
즉, 삶이 너무 좋아서
이보다 더 좋을 수는 없다고 생각할 때,
당신에게 삶은 그럴 수밖에 없습니다.

10
탐구 속에 살기

부처님께서 말씀하셨다. "수보리야, 말해 보아라. 먼 옛날 내가
연등부처님[1] 밑에서 배울 때, 내가 얻은 진리가 있느냐?"
수보리가 대답했다. "스승님께서 연등부처님 밑에서 배울 때 얻
은 것은 아무것도 없었습니다."
"부처가 아름다운 세상을 만들어 내느냐?"
"아닙니다, 스승님. 그렇지 않습니다. 왜냐하면 아름다운 세상
은 아름다운 것이 아니기 때문입니다. 그것은 '아름답다'고 불릴
뿐입니다."
"수보리야, 옳다. 이것이 중요하다. 모든 보살은 모습, 소리, 촉
감, 맛, 냄새, 마음속에 일어나는 어떤 생각에도 의지하지 않는
순수하고 맑은 마음을 내야 한다. 보살은 어디에도 머물지 않는
마음을 내야 한다."

이 장은 금강경에서 가장 심오한 장 가운데 하나입니다. 이 장은
본질적인 것을 말하며, 나무랄 데 없을 만큼 분명한 언어로 말합니

---

1 십만 년 전에 살았다고 하는 전설 속의 부처

다. 스티븐이 혜능 스님의 이야기를 들려주었는데, 그 스님은 이 장의 마지막 문장을 들었을 때 마음이 활짝 열렸고, 모든 것의 본질을 즉각 깨달았다고 합니다. 그 이야기를 듣고 나는 놀라지 않았습니다. 만일 평화 속에 머무는 방법을 알려 주는 가장 분명하고 단순한 조언을 찾고 있다면, 이 문장이 아주 좋은 조언이 될 것입니다. "어디에도 머물지 않는 마음을 내라."

붓다는 어느 전생에 옛 붓다 밑에서 배운 일에 대해 말합니다. 아주 먼 그 옛날 그는 깨달음을 얻었을 때 얻은 것이 없다고 말합니다. 붓다는 현생에 관해 얘기했더라도 같은 요지의 말을 했을 것입니다. "보리수 아래에 앉아 깨달음을 얻었을 때, 내가 얻은 것은 아무것도 없었다." 나는 금강경의 저자가 전생이라는 것을 정말로 믿었는지는 모릅니다. 나는 그가 과거의 '순간'들조차 믿지 않았을 것이라고 생각합니다. 그는 31년 전, 십억 년 전, 한순간 전이 같고, 모두 실재하지 않는다는 점을 나타내기 위해 전생이라는 말을 사용했을지도 모릅니다. 왜냐하면 과거란 현재에 일어나는 하나의 생각일 뿐이기 때문입니다. ('현재'도 마찬가지입니다.)

여기에서 붓다가 말하는 요지는, 깨달음을 얻는 수행에 완전히 전념하는 수행자라도, 수없이 많은 생애를 윤회하며 온 마음으로 알아차림(앎)에 헌신하는 수행자라도 단 하나도 얻은 것이 없다는 것입니다. 당신이 이미 가지고 있지 않은 것은 단 하나도 얻을 것이 없습니다. 우주에서 가장 깊이 깨달은 존재라도 당신이 바로 지금 가지고 있지 않은 것은 아무것도 가지고 있지 않습니다. 놀랍지 않나요?!

수십억 겁 전의 지혜는 지금도 변하지 않습니다. 붓다는 탐구 속에 살기 때문에 아무것도 그에게 달라붙을 수 없습니다. 붓다가 집착할 수 있는 생각은 하나도 없습니다. 그는 언제나 자기를 시험하며 자기를 깨닫고 있습니다. 자신의 전생들을 기억하는 티베트의 승려가 있다고 합니다. 하지만 그런 이야기가 사람들의 고통을 끝내는 데 도움이 될까요? 그런 이야기는 사실 또 하나의 정체성, 줄줄이 이어지는 정체성이 아닐까요? 한때 내가 클레오파트라나 마리 앙투아네트였든 인도 콜카타 빈민가의 거지였든, 그걸 아는 게 내게 무슨 도움이 될 수 있을까요? 그것은 에고의 음식일 뿐입니다. 당신은 어제의 이야기로 돌아갈 수 있고, 태어나기 전에 당신이 누구였다는 이야기로 거슬러 올라갈 수도 있겠지만, 어디서부터 탐구하는지는 중요하지 않습니다. 그건 모두 이야기일 뿐이고, 다른 이야기보다 더 심오한 이야기는 없습니다.

당신이 초능력자라서, 한 번도 가 보지 못한 어느 나라의 어떤 나무 옆에 묻혀 있는 상자를 천리안으로 보았다고 가정해 봅시다. 그 말을 듣고 사람들이 그 나무를 찾아가 땅을 팠더니, 놀랍게도 그 상자가 있는 겁니다! 이제 당신은 유명해지고 텔레비전 인기 프로그램에 나와서 사람들에게 그 일에 관해 얘기해 줍니다. 그런데 그것이 무얼 증명하나요? 그 일이 다 끝난 뒤, 당신 차의 앞유리에 주차위반 딱지가 붙은 걸 보면 여전히 화가 나나요?

그러니 바로 지금 여기에 머무르면서, 마음이 어떻게 작용하는지를 조사해 봅시다. 당신에게 보이는 세상은 당신이 세상을 어떻게 보는지를 비추어 줍니다. 당신의 세상이 추하거나 부당해 보인다면, 세상이 그렇게 보이게 하는 생각들에 질문해 보지 않았기 때문입니다.

당신의 마음이 더 맑고 친절해지면, 당신의 세상도 더 맑고 친절해집니다. 당신의 마음이 아름다워지면, 당신의 세상도 아름다워집니다. 의식적으로 아름다운 세상을 만들어 내는 게 아닙니다. 당신이 보는 모든 것은 아름답지 않을 수 없습니다. 왜냐하면 당신은 거울에 비친 자기 자신을 보고 있을 뿐이기 때문입니다. 당신이 자기의 판단에 대해 질문하는 법을 배우면, '아름다운 것'과 '추한 것'이라는 분별에 집착하지 않습니다. 어느 하나를 다른 것과 비교하지 않기 때문입니다. 당신의 마음은 자기를 속이는 행위를 그만두었습니다.

자신이 안다고 생각하는 모든 것에 질문해 보기 전에는 자기의 진면목을 알 수 없습니다. 자기의 진면목을 아는 것보다 더 아름다운 것은 없습니다. 그것은 말로 표현할 수 없는 아름다움 자체입니다. 내가 이따금 거울 앞을 지나가다 그 안에 있는 '나의' 얼굴을 우연히 보게 되면, "저 여자는 정말 아름답구나!" 하는 생각이 일어납니다. 이어서 그게 나라는 것을, 사람들이 '나'라고 부르는 사람임을 깨닫고는 미소를 짓습니다. 그런데 모든 사람이 다 그렇습니다. 나는 나에게 아름다워 보이지 않는 사람을 만난 적이 없습니다. 사람들이 그들의 얼굴이나 몸을 매력적으로 보든 안 보든 상관없습니다. 가끔 스티븐은 그에게 특히 아름다워 보이는 여성이나 잘생겨 보이는 남성을 가리켜 보이지만, 내게는 그런 아름다움의 기준이 없습니다. 나는 이따금 노숙자와 함께 인도에 앉아 있는데, 그 노숙자가 뚱뚱하고 지저분하고 중얼중얼 혼잣말을 하는 여자일지라도, 내게는 어린아이처럼 아름답습니다. 그녀가 허락한다면 나는 그녀의 머리를 쓰다듬고 그녀를 껴안을 것입니다.

나의 경험에 따르면, 모든 것은 나름대로 선하며, 모든 것은 나름대로 아름답습니다. 모든 것이 아름다운지를 내가 어떻게 알까요. 만일 내가 어떤 것을 아름답지 않다고 본다면, 그건 나의 내면에서 올바르게 느껴지지 않을 것입니다. 그것은 우리를 자유롭게 하는 진실입니다. 그리고 어떤 것이 아름답지 않다는 생각이 들었을 때, 이 생각에 대해 질문하자 온 세상이 하늘처럼 아름다워 보였습니다. 받아들일 수 없는 것은 아무것도 없음을 나는 알게 되었습니다. 우리 중 어떤 사람들은 처음에는 이 말에 동의하기가 무척 어렵습니다. 그걸 이해하려면 우리의 온 세상을 잃어야 하기 때문입니다. 우리는 상반된 것들로 이루어진 세상을 잃는 걸 두려워합니다. 고통 받을 만한 정당한 이유가 있는 사람이라는 우리의 소중한 정체성을 유지하려면 그런 세상에 의존해야 하기 때문입니다. 그래서 어떤 이들은 자유롭기보다 옳기를 원합니다.

붓다는 고통에서 벗어나기를 원하는 사람은 모습, 소리, 감촉, 맛, 냄새, 또는 마음속에 일어나는 생각에 의지하지 않는 순수하고 맑은 마음을 내야 한다고 말합니다. 내 경험에 따르면, 이 말은 전적으로 정확하며 이보다 더 분명히 말할 수는 없습니다. 당신이 보고 듣고 만지고 맛보고 냄새 맡고 느끼고 생각하는 것은 그 마음이 아닙니다.

마음이 무엇을 지각하든 마음은 그것 이전입니다. 마음은 맑고 순수하며, 모든 것에 완전히 열려 있습니다. 아름다운 듯한 것만큼 추한 듯한 것에도 열려 있고, 수용만큼 거부에도 열려 있으며, 성공만큼 실패에도 열려 있습니다. 마음은 자신이 언제나 안전하다는 것을 압니다. 마음은 삶을 끊임없는 흐름으로서 경험합니다. 마음은 어디에도 발을 딛지 않습니다. 그럴 필요가 없기 때문이며, 어디에든 발을 디디면 한계가 된다는 것을 압니다. 마음은 자기가 생각하는 모든 생각을 알아차리지만, 어떤 생각도 믿지 않습니다. 마음은 발 디디고 서 있을 수 있는 단단한 기반이 전혀 없음을 깨닫습니다. 그 깨달음에서 자유가 흘러나옵니다. '서 있을 곳 없음'이 마음이 서 있는 곳입니다. 거기에 마음의 기쁨이 있습니다. 당신의 내면에 탐구가 살아 있을 때, 당신이 생각하는 모든 생각은 마침표가 아니라 물음표로 끝이 납니다. 그리고 그것이 고통의 끝입니다.

'어디에도 머물지 않는 마음'을 어떻게 낼 수 있나요?

마음이 머물 수 있으려면 먼저 존재해야만 합니다. 마음이 존재하지 않음을 깨닫는 것이 곧 마음이 머물 곳 없음을 깨닫는 것입니다. 내게는 질문 안에 있는 것으로 충분했습니다.

당신의 마음은 어디에나 머무르나요?

그럴 수 있다면 그럴 겁니다.

어째서 사람들은 깨달음이 무언가를 얻는 것이라고 여길까요?

모르겠습니다. 깨달음이란 실은 모든 것을 잃는 것입니다.

모습, 소리, 감촉, 맛, 냄새, 마음속에서 일어나는 모든 생각에 의존하지 않는 순

수하고 맑은 마음을 낸다는 것은 무슨 뜻인가요?

　모습, 소리 등은 마음에서 나옵니다. 마음이 그것들을 만들어 내지만, 그것들이 실재하는 것은 아닙니다. 그 모두가 꿈꾸어지는 대상임을 이해하면, 꿈꾸는 사람도 역시 꿈꾸어지는 대상임을 알게 됩니다.

당신의 내면에 탐구가 살아 있을 때,
당신이 생각하는 모든 생각은
마침표가 아니라 물음표로 끝이 납니다.
그리고 그것이 고통의 끝입니다.

11
비판이라는 선물

부처님께서 말씀하셨다. "수보리야, 갠지스 강의 모래알만큼 많은 갠지스 강이 있다면, 그 모든 갠지스 강에 있는 모래알은 헤아릴 수 없이 많지 않겠느냐?"

수보리가 대답했다. "스승님, 그렇습니다. 갠지스 강이 셀 수 없이 많다면 그 모든 갠지스 강의 모래알은 얼마나 더 많을까요!"

"이제 말해 보아라. 착한 남자와 착한 여자가 그 모든 갠지스 강의 모래알만큼 많은 세상을 보물로 채워 전부 보시한다면, 그 사람이 얻는 공덕이 크지 않겠느냐?"

"스승님, 그 공덕은 헤아릴 수 없이 클 것입니다."

부처님께서 말씀하셨다. "수보리야, 만일 어떤 사람이 마음을 열어 이 경전을 듣고, 그 가르침을 진실로 깨달은 뒤 체화하여 그대로 살 수 있다면, 이 사람의 공덕은 앞사람의 공덕보다 훨씬 더 클 것이다."

자기와 남이라는 것이 없음을 깨달으면, 비판의 가치도 깨닫게 됩니다. 모든 사람은 당신 자신입니다. 그러므로 비판은 언제나 당신

안에서 나옵니다. 당신이 당신에게 얘기하고 있는 것입니다. 만일 당신이 자기를 깨닫는 일에 관심이 있다면, 비판은 당신이 받을 수 있는 최고의 선물입니다. 비판은 당신이 지금까지 자기에 관해 보지 못한 것을 보여 주기 때문입니다. 내가 나에 관해 인정하지 못하는 것을 누가 내게 말해 줄 수 있을까요? 만일 어떤 사람이 나에게 "당신은 불친절해요"라고 말한다면, 나는 고요해지고, 내면으로 들어가서, 아마 3초 안에 내가 불친절했던 경우를 찾아낼 수 있을 겁니다—현재의 상황에서 찾을 수 없다면 이른바 과거의 어느 때에서라도. 또 어떤 사람이 "당신은 거짓말쟁이예요"라고 말하면, 나는 "아, 그래요"라고 생각할 것입니다. 왜냐하면 나는 그 말에 쉽게 동의할 수 있기 때문입니다. 혹은 "내가 언제 거짓말을 했다고 생각하나요? 정말 알고 싶군요."라고 말할지도 모릅니다. 이것은 옳거나 그른 문제가 아니라 자기를 깨달아 가는 일입니다. 사람들이 나에 대해 뭐라고 말하든, 나는 내면으로 들어가서 내가 그렇다는 것을 보여 주는 사례를 찾을 수 있습니다. 내가 할 일은 계속 연결되어 있는 것입니다. 내게 고통을 줄 수 있는 것은 오직 나의 방어나 부정뿐입니다. "아니, 그렇지 않아요. 나한테 그런 식으로 말하지 마세요. 나는 거짓말쟁이가 아니에요!" 예, 나는 거짓말쟁이입니다. 나는 그런 사람이기도 합니다. 나는 당신이 생각할 수 있는 모든 것입니다. 나를 계속 비판해 주세요. 내가 아직 깨닫지 못한 것을 보여 주세요.

마음이 탐구를 실천하게 되면, 마음은 자기를 배우는 학생이 되고, 모든 것이 마음을 '위해' 있다는 것을 배웁니다. 모든 것이 마음에 보태지고, 마음을 깨우치고, 마음을 양육하고, 마음을 드러냅니다. 마음에 반하는 것은 아무것도 없으며, 과거에도 없었습니다. 그것은 상반되는 짝들 위로 훌쩍 성장한 마음입니다. 그것은 더는 나뉘어 있지 않습니다. 그것은 계속 열립니다. 왜냐하면 그것이 두려움 없고 방어하지 않는 상태에서 살고 있으며, 진실을 열망하기 때문입니다. 마음은 자기가 모든 것임을 깨닫습니다. 그래서 아무것도 제외하지 않고 모든 것을 환영하는 법을 배웁니다. 열린 마음보다 다정한 것은 없습니다. 나는 누구와도 대립하지 않습니다. 그래서 누구도 나와 대립할 수 없습니다. 사람들은 자신의 생각 말고는 무엇과도 대립할 수 없습니다. 아무 대립이 없을 때, 혼란된 마음은 자신의 목소리를 듣습니다. 그리고 유일한 대립은 자기 자신의 대립임을 알아차립니다.

어느 누가 나에 대해 무슨 말을 하든 그 말은 어떤 면에서는 진실할 것입니다. 나는 내 몸이 완벽하다고—완벽한 키, 완벽한 몸무게, 완벽한 나이—여기지만, 어떤 사람들은 다르게 생각할 수도 있습니다. 몇 년 전에 어느 텔레비전 프로듀서가 '바이런 케이티 쇼'라는 이름의 방송 프로그램을 제안했는데, 내가 매주 다른 사람과 함께 '작업'을 하는 내용이었습니다. 나는 기뻤습니다. 그렇게 하려면 로스앤젤레스에 있는 스튜디오에서 많은 시간을 보내야 한다는 걸 알았지만, 자기탐구를 세상에 널리 알리는 훌륭한 방법이라고 생각했습니다. 그 프로듀서는 시험 삼아 몇 개의 견본을 녹화해서 방송사의 사장에게 가지고 갔습니다. 일주일 뒤, 그는 실망한 표정으로 나를 찾아왔습니다. 방송사 사장은 내가 텔레비전에 출연하기에는 너무 늙고 뚱뚱하다면서 거절했다고 합니다. 나는 기뻤습니다. 그리고 이렇게 생각했습니다. "그가 옳을 수도 있어. 그는 전문가니까. 참 잘된 일이야!"

설령 어떤 사람이 나더러 살인자라고 해도 나는 그 말이 어떤 면에서 진실한지를 알 수 있습니다. 오래전 혼란에 빠져 있을 때 나는 어떤 사람이 죽어 버리면 좋겠다고 생각한 적이 있습니다. 쥐도 여러 마리 죽였고, 집 안에 침입한 개미도 수백 마리나 쓸어 버렸습니다. 이런 사례는 계속 들 수 있습니다. 내가 죽이지 않은 사람을 죽였다는 혐의로 사람들이 나를 가두면, 나는 교도소에 갈 수 있고 사형까지 당할 수 있습니다. 내가 결국 잡혔다는 것을, 이 몸이 살인을 저지른 것은 아니지만 그런 범죄가 있었던 것은 사실임을 알면서⋯⋯. 그렇다고 해서 내가 능력이 허락하는 한 가장 좋은 변호사를 고용하지 않겠다는 말은 아닙니다. 그러나 만일 유죄 판결을 받으면 나는 평온할 것입니다. 내가 저지르지 않은 범죄 때문에 교도소에 갇혀 앉아 있을 때 내가 여전히 현실과 다투는 지점이 있다면, 나는 그것을 알게 될 것입니다. 만일 그때 나의 마음속에 감사가 아닌 다른 것이 있다면, 나는 나를 불편하게 하는 생각에 질문할 기회를 얻게 될 것입니다. 일어날 수 있는 최악의 일은 언제나 일어날 수 있는 최선의 일이라는 것이 밝혀집니다.

나도 없고 남도 없음을 깨닫는 것은 행복과 어떤 관계가 있나요? 왜 그것은 기쁜 경험인가요?

지금 있지 않은 모든 것은 있지 않음을 알면 기쁩니다. 모든 것은 예외 없이 실재하지 않음을 알면 기쁩니다. 그러면 당신에게는 자기의 본성에 깨어 있는 마음, 자기 자신과 함께 집에 있는 마음, 자기 자신 안에서 집에 있는 마음이 남게 됩니다. 놀라운 은총이죠!

행복에 대해 더 말씀해 주시겠어요?

내가 행복이라는 말을 사용할 때는 평화롭고 맑은 자연스러운 상태를 의미합니다. 그것은 슬픔, 화, 두려움, 그리고 스트레스를 주는 다른 감정이 없는 상태입니다. 우리가 마음을 이해로 만나면 행복이 남아 있게 됩니다. '작업'은 우리에게 행복을 줍니다.

우리가 행복할 수 있는 유일한 자리는 바로 여기, 바로 지금입니다―내일도 아니고 10분 뒤도 아닙니다. 행복은 성취할 수 있는 것이 아닙니다. 우리는 돈이나 섹스, 명성, 인정 혹은 외부의 어떤 것에서도 행복을 얻을 수 없습니다. 오직 우리 안에서만 행복을 발견할 수 있습니다. 변함없고, 움직이지 않고, 늘 지금 여기에 있고, 늘 기다리고 있는 그 행복을……. 행복은 우리가 추구하면 달아나 버립니다. 행복에 대한 추구를 그만두고, 대신에 우리의 마음에 대해 질문하면 모든 스트레스의 근원이 사라집니다. 우리 마음이 맑아지면, 우리 자신이 이미 행복입니다. 마음이 완전히 맑을 때는 지금 있는 것이 바로 우리가 원하는 것입니다. 우리는 삶이 가져다주는 모든 것과 더불어 행복합니다. 그것으로 충분하며, 충분하고도 남습니다.

괴로움은 우리가 선택하는 것입니다. 당신이 괴로움을 더 좋아한다면, 스트레스를 주는 생각을 계속 믿으세요. 하지만 만일 행복해지고 싶다면, 그런 생각에 질문해 보세요.

어떻게 하면 비판을, 특히 가장 가까운 사람들의 비판을 인신공격으로 받아들이지 않을 수 있나요?

당신에 대한 그들의 생각을 믿을 때, 또 그에 대한 반응으로 그들에 대한 당신의 생각을 믿을 때, 당신이 어떤 고통을 만들어 내는지 곰곰이 생각해 보세요. 그 고통은 아주 크고 오래오래 계속됩니다. 방법은 단순합니다. 어머니, 아버지, 남편, 아내, 혹은 적처럼 보이는 사람이 당신을 비판할 때 당신에게 떠오르는 생각에 대해 질문해 보세요. 아픈 감정도 다른 어떤 불편함도 다른 사람 때문에 일어날 수는 없습니다. 당신 밖의 누구도 당신에게 상처를 줄 수는 없습니다. 그것은 불가능합니다. 오직 그들에 대한 이야기를 믿을 때만 당신은 가슴이 아플 수 있습니다. 그러니 당신을 가슴 아프게 하는 사람은 바로 당신 자신입니다. 이것은 아주 좋은 소식입니다. 왜냐하면 다른 사람이 당신을 해치지 못하도록 막거나 어떻게든 바꿀 필요가 없기 때문입니다. 당신을 해치지 못하도록 막을 수 있는 사람은 바로 당신입니다. 오직 당신뿐입니다.

만일 당신이 자기를 깨닫는 일에 관심이 있다면,

비판은 당신이 받을 수 있는

최고의 선물입니다.

12
고양이에게 개처럼 짖으라고 가르치기

부처님께서 말씀하셨다. "수보리야, 또한 마음이 열린 사람이 이 경전을 듣고, 그 가르침을 진실로 깨달은 뒤 체화하여 그대로 살 수 있다면, 그는 부처가 될 것이며, 온 우주의 모든 존재에게 가장 깊은 존경을 받을 것이다. 진실을 언뜻 한 번 통찰하기만 해도 존경받을 만한데, 하물며 그 통찰로 완전히 변화되고 더없이 맑게 사는 삶은 얼마나 큰 공경을 받을 만하겠느냐! 이 경전이 체화되고 그대로 살아지는 곳에는 부처도 있을 것이다."

──────────

'작업'은 현실만을 다룹니다. 세상의 모든 것은 자기의 할 일을 하고 있습니다. 천장은 벽 위에 놓여 있고, 벽은 바닥 위에 놓여 있으며, 커튼은 창문 앞에 걸려 있습니다. 그 모두가 자기의 일을 하고 있습니다. 하지만 당신이 현실은 어떤 모습이어야 한다는 이야기를 자신에게 얘기할 때, 당신은 천장이나 벽과 다투게 됩니다. 그건 가망 없는 일이며, 고양이에게 개처럼 짖으라고 가르치는 것과 같습니다. 고양이는 협조하지 않을 것입니다. 그러면 당신은 고양이에게 이렇게 말할지 모릅니다. "아니, 아니야. 이해를 못 하는군. 너는 개처럼 짖어야 해. 개처럼 짖으면 너한테 훨씬 좋을 거야. 게다가 나는 네가 개처럼 짖는 게 정말 필요해. 나는 남은 삶을 다 바쳐서라도 너에게 개처럼 짖는 법을 가르칠 거야." 수십 년이 흐른 뒤, 당신이 삶을 다 희생하고 바친 뒤, 고양이는 당신을 올려다보며 웁니다. "야옹."

　사람들을 바꾸려 하면 당신의 마음은 희망이 없는 상태가 됩니다. 다른 사람을 바꿀 수는 없기 때문입니다. 현실은 현실일 뿐입니다. 내가 현실에 관해 사랑하는 점은 이것입니다. 당신이 현실을 바꾸기 위해 아무리 애를 쓰고, 강요하고, 속이고, 긍정적인 생각을 하더라도 현실은 당신의 뜻을 따르지 않을 것입니다. 내가 자주 말하듯이, 현실과 다투면 백 퍼센트 당신이 집니다. 사람들은 변하거나 변하지 않습니다. 그것은 당신의 일이 아닙니다. 당신의 일은 자기 자신의 마음을 이해하는 것입니다. 자기의 마음을 이해하면, 당신은 다른 사람들이 변할 때도 감사하게 되고, 변하지 않을 때도 감사하게 됩니다. 당신은 언제까지나 현실과 다툴 수도 있고, 아니면 현실과 다투는 행위를 충분히 오래 중단하여 마침내 현실을 이해하고 자유로워질 수도 있습니다. 그러면 무엇이 진실인지를 직접 알게 되며, 바로 거기에 자유가 있습니다. 자유는 당신의 삶에 있는 다른 사람과는 아무 상관이 없습니다. 사람들은 당신이 이해할 때까지 당신을 힘들게 하는 단추를 계속 누를 것입니다. 그게 좋지 않은가요? 만일 당신이 자기의 생각에 기꺼이 질문해 보려 한다면, 그것은 완전한 깨달음을 위한 장치이기 때문입니다. 나는 그것을 '외통장군'이라고 부릅니다.

붓다는 진실을 언뜻 한 번 보기만 해도 깊은 존경을 받을 만하다고 말합니다. 다른 사람들은 당신의 문제가 될 수 없다는, 문제는 다른 사람들에 대한 당신의 생각이라는 근본적인 깨달음—이 깨달음은 정말 굉장한 것입니다. 이 통찰 하나는 당신의 온 세계를 꼭대기부터 바닥까지 뒤흔들어 놓을 것입니다. 그 뒤 어머니, 아버지, 형제자매, 남편, 아내, 직장 상사, 동료, 자녀에 대한 당신의 특정한 생각들에 질문할 때, 당신은 자신의 정체성이 풀려 사라지는 것을 봅니다. 당신이 자기라고 생각했던 '당신'을 잃는 건 두려운 일이 아닙니다. 흥분되는 일입니다. 흥미진진한 일입니다. 모든 겉모습의 배후에 있는 진정한 당신은 누구인가요?

붓다는 그런 통찰로 완연히 탈바꿈하고 완전한 맑음 속에 사는 삶에 대해 말합니다. 이 말은 과장되거나 이상적인 이야기로 들릴 수 있겠지만 분명한 진실입니다. 단 하나의 문제도 없이 완전히 맑은 삶을 사는 것은 정말로 가능합니다. 필요한 건 스트레스를 주는 생각이 마음속에 일어날 때 기꺼이 질문하는 것뿐입니다. "나는 ……을 원해" "나는 ……이 필요해" "그는 ……해야 해" "그녀는 ……하면 안 돼"와 같은, 현실과 다투고 삶에서 모든 고통을 일으키는 이런 조사되지 않은 생각들이 일어날 때……. 마음의 성질을 이해하면 고통이 존재할 수 없습니다. 슬픔, 화, 원망 같은 감정은 스트레스를 주는 생각을 믿기 때문에 생기는 결과입니다. 스트레스를 주는 생각에 질문하는 법을 배우면, 그것은 우리를 지배하는 힘을 잃습니다. 그리고 마침내, 스트레스를 주는 생각이 일어나면, 즉시 질문이 일어나고, 그 생각은 어떤 결과를 일으키기 전에 풀려 사라집니다. 그러면 평화만 남습니다. 평화, 그리고 수많은 무언의 웃음이 있습니다.

질문된 마음을 가진 사람은 큰 슬픔을 느낄 수 없습니다. 큰 슬픔은 일종의 고통이며, 고통은 혼란스러운 마음이 불친절한 세상을 투사하고 나서, 그 투사된 것이 실재하는 줄로 믿을 때만 일어납니다. 큰 슬픔을 일으키는 것은 마음의 질문되지 않은 이야기입니다. 반면에 질문된 마음은 현실과 사랑에 빠집니다. 질문된 마음은 자기가 생각하는 모든 것을 사랑하고, 그러므로 자기가 보는 모든 것을 사랑합니다. 그 마음은 혼란스러운 세상을 투사할 수 없습니다. 질문된 마음은 현실만 보기 때문에 더는 큰 슬픔이 일어날 수 없습니다.

정체성에 집착하면 고통을 겪게 됩니다. 어떤 정체성도 없는 마음만이 자유롭습니다. 만일 붓다가 자신을 붓다라고 생각한다면, 그는 붓다가 아닙니다. 그가 붓다일 수 있는 까닭은 그에게 붓다와 비(非)붓다라는 관념이 없기 때문입니다. 붓다에게는 분리가 없습니다. 모든 존재가 깨달아 있습니다, 비록 그들이 아직은 그 사실을 모르고 있을지 몰라도……. 붓다 마음은 정체성이 없습니다. 그것은 사랑의 확장이고, 자기에게 깨어 있는 마음이며, 자기에게 질문하고, 자기의 순수 지성으로부터 자기에게 응답하고, 자기와 함께 춤을 추며, 자기의 끝없이 이어지는 흐름 속을 여행하며, 존재의 흔적조차 남기지 않고, 여행했다는 어떤 증거도 남기지 않습니다. 그것은 자유롭게, 애씀 없이, 중단 없이, 대립 없이 흐르며, 그 흐름을 방해할 만한 정체성이 없습니다. 설령 그 흐름이 잠시 중단되더라도 알아차림(앎)은 즉시 그 정체성을 깨닫고, 그것이 사라지게 하며, '고마워요' 하는 속삭임만 남기면서 계속 기쁨으로 창조합니다.

온 세상은 마음의 반영입니다. 마음은 결국 자기에게 돌아와야 합니다. 마음에서 흘러나오는 모든 것은 최초의 원인보다 덜 강력하기 때문입니다. 냇물이 흘러 바다로 돌아가듯이, 마음은 관념이 없는 근원으로 돌아옵니다. 마음이 아무리 대단해도, 정체성에 집착하는 에고가 아무리 커도, 마음은 자기가 아무것도 모른다는 것을 깨달으면 가장 겸손하게 처음으로 돌아가며, 모든 존재보다 먼저이며 최초의 원인인 자기 자신을 만납니다.

우리는 다른 사람을 통제하거나 강요하거나 침묵시킬 수 없습니다. 단지 그들의 말을 귀 기울여 듣고 그들의 처지가 되어 볼 수 있을 뿐입니다―그들의 처지뿐 아니라, 우리가 보는 가장 낮은 처지가. 그리고 무엇이 진실한지를 직접 깨달을 때, 냇물이 바다로 흘러내려 가듯이, 우리 위에 있는 것처럼 보이는 모든 것이 우리에게로 흘러내려 옵니다. 왜냐하면 우리가 진실하고 겸손하고 지혜로운 것의 본보기가 되었기 때문입니다. 깨달아진 자아이며, 자기도 남도 보지 못하는 자아인 붓다는 아무것도, 아무도 다스리지 않으며, 심지어 마음도 다스리지 않습니다. 붓다는 단지 매우 잘 이해할 뿐입니다. 마음이 자기를 이해할 때, 마음은 더는 적으로 보이지 않으며, 더는 자기와 전쟁을 벌이지 않습니다. 마음은 가장 겸손한 자리에서 평화를 발견합니다. 거기에서 창조적인 모든 것이 태어납니다.

당신은 "스트레스를 주는 생각을 믿을 때 슬픔, 분노, 원망 같은 감정이 일어납니

다"라고 말합니다. 슬픔이나 분노를 느끼는 게 잘못이라는 의미인가요? 그건 인간의 자연스러운 감정이 아닌가요?

아니요, 슬픔이나 화를 느끼는 게 잘못이라는 말은 아닙니다. 그리고 예, 그렇습니다. 질문되지 않은 마음에게는 이런 감정들이 자연스러운 것들입니다. 하지만 그런 감정들과 다른 모든 형태의 괴로움은 언제나 진실하지 않은 생각을 믿을 때의 결과입니다. 그런 것들은 우리의 본성에 어긋납니다. 생각이 원인이고, 감정은 그 결과입니다. '작업'의 세 번째 질문—"그 생각을 믿을 때 당신은 어떻게 반응하나요? 무슨 일이 일어나나요?"—에서 나는 사람들에게 이런 결과들을 아주 자세히 알아차리고 경험해 보도록 권유합니다. 그런 결과들은 우리가 언제, 정확히 어떻게 올바른 마음에서 벗어났는지를 인식하게 하는 중요한 방법입니다.

감정이 생각의 결과라는 게 확실한가요? 갓 태어난 아기와 동물들도 슬픔과 분노 같은 감정을 느낀다는 증거를 보여 준다는 글을 읽었는데요.

아기와 동물들이 우리와 같은 생각을 하는지는 우리가 알 수 없습니다. 아기와 동물들이 어떤 행동을 하면, 우리는 그 행동과 소리를 자의적으로 해석하고는 그대로 믿어 버립니다. 우리는 관찰하는 대로 기록하고, 우리 자신의 이야기를 만들어 내는, 똑같은 정체성을 가진 마음으로 그것을 판단합니다.

우리 아기가 울 때, 만일 아기가 슬프거나 화난 것이라고 내가 믿는다면, 그것은 그저 아기가 괴로워한다고 내가 믿는 것입니다. 그런 믿음이 없다면 나는 누구일까요? 그러면 나는 그냥 아기를 안아 주고, 기저귀를 갈아 주고, 먹을 걸 주고, 내가 아는 모든 할 일을 사랑의 이름으로 하고 있을 것입니다. 또 나는 아기가 내 삶 속에 있다고 믿었던 것을 감사하고, 나 자신이 엄마로서, 슬픔과 분노와 걱정 없이 빛나는 사랑 자체로서 내 삶 속에 있다고 믿었던 것을 감사할 것입니다.

마음이 완전히 질문된 사람은 화나 큰 슬픔을 느낄 수 없다고 말합니다. 당신은 화나 슬픔을 느끼지 않나요?

예, 오랫동안 느끼지 않았습니다. 하지만 어머니가 췌장암으로 돌아가셨을 때 흥미로운 경험을 했습니다. 어머니는 2003년 성탄절에 캘리포니아 주 빅베어에 있는 아파트에서 돌아가셨죠. 당시 나는 한 달 동안 어머니와 함께 살고 있었습니다. 대개 하루 중 23시간을 어머니와 함께 지냈어요. (스티븐이 적어도 하루에 한 번 아침에 들러서 나를 데리고 나가 함께 산책하고 커피를 마셨습니다.) 나는 어머니를 보살피고 목욕시키고 옷 입히고 호스피스 간호사를 돕고 진통제를 먹이고 한 침대에서 자고 온 가슴으로 어머니를 사랑했는데, 한순간도 슬픔을 느끼지 않았습니다. 어머니는 심하게 약에 취해 있었지만, 어머니가 잠들지 않았을 때 우리는 이야기를 나누었고, 나는 어머니의 손톱을 깎아 주고 샤워를 시켜 주었습니다. 우리가 함께 한 시간은 마음이 아주 가볍고 친밀했어요. 그런데 여동생이나 조카들이 방에 들어오면 그런 경험이 완전히 달라졌습니다. 그들은 어머니를 가엾은 희생자로 보았고 불쌍해하는 분위기가 방 안을 가득 채웠습니다. '불쌍한 엄마', '불쌍한 할머니'라고 여겼던 거죠. 그러면 어머니는 그런 분위기에 젖어 자기 마음속에서 희생자가 되었고, 어머니도 눈물에 젖어서 방은 병실로 변해 버렸습니다. 하지만 그들이 떠나자마자 어머니는 나의 세계로 돌아와서 다시 웃기 시작했습니다.

어머니가 돌아가신 날에는 눈이 내렸습니다. 어머니가 마지막 숨을 거두자 누가 장의사에게 전화했습니다. 나는 어머니의 몸을 씻기고, 어머니가 좋아했던 귀걸이를 귀에 달아 주고 머리를 매만져 주었습니다. 내 안에는 현실과 벌이는 전쟁이 없었고 오직 사랑과 감사, 연결만이 있었습니다. 아주 좋았습니다. 그 후 장의사들이 와서 어머니의 몸을 이동 침대로 옮기고 짙은 감청색 셔닐 천 담요로 덮었습니다. 뒤편 어디에서 어머니의 손주 중 하나가 라디오를 켰고, 사람들이 이동 침대를 밀고 방 밖으로 나갈 때, 엘비스 프레슬리가 '당신이 없으면 우울한 크리스마스가 될 거예요'라고 부르는 노래가 흘러나왔습니다. 어머니는 슬프지 않았고 단지 창백할 뿐이었습니다. 어머니는 윌리 넬슨의 팬이었고 엘비스를 그다지 좋아하지는 않았지만, 그 노래를 들으며 떠나는 게 마음에 들었을 겁니다. 삶이란, 우리가 이해하기만 한다면, 얼마나 멋진 여행인지요! 얼마나 경이로운 여행인지요! 삶에서 어떤 일이 아무리 비통해 보여도 괜찮습니다. 우리가 바른 마음일 때는 그 안에서 유머를 볼 수 있습니다.

그 후 우리는 모두 어머니의 거실에 모였습니다. 사람들은 어머니와 함께한 추억을 회상했고 울었죠. 많은 눈물을 흘렸죠. 하지만 나는 사랑과 연결만을 느꼈습니다. 가슴이 벅차올라 터질 것 같았습니다. 그 후 내 아들 로스가 내가 앉아 있는 의자로 다가왔고, 나는 일어나서 그 애의 품에 안겼습니다. 그렇게 서 있을 때 내 안에서 통곡이 일어났습니다. 내가 통곡을 하면 내 아이들이 염려할 것이라는 생각이 스쳤지만, 나는 울음을 멈추려 하지 않았습니다. 그렇게 내게서 통곡이 터져 나왔고, 그 울음소리는 아주 컸습니다. 그건 슬픔과는 다른 느낌이었습니다. 슬픔보다 더 근본적인 느낌이었고, 그것은 내가 아니었으므로 그것이 통곡하는 동안 나는 그 자리에 서서 손톱을 다듬을 수도 있었을 것입니다. 그런 상태가 삼십 초쯤 계속되었는데, 영원히 계속되었어도 나는 그냥 두었을 것입니다. 현실이 어떤 모습으로 나타나든, 나는 현실을 사랑합니다. 나는 통곡 소리를 억누르기 위해 나를 속이지 않았습니다. 일어나는 모든 감정은 살 수 있는 권리가 있습니다.

마음의 성질을 이해하면

고통이 존재할 수 없습니다.

"어머니가 나를 공격해요"

아서 ('양식'에 쓴 글을 읽는다) 나는 어머니에게 몹시 화가 난다. 왜냐하면 어머니는 나를 공격하고, 나를 판단하고, 내가 좋은 사람이 아니라고 생각하기 때문이다.

케이티 좋아요. 우리는 여기서 세 문장에 대해 질문할 수 있습니다. 첫째, "어머니는 나를 공격한다." 둘째, "어머니는 나를 판단한다." 셋째, "어머니는 내가 좋은 사람이 아니라고 생각한다." 이것은 세 개의 다른 탐구입니다. 혹은 세 문장을 한꺼번에 탐구할 수도 있습니다. '이웃을 판단하는 양식'의 1번 문장을 쓸 때는 가장 감정이 격앙된 문장을 찾아서 그것부터 먼저 탐구하기를 권합니다. 이미 쓴 문장은 괜찮습니다. 세 문장을 한꺼번에 탐구할 수도 있겠지만, 나는 그보다는 호기심이 더 많습니다. 그래서 각각의 관념이 내 삶에 미치는 영향을 알아야 합니다. 나는 자유로워지기를 기다리고 싶지 않습니다. 그러니 각각의 관념마다 네 가지 질문을 하고, 그것을 뒤바꿀 것입니다. 그다음에 나머지 두 문장에 대해서도 하나씩 완전히 새롭게 탐구를 할 것입니다. 여기서 나는 당신에게 힌트를 주겠지만, 동시에 당신이 탐구를 잘못할 수는 없다는 것을 압니다. 나는 단지 당신이 여기에 온 목적을 얻기 위해 바로 본론으로 들어가는 법을—경험을 통해, 수없이 많은 경험을 통해—가장 강력한 방식으로 보여 줄 겁니다. 그 문장을 다시 읽어 보세요.

아서 나는 엄마에게 몹시 화가 난다. 왜냐하면 엄마는 나를 공격하고, 나를 판단하고, 내가 좋은 사람이 아니라고 생각하기 때문이다.

케이티 그중에서 "나는 엄마에게 몹시 화가 난다"는 부분에 대해서는 질문할 필요가 없습니다. 화가 나게 하는 원인에 대해서만 질문하면 됩니다. 이제 그 세 가지를 다시 읽어 보세요.

아서 엄마는 나를 공격하고, 나를 판단하고, 내가 좋은 사람이 아니라고 생각한다.

케이티 좋아요. 그럼 "엄마는 나를 공격한다"가 첫 번째 문장이 되겠군요. 그것부터 시작합시다. "그 상황에서 엄마가 당신을 공격했다"—그게 진실인가요? (청중을 향해) 여러분 중에 이 남성이 어머니에게 공격받고 있는 모습을 마음속에서 본 분이 얼마나 되나요? (많은 사람이 손을 든다.) (아서에게) 그런데 우리는 당신의 어머니를 만나 본 적도 없죠.

아서 다들 운이 좋네요. (청중이 웃는다.)

케이티 그래서, "어머니가 당신을 공격했다"—그게 진실인가요? 이제 어떻게 그 질문에 대답할 건가요? 추측할 건가요? 아니면 그 순간에 관해 명상하여 그 순간이 당신에게 대답을 보여 주게 할 건가요? '작업'은 명상입니다. 깊이 고요해지세요. 그리고 그 상황을, 당신과 어머니의 모습을 주의 깊게 바라보세요. 그 모습이 너무 흐릿할지 모르지만, 그래도 어머니가 공격했는지 공격하지 않았는지 볼 수 있을 때까지는 묵상해 보세요. (청중에게) 나는 조력자일 뿐이고, 이분이 말하는 공격이 신체적 공격인지 언어 공격인지, 아니면 어머니가 그저 노려보았을 뿐인지는 모릅니다. 그래서 그저 이 공간을 유지하고, 그를 통해 볼 수 있는 것을 볼 뿐입니다. (아서에게) '작업'의 네 가지 질문 중 질문 1과 2에 대한 대답은 한 단어인 '예' 혹은 '아니요' 둘 중 하나입니다. 그러니 당신의 마음이 어떻게 "글쎄요. 꼭 그렇지는 않아요. 하지만. 그런데. 아마. 정말 그랬어요."라고 말하려 하는지 잘 지켜보세요. 그건 올바른 대답이 아닙니다. '예' 혹은 '아니요'라는 분명한 대답이 떠오를 때까지 고요해져 보세요. "어머니가 당신을 공격했다"―그게 진실인가요?

아서 아니요.

케이티 (청중에게) 그가 '아니요'라고 대답했으니 질문 2는 건너뛰고 바로 질문 3으로 가겠습니다. 그리고 그에게 상기시키기 위해 그 문장을 다시 읽겠습니다. "어머니는 당신을 공격했다"―그 생각을 믿을 때 당신은 어떻게 반응하나요? 어떤 일이 일어나나요? 이렇게 그 문장을 다시 읽는 이유 중 하나는 우리가 작업하고 있는 관념을 기억하기 위해서입니다. 내가 지금 무엇을 하고 있는지 알 필요는 없습니다. 그 문장을 기억할 필요도 없습니다. 그냥 그 문장을 종이에 써 놓기만 하면 됩니다. (아서에게) 이제 어머니가 당신을 공격하고 있다고 믿었던 상황으로 들어가 보세요. 고요히 있으면서, 당신이 어떻게 반응했는지 지켜보세요. 당신은 어머니에게 반격을 했나요? 그저 입을 삐죽거렸나요? 어머니를 냉대했나요? 당신의 감정을 알아차려 보세요. 잘 보고 얘기해 주세요. 그 상황에서 당신이 어떻게 반응했는지, 보는 대로 얘기해 보세요. 우리는 살면서 어머니에 대해서는 잘 깨닫습니다. 어머니가 어떻게 했는지는 잘 압니다. 하지만 우리 자신에 대해서는 잘 깨닫지 못합니다. 다른 사람들을 판단하느라 너무 바빠서 자기 자신에 대해서는 잘 모르는 것입니다. 그러니 고요해지세요. "어머니가 나를 공격했다"는 생각을 믿을 때, 그 상황에서 당신이 어떻게 반응하는지 알아차려 보세요.

아서 마구 비난해요. 어머니에게 소리를 지릅니다. 덫에 걸린 듯 어찌할 수 없다는 기분이 듭니다. 화가 납니다. 할 수 있는 게 아무것도 없는 것 같습니다. 무력감을 느낍니다.

케이티 (잠시 멈춘 뒤, 청중에게) 이제 질문 4로 넘어가겠습니다. 이 남성이 할 얘기를 다 했고, 계속할 준비가 된 것 같으니까요. 그는 질문 3에 대답해야 할 얘기를 이미 다 말했습니다. 나는 그에게 충분한 기회를 주었습니다. (아서에게) 그래서, 그 상황에서 "어머니가 나를 공격했다"는 생각이 없다면 당신은 누구일까요?

아서 음……. 나는…… 나는 평화로울 거예요. 나는……

케이티 어머니가 당신을 공격했다는 이야기 없이, 그저 그 상황을 지켜보세요. 모든 판단을 내려놓고, 어머니에게 그런 생각들을 덧씌우지 말고, 자신과 어머니를 지켜보세요. "어머니가 당신을 공격했다"는 생각이 없다면, 당신은 누구일까요? 혹은 무엇일까요?

177

아서 나는 그저 부엌에 서서 통화하고 있는 사람일 겁니다.

케이티 그 장면으로 들어가 보세요. "나는……"

아서 나는 부엌에 서서 어머니의 말을 귀 기울여 듣고 있어요. 어머니가 하는 말에 마음을 열고. 어머니를 위해, 나 자신을 위해, 아마도.

케이티 좋아요. 그런데 '아마도'보다 더 가까운 표현으로 말하면 좋겠군요.

아서 예.

케이티 더 가까이, 더 가까이. 때로는 '아마도'가 가장 가까운 표현일 수도 있고, 그런 표현도 괜찮습니다. 하지만 우리는 지금 진짜배기를 찾고 있습니다. 아무도 그것을 당신에게 줄 수 없어요. 그것은 이미 당신 안에 있습니다. 당신은 그것을 볼 수 있습니다. 그것은 이미 거기에 있었는데, 이제 당신은 그것을 보기 위해 이야기를 충분히 오래 내려놓으려 하고 있습니다. 어머니가 당신에게 뭐라고 말하고 있나요? 들어 보세요.

아서 어머니는…… 어머니는 내게…… 어머니는 나를 만나러 와도 괜찮은지 묻고 있었어요. 전에도 그렇게 많이 물었고, 나는 늘 '예'라고 대답했죠.

케이티 그러니까 어머니는 "너를 보러 가도 되겠니?"라고 물었군요. 당신은 그 위에 이야기를 덧씌웠고요.

아서 예.

케이티 "어머니는 나를 공격했다"는 생각이 없다면, 당신은 누구일까요? 어머니의 질문에 그냥 대답하고 있는 당신은 누구일까요?

아서 음, 그래요. 나는 "예, 괜찮아요"라고 대답했는데, 그 뒤에 기분이 몹시 안 좋았죠. 하지만 그냥 '예'라고 대답할 수도 있었겠죠.

케이티 또는 "아니요"라고 대답할 수도 있었겠죠.

아서 "아니요"라고 대답할 수 있었다고요? (깜짝 놀란 표정으로) 와우! "아니요, 오지 마세요"라고 대답할 수도 있었겠네요! 사실은 그게 더 정직했겠어요. "오시지 않으면 좋겠어요." (청중이 웃는다.) 우와! 그런 대답도 할 수 있다는 생각은 전혀 떠오르지 않았어요. 그래요. "아니요"라고 대답할 수도 있었네요. 맞습니다. 그래요! (웃음) "사실은 엄마, 아니요, 오지 마세요." 오, 와! 그래요. 와!

케이티 우리는 그때 그 순간에 대해 명상을 하고 있고, 그 순간이 당신을 깨우치고 있습니다. 이제 "어머니는 나를 공격했다" ─뒤바꿔 보세요.

아서 나는 어머니를 공격했다.

케이티 그 상황에서, 전화 통화를 하면서 당신이 어머니를 공격한 예를 얘기해 보세요.

아서 음. 실은 내가 어머니를 아주 심하게 공격했어요. 어머니에게 소리를 쳤죠. 어머니한테 구제불능이라고 했어요. 어머니에게……

케이티 좀 천천히 얘기해 보세요. 눈을 감아 보세요. 그리고 보이는 대로 얘기해 보세요.

아서 사실 정말 가슴 아프게 하는 말을 어머니에게 했어요. 나는 아무리 애를 써도 어머니에게는 좋은 아들이 전혀 아닌 것 같다고 말했죠. 어머니한테 구제불능이라고 말했어요. 어머니에게 계속 소리를 질렀죠.

케이티 (청중에게) 이제 이 남성은 마음의 눈으로 그 상황을 바라보며, 사실은 자신이 어떻게 어머니를 공격하고 있었는지를 알게 되었습니다. 그리고 그 뒤바꾸기가 어째서 진실인지, 자신에게 무엇을 의미하는지를 스스로 묻고 있습니다. 뒤바꾸기를 어렵게 할 필요는 없습니다. 다시 말해, 당신이 기억하지 못하는 것, 실제로 보지 못하는 것을 주장하지는 마세요. 고요 속에서 자신을 드러내고, 그와 함께 일어나는 감정을 경험해 보세요. (아서에게) "어머니가 나를 공격했다"는 문장의 다른 뒤바꾸기를 찾을 수 있나요? 그 문장의 또 하나의 반대는 무엇일까요?

아서 나는 나를 공격했다.

케이티 예. 돌이켜 보면, 그 상황에서 당신은 언제 어떻게 자신을 공격했나요?

아서 나는 나를…… (울면서) 나는 나를 공격했어요. 왜냐하면…… 나는…… 나는…… 내가 어머니에 대해, 음, 그렇게 느낀 이유는…… 내가 게이라는 걸 어머니가 받아들이지 않았다고—지금도 받아들이지 않는다고—보았거든요. 내가 지금 이대로 괜찮다는 걸 알아주고 나를 지지해 준다는 점에서 보면, 나는 나를 위하지 않았어요. 만일 어머니가 나와 다르게 믿는다면, 그것은 나의 문제가 아니라 어머니의 문제죠. 그렇지만 나는 어머니의 믿음이 옳다고 느꼈어요. 그래서 내가 좋은 아들이 아니라고 생각했기 때문에 나를 공격했죠.

케이티 예. 당신 자신의 두려움 때문에. 동성애에 대한 두려움 때문에.

아서 맞아요.

케이티 당신은 동성애를 두려워했기 때문에 그것을 어머니에게 투사했어요. 그런데 어머니는 단지 "너를 만나러 가도 되겠니?"라고 말했을 뿐이죠. 내게는 어머니의 말이 그다지 동성애를 두려워하는 것처럼 들리지 않는군요. (웃음)

아서 예. 그 상황에서는 그렇지 않았어요. 하지만 어머니는 동성애를 두려워합니다.

케이티 누가 알겠어요? 이 '작업'을 마친 뒤 어머니에게 전화해서 한번 물어보세요. "엄마, 일전에 우리가 통화했을 때(어머니에게 자세히 설명해 드리세요), 내가 게이인 걸 알았어요?"

아서 예.

케이티 우리는 사람들에 대한 우리의 생각을 믿고, 우리가 믿는 생각에 따라 사람들을 벌하고 공격합니다. 우리가 자기의 생각을 철석같이 믿기 때문에 사람들은 우리와 함께할 기회를 얻지 못합니다. 우리 중 일부는 죽는 순간까지 그런 생각들에 집착합니다. 그래서 탐구는 커밍아웃 파티와 비슷합니다. 좋아요. "나는 어머니를 공격했다." 당신이 자신을 공격한 다른 예도 있습니다. 들어 보고 싶나요?

아서 예, 말씀해 주세요.

케이티 당신은 어머니에게 거짓말을 했어요. 그 상황에서.

아서 맞습니다. 예, 그랬어요.

케이티 정직한 대답은 '아니요'였는데, 당신은 '예'라고 대답했죠. 당신은 그렇게 자신을 공격했습니다.

아서 맞아요. 내가 편안히 느끼는 것들에 대해 정직하지 않았습니다.

케이티 그 패턴이 보이나요?

아서 '아니요'라고 말할 수 있다는 생각이 전혀 떠오르지 않았어요. 아마 어머니의 마음을 배려해서 '예'라고 말했던 것 같아요.

케이티 '아마'는 빼겠습니다. 당신은 어머니를 공격했어요!

아서 예. 맞습니다. 그래요. 나는 어머니를 공격했죠.

케이티 당신은 한편으로 어머니를 위하면서, 다른 한편으로는 어머니를 공격했습니다.

아서 예.

케이티 좋아요, 스윗하트. 다른 뒤바꾸기를 찾을 수 있나요? "나는 어머니를 공격했다" 그리고 "나는 나를 공격했다"까지 뒤바꾸기를 했습니다. "어머니는 나를 공격했다"—다른 뒤바꾸기는 무엇일까요?

아서 어머니는 나를 공격하지 않았다. 어머니는…… 어머니는 사실…… 어머니는 사실 내게 매몰차게 거부당했다고 느꼈을 겁니다. 그런데 이제 나는 어머니가 나를 공격하고 있던 게 아니었다는 걸 압니다. 어머니는 내게 질문했을 뿐이고, 내게 다가오려고 했던 거죠. 사실 어머니는 나와의 관계가 단절되었다고 느껴서 나와 다시 연결되려고 했던 겁니다.

케이티 "어머니는 나를 공격하지 않았다." 또 다른 뒤바꾸기를 찾을 수 있나요? '공격'의 반대는 뭔가요?

아서 어머니는 내게 다가왔다. 예, 맞아요. 어머니는 그런 식으로 다가왔습니다.

케이티 어머니는 구체적으로 어떻게 당신에게 다가왔나요? 전화를 했죠. 그리고 당신 곁에 함께 있을 수 있는지 물었어요.

아서 어머니는 와서 나를 만나려 하죠, 그래요. "우리가 가도 되겠니?" 맞아요. 그리고 나는 "아니요"라고 대답할 수 있었어요. 하지만 어머니는 실제로 내게 다가오려고 했습니다.

케이티 "어머니는 내게 다가왔다." 그 전화 통화에서 다른 예를 찾을 수 있나요?

아서 어머니가 내게 다가온 예를요?

케이티 예.

아서 예. 어머니는…… 어머니는 사실 내가 어머니를 더 자주 방문하기를 원했어요.

케이티 나도 예를 하나 찾았는데, 들어 볼래요?

아서 예, 물론이죠.

케이티 당신이 어머니를 공격할 때, 어머니는 전화를 끊지 않았어요.

아서 맞아요.

케이티 어머니는 계속 다가갔어요.

아서 예. 어머니는 내 말을 계속 듣고 있었죠.

케이티 좋아요. 이제 '양식'의 2번 문장을 볼까요. "나는 원한다." 어머니와 통화하고 있는 그 상황에서……. 당신이 쓴 문장을 읽어 보세요.

아서 "나는 엄마가 나에 대한 공격을 멈추기를 원한다. 나는 엄마가 나를 충분히 좋은 아들로 여기며 나를 받아들이고 사랑하고 껴안아 주기를 원한다."

케이티 그래서, "당신은 어머니가 당신에 대한 공격을 멈추기를 원한다"—그게 진실인가요? 우리가 1번 문장에 대해 질문해 보았으니 거기서 얻은 정보를 보세요. 어머니가 당신을 공격한 곳을 하나라도 찾았나요?

아서 못 찾았습니다.

케이티 그 정보가 당신의 대답을 바꾸는 걸 알 수 있나요?

아서 지난 12년 동안 어머니에게 말을 하지 않았습니다. 그 전화 통화가 어머니와 나눈 마지막 대화였어요. 그건 내가 너무 오랫동안 믿었던 이야기입니다.

케이티 그 대가로 당신은 어머니를 잃었죠.

아서 맞습니다.

케이티 당신이 어머니를 잃은 건 이런 생각들을 믿었기 때문입니다.

아서 예. 맞아요.

케이티 당신은 12년 동안 어머니에게 한마디도 하지 않았어요.

아서 음, 어머니도 나와 얘기하고 싶어 하는 것 같지는 않아요. 하지만 상관없죠.

케이티 그럼 한번 살펴봅시다. "당신은 어머니가 당신에 대한 공격을 멈추기를 원한다"—그게 진실인가요? 마음을 열어 보세요. 이 '작업'을 할 때는 활짝 열린 마음이 필요합니다. 어머니가 공격을 시작하지도 않았다면 어떻게 멈출 수 있겠어요? 그게 당신이 원하는 건가요?

아서 아닙니다.

케이티 통화를 하면서 "나는 어머니가 나에 대한 공격을 멈추기를 원해"라는 생각을 믿을 때, 당신은 어떻게 반응하나요?

아서 정말 화가 나고, 방어적이 되고, 심한 말을 내뱉게 됩니다.

케이티 통화하고 있는 자신을 마음의 눈으로 볼 수 있나요?

아서 예. 좋은 모습은 아니네요.

케이티 상대방이 줄 수 없는 것을 받고 싶어 하거나, 상대방이

184

하고 있지 않은 일을 멈추고 싶어 할 때, 당신은 그렇게 반응합니다. 이제 그 생각이 없다면 당신이 누구인지 바라봅시다. 그 상황에서 "나는 어머니가 나에 대한 공격을 멈추기를 원한다"는 생각이 없다면, 당신은 누구일까요?

아서 나는 제정신일 겁니다. 어머니의 말을 귀 기울여 듣겠죠. 평화로울 겁니다. 나는…… 나는 어머니의 질문을 분명히 이해할 테고, 대답도 분명히 하겠죠. 정말, 정말 어처구니가 없는 건, 그때의 일을 머릿속에서 십 년 넘게 반복해서 떠올려 보았는데도, 어머니가 "우리가 가도 되겠니?"라고 물었을 때 내가 "아니요"라고 대답할 수 있었다는 생각은 한 번도 떠오르지 않았다는 거예요. 나는 "어머니, 저는 게이예요. 그 때문에 어머니의 마음을 불편하게 해 드리고 싶지 않아요"라고 말할 수 있었어요. 하지만 그럴 수 있다는 생각을 한 번도 해 보지 못했죠.

케이티 "나는 어머니가 나에 대한 공격을 멈추기를 원한다"—뒤바꿔 보세요.

아서 나는 내가 나에 대한 공격을 멈추기를 원한다. 맞아요. 정말 그렇습니다.

케이티 다른 뒤바꾸기를 찾을 수 있나요?

아서 나는 내가 어머니에 대한 공격을 멈추기를 원한다. 정말 그래요. 내 마음속에서, 내 삶에서 그러고 싶습니다.

케이티 그리고 당신은 어머니가 당신을 공격한 것을 하나도 찾지 못했죠.

아서 맞아요. 사실입니다. 어머니는 질문했을 뿐이죠.

케이티 또 다른 뒤바꾸기를 찾을 수 있나요? "나는 어머니가 나에 대한 공격을 멈추기를 원한다." 이걸 뒤바꾸면 "나는 어머니가 나에 대한 공격을 계속하기를 원한다"가 됩니다.

아서 흐음.

케이티 그냥 타당한 것과 타당하지 않은 것을 보기 위해서입니다. 그리고 순수한 에고의 관점에서 "나는 어머니가 나에 대한 공격을 계속하기를 원한다." 그렇지 않으면 어떻게 당신이 옳을 수 있겠어요? 그래야만 어머니는 괴물이 되고, 당신은 아무 잘못이 없게 되니 어머니를 공격해도 정당해지겠죠.

아서 이런!

케이티 어머니가 당신을―실제로는 공격하지 않더라도―공격한다고 끊임없이 믿는 것이 당신의 삶에서는 아주 중요했습니다.

아서 그건…… 정말 오랫동안 그렇게 믿었어요. 그러니까, 그 후에 이런저런 일들이 많이 있었지만, 나는 게이라서 부모에게 절연당한 사람이라는 정체성을 굳게 붙잡고 있었던 거죠. 그리고 어머니를 그런 괴물 같은 이미지로 간직하는 게 내겐 아주 중요했어요. 이제 보니, 만일 그렇지 않았다면 내가 게이인 게 괜찮지 않다고 생각했을 테니까요. 하지만 그 두 가지는 서로 관련이 없죠. 나 자신이 괜찮다고 생각하기 위해 어머니가 괴물이 될 필요는 없는 거니까요. 우와! (울면서) 그렇다는 걸 몰랐어요. 어머니가 잘못하고 있다고 생각하는 한, 나는 괜찮을 거라고 생각했던 거죠. 하지만 내가 괜찮은 것과, 어머니가 나에 대해 어떻게 느끼는지는 아무 상관이 없어요. 마음속에서 너무 오랫동안 어머니에게 화가 나서, 내가 '아니야, 나는 괜찮아'라고 할 수 있었다는 걸 깨닫지 못했습니다. 어머니가

어떻게 느끼든 내가 나 자신과 내 인생에 대해 어떻게 느끼는
지는 바꿀 수 없어요. 나는 심지어 더는 어머니를 사랑하지 않
는다고 생각했어요. 그런데 나는 지금…… 어머니에 대한 이
모든 사랑을 느낍니다. 나에 대해 그렇게 느끼는 건 어머니에
게 너무 슬픈 일일 테니까요. 나는 단지 내가 괜찮다는 걸 깨
닫지 못했던 거예요. 어머니가 바뀌면 내가 괜찮을 거라고 믿
었던 거죠. 그런데 그건 진실이 아니에요.

케이티 그 통화를 할 때 어머니는 어떤 식으로든 당신을 공격하
지 않았다는 것을 이제 당신은 이해합니다. 어머니는 단지 당
신에게 다가오려고, 아들을 보려고, 집에 더 자주 오라고 초대
하려고 했을 뿐이죠. 나머지 모든 것은 당신의 생각이었습니
다.

아서 맞아요. 그리고 그건…… 만일 내가 제정신이었다면 어
머니는 무슨 말이든 할 수 있었을 테고, 그래도 아무런 문제가
없었겠죠. 내가 지금 이대로인 게 잘못되었다고 믿은 건 바로
나였어요.

케이티 그리고 그 생각을 어머니에게 투사했죠.

아서 맞습니다.

케이티 당신은 여전히 모릅니다.

아서 지금 이 순간에는 모릅니다. 알 수 없죠.

케이티 당신이 게이라는 걸 어머니가 아는지 당신은 알 수 없
고……

아서 아니요. 나는 어머니가 그걸 안다는 걸 알아요.

케이티 당신이 게이라는 사실에 대해 어머니가 괜찮은지 아닌
지 당신은 알 수 없죠.

아서 지금 이 순간에는 모릅니다.

케이티 지금까지 내가 들은 바로는 없습니다. 어머니는 당신을 공격하지 않았어요.

아서 음, 사실 나중에 어머니는 동성애가 치료할 수 있는 질병이라는 내용이 담긴 이메일을 굉장히 많이 보냈어요. 하지만……

케이티 어쨌든 그건 어머니의 세계입니다. 어머니는 아들이 병에 걸렸다고 생각해서 치료해 주려고 했던 것뿐이죠.

아서 맞아요.

케이티 어머니가 당신에게 어떻게 말했는지 얘기해 주세요.

아서 어머니가 보낸 이메일들에서 한 말요? 이런 식이었습니다. "사랑하는 아서에게." 음, 처음에 어머니는 내게 동성애 파트너가 있다는 것을 알고서 전화했어요. 그리고 이렇게 말했죠. "네 아버지가 우는 소리를 듣고 싶니? 네가 원한 게 이런 거야? 너는 동성애 관계를 맺고 있어."

케이티 좋아요. 그것은 질문이었습니다. "네 아버지가 우는 소리를 듣고 싶니?" (웃음) 어머니는 다가왔어요.

아서 아버지가 우는 소리를 듣고 싶었냐구요? 그다지 듣고 싶지 않았어요.

케이티 음, 한번 생각해 보세요.

아서 아버지가 우는 소리를 내가 듣고 싶었냐구요? 아닙니다.

케이티 아버지가 우는 소리를 정말 귀 기울여 들어 본 적이 있나요?

아서 아니요. 들어 보지 못했어요.

케이티 그럼, 그게 당신의 대답입니다. 그리고 만일 아버지가

188

우는 소리를 듣고 싶다면, 그때 대답은 '예'입니다.

아서 예. 아마 그럴지도 모르죠.

케이티 사람들이 울 때 그들 곁에 있는 건 좋은 일입니다.

아서 예, 맞아요.

케이티 그것은 친절하고 다정한 일입니다. 하지만 내면이 올바른 사람만이 진심으로 그럴 수 있습니다.

아서 예. 그 뒤 어머니는 이메일을 보냈죠. "사랑하는 아서에게." 이어서 굵은 글씨로 **"너는 게이가 아니야"**라고 쓴 뒤, "동성애 치료에 대한 이 자료를 읽어 보려무나. 너도 알듯이 우리는 정말 있는 그대로의 너를 사랑한단다." 하지만 내가 그 말에 동의하면 내겐 문제가 될 뿐입니다. 왜냐하면······

케이티 그건 혹시 당신이 잘 모를까 봐 어머니가 약간의 해결책을 가지고 다가오는 것뿐입니다. 그녀는 아들을 걱정하는 어머니입니다.

아서 맞습니다. 그럴 만도 한 것이, 내가 그전에 어머니에게 퍼부은 말이 아마 미친 사람의 말처럼 들렸기 때문일 거예요. (웃음) 그 후 어머니의 이메일을 차단했어요. 그랬죠. 하지만 그렇게 한 이유는······ 어머니가 다가오려는 걸 받아들이면, 내가 게이인 것이 괜찮지 않다는 의미라고 생각했거든요. 하지만 그 두 가지 일은 전혀 상관없죠. 서로 아무 관련이 없어요. 그때 나는 이렇게 말할 수 있었어요. "엄마, 고마워요. 하지만 나는 그런 걸 읽지 않을 거예요."

케이티 바로 그거예요. 혹은 "엄마, 고마워요. 하지만 동성애 때문에 어떤 문제라도 생기면 그때 한번 읽어 볼게요. 걱정해 주셔서 고마워요."

아서 맞아요. "하지만 지금까지는 정말 잘 지내고 있어요." (웃음)

케이티 예, 당신은 잘 지내고 있어요. (웃음)

아서 우와! 좋습니다.

케이티 사람들은 나와 잘 지내지 않아도 됩니다. '내가 그들과 잘 지내는가?' 이것이 중요한 질문입니다. 사람들은 나를 이해하지 않아도 됩니다. 나는 나 자신을 이해하는가? 나는 그들을 이해하는가? 그리고 만일 내가 나 자신을 이해하면, 나는 모든 사람을 이해합니다. 내가 나 자신에게 미스터리로 남아 있는 한, 다른 사람들도 나에게 미스터리로 남게 됩니다. 내가 나를 좋아하지 않으면, 나는 당신도 좋아하지 않습니다.

아서 예.

케이티 이제 '원한다'는 문장을 모두 뒤바꿔 보세요. "어머니와 함께 있는 그 상황에서, 나는 내가……"

아서 나는 내가 나에 대한 공격을 멈추기를 원한다. 나는 내가 충분히 좋은 사람으로 여기며 나를 받아들이고 사랑하고 껴안아 주기를 원한다.

케이티 좋아요. 그것이 살아가는 방법입니다. 그게 당신이 원하는 것입니다. '원하는 것', '필요한 것', '해야 하는 것' 등 '이웃을 판단하는 양식'에 쓴 2번, 3번, 4번 문장들을 뒤바꾸면, 그것은 당신 자신에게 주는 조언이 됩니다. 그런 뒤바꾸기들은 행복하게 사는 법을 알려 줍니다. 세상은 당신이 원하는 것을 말해 주지 않습니다. 아무도 당신에게 그걸 말해 주지 않습니다. 그것은 여기 있습니다. 당신이 종이에 썼습니다. 그것은 당신이 쓴 행복 처방전입니다. 행복 처방전은 당신의 내면에서 나옵

190

니다. 이제 당신이 쓴 문장을 어머니로 뒤바꿔 보세요.

아서 나는 내가 어머니에 대한 공격을 멈추기를 원한다. 나는 내가 어머니를 내게 충분히 좋은 사람으로 여기며 받아들이고 사랑하고 껴안아 주기를 원한다.

케이티 예, 스윗하트. 그것이 당신의 행복 처방전입니다. 당신이 그 상황에서 원하는 것은 그것입니다. 그동안 당신은 그것을 이용하지 못했습니다.

아서 예.

케이티 하지만 지금 당신은 그것을 이용하고 있습니다.

아서 나는 내가 어머니를 받아들이기를 원한다. 와! 와! 실은, 나는 정말 그러고 싶습니다.

케이티 그것은 당신이 종이에 쓴 글에서 나옵니다. 탐구에서 저절로 흘러나옵니다. 그래서 나는 탐구를 사랑합니다.

아서 전에는 전혀 그러고 싶지 않았지만, 지금은 그러고 싶습니다. 어머니를 받아들이고 사랑하고 껴안아 주고 싶어요. 그런데 그건 내가 사는 방식과는 상관이 없습니다.

케이티 예. 이제 그 문장을 다시 읽고, 반대로 뒤바꿔 보세요. "그 상황에서 나는 어머니가……."

아서 나는 어머니가 나에 대한 공격을 멈추기를 원하지 않는다. 나는 어머니가 나를 충분히 좋은 사람으로 여기며 나를 받아들이고 사랑하고 껴안아 주기를 원하지 않는다. 예, 그렇죠. 왜 어머니가 그래야만 하겠어요?

케이티 그리고 어머니와 전화할 때 당신이 한 행동을 보면, 어머니가 어떻게 그럴 수 있었겠어요?

아서 메스껍네요. 예, 동의해요.

케이티 그 상황에 머무르세요. 그러지 않으면 그걸 일반화해서 자신에게 책임을 지우고 죄책감을 느끼게 됩니다. 그 상황에서 "내 행동을 고려할 때, 나는 어머니가 그 모든 걸 하기를 원하지 않는다."

아서 어머니가 왜 그렇게 하겠어요? 예, 맞습니다.

케이티 그리고 당신은 어머니에게 많은 여지를 주지 않았지요.

아서 예, 전혀 여지를 주지 않았습니다.

케이티 이제 3번 문장을 봅시다. 이것은 당신이 어머니에게 주는 조언입니다.

아서 "어머니는 내게 화내면 안 된다. 어머니는 무조건 나를 사랑해야 하고, 내가 거부당하거나 외롭다고 느끼게 하면 안 된다. 어머니는 늘 사랑하고 존경받을 만한 어머니여야 한다."

케이티 그 상황을 고려할 때, "어머니는 당신에게 화를 내면 안 된다"—그게 진실인가요?

아서 아닙니다.

케이티 아주 분명하지 않나요?

아서 그러네요.

케이티 어머니가 당신에게 화내면 안 된다는 생각을 믿을 때, 당신은 어떻게 반응하나요? 어머니와 통화할 때 당신에게 어떤 일이 일어나나요?

아서 음, 어머니에게 화가 납니다. 어머니의 말을 듣고 싶지 않습니다. 어머니를 거부하고 밀어냅니다. 나를 방어합니다.

케이티 그리고 거짓말을 합니다.

아서 그리고 거짓말을 합니다. 아, 맞아요. 거짓말을 많이 해요. 어머니는 나를 자주 비난했는데…… 내가 '비난'이라고 말하네요. 어머니는 "너는 나를 거부했어"라고 자주 말했어요.

케이티 어머니는 현명한 여성이네요.

아서 어머니가 옳았어요. 어머니가 딱 맞춘 거죠. (웃음) 내가 어머니를 거부했거든요.

케이티 그 점에서 어머니는 당신이 거부하기 오래전부터 당신의 마음을 읽고 있었네요.

아서 맞아요.

케이티 당신은 어머니가 화내는 걸 원하지 않았기 때문에 어머니에게 화내고 거짓말을 했어요.

아서 예.

케이티 그래서 당신은 "엄마, 나는 게이예요. 나는 그게 편해요"라고 말하지 않았죠. 어머니가 화내는 걸 원하지 않았으니까요.

아서 그래요.

케이티 당신은 아버지가 우는 소리도 듣고 싶지 않았어요. 왜냐하면 당신은 늘 사랑과 인정과 좋은 평가를 받으려 했기 때문이죠.

아서 예.

케이티 "어머니는 내게 화내면 안 된다"는 생각이 없다면, 당신은 누구일까요?

아서 나는 괜찮을 겁니다. 왜냐하면 나는 "이해해요. 화내고 싶으면 화내세요. 다 괜찮아요." 이런 태도일 테니까요.

케이티 뒤바꿔 봅시다. "어머니는 화내면 안 된다."

아서 어머니는 내게 화내야 한다.

케이티 그 상황에서, 어머니는 당신에게 화내야 합니다. 왜 그래야 하는지 예를 들어 얘기해 보세요. 그 상황을 돌아보면 이 말이 당신에게 무슨 의미인가요?

아서 어머니는 내게 화내야 합니다. 내가 어머니를 거부하고 있으니까요. 어머니는 내게 화내야 합니다. 어머니는 내가 어머니를 거부하고 밀어낸다고 비난했는데, 그게 사실이었으니까요. 어머니는 내게 화내야 합니다. 어머니는 내가 비밀을 털어놓지 않고 있다고 비난했는데, 사실이었으니까요. 어머니는 내게 화내야 합니다. 어머니는 내가 부모님의 삶의 일부가 되기를 원하지 않는다고 느꼈는데, 모두 사실이었으니까요. 맞아요. 어머니는 당연히 화낼 만했어요.

케이티 좋습니다. 이제 3번 항목에 쓴 문장을 모두 다시 읽어 보세요.

아서 "엄마는 내게 화내면 안 된다. 엄마는 무조건 나를 사랑해야 하고, 내가 거부당하거나 외롭다고 느끼게 하면 안 된다. 엄마는 늘 사랑하고 존경받을 만한 엄마여야 한다."

케이티 이제 뒤바꿔 보세요. "엄마는 ……해야 한다."

아서 엄마는 내게 화내야 한다. 무조건 나를 사랑하면 안 되고, 내가 거부당하거나 외롭다고 느끼게 해야 한다. 엄마는 늘 사랑하고 존경받을 만한 엄마가 아니어야 한다.

케이티 예. 당신의 역할과 당신이 발견한 것을 고려할 때, 당신을 '작업'으로 데려오는 데 어머니보다 더 좋은 길이 있을까요? 당신이 자기를 깨닫고 고통에서 자유로워지는 데 어머니가 한 행위보다 더 효과적인 길이 있을까요?

아서 맞아요. 예.

케이티 모든 부모는 완벽합니다.

아서 와!

케이티 자, 그 통화를 할 때 당신이 행복하기 위해 필요한 것이 여기 있습니다. 당신이 쓴 문장들을 보고, 모두 당신 자신으로 뒤바꿔 보세요. 그것은 당신이 자신에게 주는 조언입니다. "나는……하면 안 된다."

아서 나는 내게 화내면 안 된다. 나는 나를 무조건 사랑해야 하고, 거부당하거나 외롭다고 느끼지 않게 해야 한다. 나는 사랑하고 존경받을 만한 아들이어야 한다. 오, 그래요. 좋네요.

케이티 아주 좋은 조언이네요.

아서 나는 나에게 화내면 안 된다. 오! 오, 예. 맞습니다.

케이티 그것이 당신의 행복 처방전입니다.

아서 그랬다면 내가 괜찮았을 테니까요. 내가 내 곁에 있으면서 나를 위했을 테니까요.

케이티 4번 문장을 읽어 볼까요?

아서 "나는 엄마가 나에게 게이여도 괜찮다고 말해 주고, 나의 선택을 존중하고, 나를 공격하거나 판단하지 않고, 사생활을 침범하지 않을 필요가 있다."

케이티 "당신은 어머니가 당신에게 게이여도 괜찮다고 말해 줄 필요가 있다"—그게 진실인가요? 그 통화를 할 때?

아서 아니요. 그럴 필요 없어요.

케이티 그 생각을 믿을 때 당신이 어떻게 반응하는지 알아차려 보세요.

아서 그런데 엄마가 괜찮지 않다고 말하면요? 솔직히 말해, 내가 나락으로 떨어져 버릴 것 같아요.

케이티 그리고 다른 사람을 공격하겠죠.

아서 예.

케이티 우리가 삶에서 다른 사람들과 벌이는 전쟁을 멈출 수 없다면, 나라들이 전쟁을 일으키지 않기를 어떻게 기대할 수 있겠어요?

아서 맞아요.

케이티 그건 당신이 어머니에게 핵 공격을 하고, 그러면서 자신에게 핵 공격을 한 것과 같아요.

아서 정말 그래요.

케이티 예. 하지만 12년 동안만.

아서 나는 마음속에서 나 자신에게 아주 많이 핵 공격을 가했죠. 이를테면, 결코 잊지 못할 일인데, 그 몇 년 후에 정말 아름다운 베니스에 있었는데도 나는 외로웠고, 엄마와 했던 그 통화를 계속 되풀이해서 생각했어요. 비참한 기분이었죠.

케이티 베니스가 허사였네요.

아서 멋진 운하도 다 소용없었죠.

케이티 다시 읽어 보세요. "나는 어머니가……"

아서 "나는 엄마가 나에게 게이여도 괜찮다고 말해 줄 필요가 있다."

케이티 그 생각이 없다면, 그 통화를 할 때 당신은 누구였을까요?

아서 나는 괜찮았을 거예요. 왜냐하면 정말로 그저 현존할 수 있었을 테고, 그래요, 그리고…… 음, 마음속에 떠오르는 대로 말하자면, 자유로웠을 테니까요.

케이티 뒤바꿔 보세요. 이것은 그 통화를 할 때, 그 상황에서, 그리고 당신의 삶에서 행복해지는 길입니다. "나는 내가……"

아서 나는 내가 나에게 게이여도 괜찮다고 말해 줄 필요가 있다.

케이티 예. 계속 뒤바꿔 보세요. "나는 내가……"

아서 나는 내가 나의 선택을 존중할 필요가 있다.

케이티 예.

아서 예. 맞아요. 나는 내가 나를 공격하거나 판단하지 않을 필요가 있다.

케이티 혹은 어머니를.

아서 나는 내가 엄마를 공격하지 않을 필요가 있다. 나는 내가 엄마를 판단하거나 엄마의 사생활을 침범하지 않을 필요가 있다.

케이티 예. 어머니의 사생활을 침범하지 마세요.

아서 왜냐하면 어머니는 무엇이든 생각하고 싶은 대로 생각할 권리가 있으니까요.

케이티 당신이 그렇듯이.

아서 예. 맞아요.

케이티 서로 다른 세계입니다. 그리고 그렇게 다른 세계를 공유하는 건 아주 좋은 일입니다. 당신이 당신의 세계를 나와 공유해도 나의 세계에 영향을 주지는 않습니다. 그럼 이제 내게는 감상할 세계가 두 개 있는 셈입니다.

아서 그래서 나는…… 와! 좋습니다.

케이티 서로 다른 행성이고, 서로 다른 태양계입니다.

아서 그건 마치……. (웃음)

케이티 어머니의 세계에서는 게이인 것이 괜찮지 않습니다. 당신의 세계에서는 게이여도 괜찮습니다.

아서 예.

케이티 저마다 전통이 다르고, 사상이 다르고, 존재 방식도 다른 세계들을 두고 왜 우리가 싸워야 할까요?

아서 예, 맞습니다.

케이티 이제 다음 5번 문장, 당신이 어머니를 어떻게 생각하느냐는 질문에 대해 뭐라고 썼는지 볼까요?

아서 세상에. 음. 여기에 쓸 때는 마음대로 내뱉으라고 말씀하셨죠. "엄마는 남의 말을 듣지 않고 함부로 비난하며, 자기 뜻대로 하지 못할 때는 잔인하게 구는 못된 년이다." 이런, 이제 어떤 뒤바꾸기가 나올지 알겠네요. (웃음)

케이티 이제 정말 중요한 것은 당신이 그 상황에 머무르는 것입니다. 왜냐하면 다음에 할 뒤바꾸기는 당신을 규정하는 것이 아니기 때문입니다. 이 뒤바꾸기는 단지 어머니와 통화하고 있는 특정한 상황에서 당신이 어떠한지를 보고, 그 상황에 잘 들어맞는지 확인해 보려는 것입니다. 새 신발을 신어 보는 것과 같습니다. "엄마와 함께 있는 그 상황에서, 나는……"

아서 예. "나는 남의 말을 듣지 않고 함부로 비난하며, 자기 뜻대로 하지 못할 때는 잔인하게 구는 못된 놈이다."

케이티 자기 자신에 대해 알아 가는 건 참 좋은 일입니다. "나는 내 뜻대로 하지 못할 때는……"

아서 예. 나는 내 뜻대로 하지 못할 때는 비열하게 구는 못된 놈이다.

케이티 당신이 어머니에 대해 비난하는 모든 것은 당신에게도 해당합니다.

아서 아니라고는 못 하겠네요.

케이티 당신은 현실로 깨어나고 있습니다. 이제, 부정은 흥미로운 것입니다. 우리가 인식하지 못하는 것은 변화시킬 수 없습니다. 그럴 수는 없습니다. 그래서 '작업'이 하는 일은 당신을 자기 자신에게 드러내 보여 주는 것입니다. 그러면 모든 것이 변하기 시작합니다. 숨겨져 있던 것들을 당신이 더 잘 알아차리기 때문입니다. 그래서 이것은 현실로 깨어나는 것입니다.

아서 맞습니다.

케이티 이제 그 문장들을 반대로 뒤바꿔 보세요. "그 통화를 할 때, 어머니는……"

아서 엄마는…… 엄마로 바꾸면 되나요?

케이티 그저 각 판단마다 반대로 적용할 수 있는 곳이 있는지를 보면 됩니다. '함부로 비난하는 못된 년'의 반대는 무엇인가요?

아서 엄마는……

케이티 이해심 많은 어머니?

아서 이해심 많은 어머니다. 예. 맞아요. "남의 말을 듣지 않는……"

케이티 남의 말을 잘 듣는.

아서 엄마는 남의 말을 잘 듣는다. 그리고 자기 뜻대로 하지 못할 때도 친절하다.

케이티 그런 뒤바꾸기들에 대해 묵상해 보세요. 그리고 타당한지 확인해 보세요. 그 뒤바꾸기가 진실하다는 의미는 아닙니다. 하지만 처음에는 그 뒤바꾸기가 진실하지 않은 것처럼 보여도, 그것이 어떤 면에서 진실한지를 알 수 있을 때까지 그 통화에 집중해 보세요. 명상해 보세요. 확인해 보세요. 그 상황에 집중해 보세요. 고통에서 해방되는 것이 당신의 목적이라면, 이게 정말 중요합니다.

아서 엄마는 잔인하지 않았다. 예. 음…… 사실 엄마는 정말, 정말 너무나 나를 사랑했고 내가 행복하기만을 원했어요. 물론 행복의 기준은 엄마만의 것이긴 했지만, 그건 누구나 마찬가지겠죠.

케이티 마지막 문장으로 가 볼까요. 당신이 다시는 경험하고 싶지 않은 것은 뭔가요?

아서 "나는 다시는 어머니에게 비난받고, 사랑받지 못하고, 공격받고, 거부당한다고 느끼고 싶지 않다."

케이티 "나는 기꺼이……"

아서 오, 와! 좋습니다.

케이티 "나는 기꺼이……"

아서 나는 기꺼이 어머니에게 비난받고, 사랑받지 못하고, 공격받고, 거부당한다고 느끼겠다.

케이티 이해가 되나요?

아서 음, 그래요. 왜냐하면 그건 내가 동성애를 두려워하지 않는다는 걸 보여 주는 시금석 같은 거니까요.

케이티 예. 그리고 그것은 당신이 여전히 자기 자신과 전쟁을 벌이고 있는 곳이 어디인지, 또 그 결과로 당신의 세계에 있는 사람들과 전쟁을 벌이는 곳이 어디인지도 알려 줍니다. 나중에 다른 '양식'에 쓴 뒤 질문해야 하는 것들도 보여 줍니다.

아서 왜냐하면 엄마는 무엇이든 말할 수 있고, 나는 마치……

케이티 도전해 볼 수 있습니다.

아서 예. 맞아요.

케이티 도전해 보세요. 조금이라도 어머니와 연결되지 않은 것처럼 느껴지면, 그것은 단지 당신이 또 하나의 '작업'을 할 필요가 있다는 의미입니다. 자, "나는 고대한다."

아서 나는 어머니에게 비난받고, 사랑받지 못하고, 공격받고, 거부당한다고 느끼기를 고대한다. 어머니에게 전화하면 그런 일이 일어날 수 있으니까요.

케이티 어머니에게 전화해서 통화하는데, 당신이 다시 그런 식으로 인식하게 되면, 또 한 번의 '작업'을 할 시간입니다. 만일 자신이 어머니를 공격하고 있다는 걸 알아차린다면, 그때는 '작업'을 할 시간입니다. 행복을 거스르고 있기 때문입니다. 자신을 포함해 누구든 공격할 때는 언제나, 자신이 원하는 것과 행복해지는 데 필요한 것을 거스르고 있는 겁니다. 그때 탐구를 하면 그렇다는 것을 분명히 알게 됩니다.

아서 정말 그랬습니다.

케이티 이제 당신이 어머니 역할을 맡아서 나와 통화하며 나를 공격해 보세요.

아서 음. 맙소사. 나는 도저히……. "너는 네 아버지가 우는 소리를 듣고 싶니? 그게 네가 원하는 거야? 너는 동성애를 하고 있어."

케이티 "나는 동성애를 하고 있어요. 하지만 아뇨, 내가 아버지를 울게 하고 싶은 건 아니에요. 나는 아버지가 괴로워하는 걸 원하지 않고, 어머니가 괴로워하는 것도 원하지 않아요."

아서 "그럼 도대체 왜 그런 걸 하는 거냐?"

케이티 "저는 이렇게 태어난걸요. 어머니를 위해서든 저를 위해서든 제가 다른 사람이 될 수는 없어요."

아서 "아니야, 예전에 너는 그런 애가 아니었다. 그건 사실이 아니야. 너는 변할 수 있어."

케이티 "보내 주신 자료는 한번 볼게요, 엄마. 나는 마음이 열려 있거든요."

아서 "얘야, 너는 지금 사귀는 남자와 함께 살면 안 돼."

케이티 "실은 그 사람을 많이 좋아해요. 그를 한번 만나 보시겠어요?"

아서 "역겹구나."

케이티 "아, 그럼 아직 서로 만날 때가 아닌가 봐요. 하지만 언제든 엄마가 준비되면."(웃음)"엄마가 그를 만날 마음의 준비가 되면, 그 사람과 함께 엄마를 만나러 가고 싶어요."

아서 "그런 녀석을 만나고 싶진 않구나."

케이티 "예. 이해해요."

아서 와! 좋네요. 아······. 모르겠어요. 엄마가 뭐라고 말할지 짐작이 안 돼요. 음.

케이티 어머니가 무슨 말을 하는 게 두려운가요?

아서 "네가 내 인생을 망쳐 버렸어."

케이티 "어떻게 하면 제가 그걸 바로잡을 수 있을까요?"

아서 "게이 노릇을 그만두면 돼."

케이티 "엄마, 제가 해 드릴 수 없는 딱 하나가 그거예요."

아서 "왜 안 된다는 거냐?"

케이티 "저는 게이니까요."(웃음)

아서 그럼 아마 엄마는 "아니, 넌 게이가 아니야"라고 말할 거에요.

케이티 그럼 나는 어머니의 세계, 어머니의 괴로움, 어머니의 믿음들을 귀 기울여 듣고, 어머니와 내가 공유하는 것과 공유하지 못하는 것들이 무엇인지 경청할 겁니다.

아서 예. 그래요.

케이티 "엄마가 이걸 받아들이기 힘들다는 건 이해해요. 나도 한동안 많이 힘들었거든요. 아버지가 울고 싶은 심정이라는 것도 잘 알아요. 엄마가 나와 얘기하고 싶으면 언제든 연락하세요."

아서 참 다정하네요.

케이티 나는 이것을 당신이 '양식'에 쓴 글에서 배웠습니다.

아서 감사합니다.

케이티 우리의 마음을 '양식'에 쓰고 질문하면, 그 마음은 우리가 현실로 깨어나게 해 주고, 두려움과 혼란이 아니라 사랑으로 사는 법을 보여 줍니다. 잘했어요, 허니. 아주 잘했어요. 고마워요. 당신을 돕는 건 내게 특권입니다.

아서 정말 고마워요, 케이티.

케이티 정말 고마워요. (박수갈채) (청중에게) 어머니가 돌아가신 분들도, 어머니가 이미 돌아가셨어도 어머니에 대한 '작업'을 할 수 있습니다. 너무 늦은 때는 없습니다. 어머니에 대해 '작업'을 하고, 어머니와 전에는 가지지 못했던 관계를 맺을 때, 어머니가 꼭 살아 계실 필요는 없습니다. 그것은 비단 어머니뿐만 아니라 여러분이 아직 용서하지 못한 모든 사람에게도 해당합니다. 모든 인간, 모든 고양이, 개, 나무, 물건—어느 누구, 어느 무엇과도 분리되는 것은 우리의 가슴을 거스릅니다. 그런 사람이나 사물이 괜찮지 않은 때는 오로지 그들이 괜찮지 않다고 당신이 믿을 때뿐입니다. 그래서 나는 당신이 그들에 대해 믿고 있는 생각을 종이에 쓰도록 계속 초대합니다. 당신이 믿는 생각에 대해 질문하는 것은 자기 자신에게 주는 굉장한 선물입니다. 당신은 살면서 매일 그 선물을 받을 수 있습니다. 대답은 늘 당신의 내면에 있으며, 당신이 듣기를 기다리고 있습니다. '작업'은 철학이 아닙니다. 어떤 것도 아닙니다. 단지 네 개의 질문과 뒤바꾸기일 뿐입니다. '작업'을 하는 데 필요한 것은 오직 열린 마음뿐입니다.

13
이름 너머의 세계

수보리가 여쭈었다. "스승님, 이 경전을 뭐라고 불러야 합니까? 어떻게 이 경전의 가르침을 체화하고 그에 따라 살아야 합니까?"

부처님께서 말씀하셨다. "이 경전은 금강반야바라밀경이라 한다. 이 경전이 모든 무지와 망상을 잘라 낼 수 있기 때문이다. 그대들은 그 이름을 마음에 간직하고, 이 경전의 가르침을 체화하여 그에 따라 살아야 한다. 그런데 수보리야, 부처가 전해 준 가르침이 있느냐?"

"아닙니다, 스승님. 부처님께서 전해 주신 가르침은 없습니다."

"수십억 개의 세계로 이루어진 세계에 원자가 얼마나 많겠느냐?"

"헤아릴 수 없이 많습니다."

"부처는 원자는 원자가 아니며 이름이 '원자'일 뿐이라고 가르친다. 부처는 세계는 세계가 아니며 이름이 '세계'일 뿐이라고 가르친다.

수보리야, 어느 착한 남자나 여자가 갠지스 강의 모래알같이 많은 생애를 바쳐서 보시하고, 다른 사람은 이 경전을 듣고 그 가르침을 진실로 깨달은 뒤 체화하여 그에 따라 산다면, 두 번째 사람의 공덕이 훨씬 더 클 것이다."

　다이아몬드가 어떤 물체든 자를 수 있듯이, 탐구는 스트레스를 주는 모든 생각, 마음의 모든 무지와 망상을 잘라 낼 수 있습니다. 탐구는 망상을 잘라 내는 확실한 방법입니다. 자기 깨달음은 붓다에게서 붓다에게로 부어집니다. 그것은 우리 안에 이미 현존합니다. 우리가 고요 속에서 받아들이고 경청하고 이해하기 전에는 알려지지 않을 뿐입니다.

　진실로 붓다에게는 전해 줄 가르침이 없습니다. 붓다는 자기를 깨달은 대답된 질문으로서 자아 없이 삽니다. 붓다는 함 없이 합니다. 그는 말없이 가르칩니다. 말로 표현된 것은 이른바 과거라고 불리는 환상의 세계에만 존재할 수 있습니다. 따라서 만일 붓다가 가르친다면, 그는 없는 것만을 가르칠 수 있으며, 그럴 때 그는 전혀 붓다가 아닐 것입니다. 붓다가 진실로 가르치는 것은 침묵 가운데 일어납니다.

　앞에서도 그랬듯이, 이 장에서 붓다는 이름들은 실재하는 것이 아니라고 말합니다. '원자'도 '세계'도 실재하지 않는 것은 그 때문입니다. 그것들은 단지 '지금은 아닌 것(not-now)'들을 가지고 노는 마음의 유희일 뿐이며, 그러므로 '아닌 것(not)'들입니다. 그것들은 꿈 세계에서는 '세계'이고 '원자'이지만, 참되게 보이는 세계에서는 '아닌 것'들입니다. 우리가 어떤 것을 무엇이라고 부르든 그 이름은 그것 자체가 아닙니다. 사물을 창조하는 것은 이름이며, '무한한 것'은 이름으로 인해 조각조각 나뉘게 됩니다. 마치 부분들이 있을 수 있는 것처럼, 마치 각 부분은 전체가 아닌 것처럼.

궁극의 욕망은 존재하지 않으려는 욕망입니다. 그 욕망은 마음이 참된 자기로, 이름이 붙기 전의 자기로, 나도 남도 없는 그곳으로 돌아가는 길입니다. 마음은 어떤 것도 없으면 아예 아무것도 없을까 봐 두려워합니다. 어떻게 아무것도 없을 수 있겠어요? 아무것도 없음(nothing)이란 단지 어떤 것(something)의 다른 이름일 뿐인데요. 마음은 자신이 존재한다고 믿을 때, 자신이 소멸될 수 있다는 것도 믿습니다. 존재와 소멸이란 얼마나 터무니없는 반대말인가요! '모르는 마음(don't know mind)'은 이름을 붙이지 않고, 두려워하지 않으며, 통제하거나 예견하고 싶어 하지 않습니다. 그리고 다음 발걸음이 반드시 어딘가를 디딜 것이고, 그다음 발걸음도 다른 어딘가를 디딜 것이며, 우리의 발이 우리를 가야 할 곳으로 데려갈 것임을 절대적으로 신뢰하며 그 순간의 낭떠러지 밖으로 발을 내딛습니다. 말을 믿지 않으면 두려워할 것이 없습니다. 두려움은 우리가 어떤 말을 믿을 때만 생겨나고, 그 말에 대한 믿음은 그전에 믿은 말들이 조합된 것입니다. 누가 처음 이런 혼란을 시작했나요? 당신이 그랬습니다. 누가 그것을 끝낼 수 있나요? 오직 당신뿐입니다.

––––––––

탐구는 어떻게 망상을 잘라 내나요?

탐구는 괴로움의 뿌리까지 잘라 내어 괴로움을 끝냅니다. 진지하게 질문하면, 스트레스를 주는 생각은 계속 남아 있지 못합니다. 하나의 생각에 몹시 집착하는 사람이나, '작업'의 질문 2("그게 진실인지 확실히 알 수 있나요?")에 확고하게 '예'라고 대답하는 사람이라도 이어지는 질문들에 대해 명상을 하면 더 깊이 들여다볼 기회를 얻게 됩니다. 그들은 질문 3("그 생각을 믿을 때 당신은 어떻게 반응하나요? 무슨 일이 일어나나요?")에 대답할 때, 그 생각이 괴로움을 일으키는 것을 정확하고 자세히 깨달을 수 있습니다. 그리고 질문 4("그 생각이 없다면 당신은 누구일까요?")에 대답하면서, 그 생각을 믿지 않을 때 혹은 그 생각을 아예 할 수도 없을 때는 세상이 어떻게 보이는지 알 수 있습니다. 그 뒤 원래 생각을 뒤바꿔 보면, 뒤바꾼 생각이 원래 생각만큼 진실하거나 더 진실할 수도 있음을 경험할 수 있습니다. 하나의 생각에 대해 이렇게 철저히 질문하면, 그 생각은 괴로움을 일으키는 힘을 잃게 됩니다.

당신은 궁극의 욕망은 존재하지 않으려는 욕망이라고 말합니다. 영적 소망은 일종의 자살이라는 의미인가요?

예, 당신이 자기라고 믿는 '당신'인 에고에게는 그렇습니다. 사람들은 대개 특정한 몸을 자기라고 여깁니다. 그들은 거울을 보면서 "저게 나야"라고 말합니다. 하지만 몇몇 사람은 자신은 육체가 아니라는 것을 언뜻 알게 되고, 그 사실에 겁먹지 않으면 자신이 진정 누구인지를 발견하고 싶어 할 수 있습니다. 그러므로 하나의 분리된 에고로서 존재하지 않으려는 욕망은 곧 거짓된 정체성에서 벗어나려는 욕망입니다. 그것은 꿈의 세계가 사라지기를 바라는 갈망입니다. 몸을 죽이는 육신의 자살로는 이 문제를 해결할 수 없습니다. 몸은 애초에 당신이 아니기 때문입니다. 특정한 대상을 움직이지 못하게 만든다고 해서 에고를 죽일 수는 없습니다. 맑은 마음은 비록 몸이 멈추어도 마음은 멈추지 않음을 알고, 그러므로 탐구할 것이 없어질 때까지 여전히 탐구할 것이 있음을 압니다.

진지하게 질문하면
스트레스를 주는 생각은
계속 남아 있지 못합니다.

14장
아무것도 우리 것이 아니다

이런 말씀을 들을 때 수보리는 감동하여 눈물을 흘렸다. 그는 부처님께 말씀드렸다. "스승님, 저희에게 이런 가르침을 주시니 지극히 귀한 영광입니다. 오래전 제가 깨친 이후로 이처럼 심오하고 직접적인 가르침은 들은 적이 없습니다. 스승님, 만일 어떤 사람이 열린 마음으로 이 경전을 들을 수 있다면, 그런 사람은 틀림없이 현실에 대한 통찰을 얻고, 모든 관념을 넘어 모든 것을 있는 그대로 볼 것입니다. 그런 사람은 지극한 존경을 받을 만합니다. 저는 부처님의 가르침을 이해하고 깊이 감동하였습니다. 하지만 지금으로부터 수천 년 뒤에 만일 열린 마음을 가진 사람이 이 경전을 듣고 그 가르침을 진실로 깨닫고 체화하며 그에 따라 산다면, 그는 매우 드문 사람일 것입니다. 그런 남자 혹은 여자에게는 실재하지 않는 '나'와 '남'이라는 관념이 없을 것입니다. 모든 관념에서 해방된 사람을 '부처'라고 부릅니다."

부처님께서 말씀하셨다. "그렇다, 수보리야. 정말로 그렇다. 만일 어떤 사람이 이 경전을 듣고서 그 가르침을 두려워하거나 싫어하지 않는다면, 실로 그는 매우 드문 사람이다.

수보리야, 부처가 최고의 영적 품성이라고 하는 것은 사실 최고의 영적 품성이 아니며, 이름이 '최고의 영적 품성'일 뿐이다. 한 예로 내가 가르치는 인내의 품성은 사실 인내가 아니다. 나의 전생에 가리왕[1]이 내 몸을 갈가리 찢었을 때 나는 '나'와 '남'이라는 관념에 집착하지 않았으므로 인내하거나 용서할 필요가 없었다. 만일 나의 몸이 갈가리 찢길 때 내가 '나'와 '남'이라는 관념에 집착했다면, 내 안에서 왕을 향한 분노와 증오가 일어났을 것이다. 인내를 수행하는 고행자로서 오백 번의 생애를 사는 동안, 나는 '나'와 '남'이라는 관념이 없었으므로 인내가 필요하지 않았다.

보살이 할 일은 오로지 모든 관념에서 해방되고 자유의 열망을 기르는 것뿐이다. 보살은 모습, 소리, 냄새, 맛, 촉감, 다른 특성 등 자신이 지각하는 것으로 인해 일어나는 관념에 마음이 머물지 않게 해야 한다. 마음은 그 안에서 일어나는 어떤 생각에도 의지하지 않아야 한다. 무엇에든 의지하는 마음은 편히 쉴 곳이 없다.

수보리야, 보살은 모든 중생을 위해 보시하고자 할 때, 보시는 사실 보시가 아니며 중생은 중생이 아님을 깨달아야 한다. 보살이 이를 깨달을 때 모든 중생을 이롭게 하는 보시를 할 수 있을 것이다.

나의 가르침은 참되고, 나의 가르침은 거짓이 없으며, 나의 가

---

1 부처의 전생 전설에서, 가리왕이 첩들을 데리고 사냥하러 갔는데, 첩들이 길을 벗어나 숲속으로 들어갔다. 거기에는 고행자인 (후에 붓다로 환생할) 크샨티가 앉아 명상하고 있었다. 그의 평온함에 넋을 잃은 왕의 첩들은 그의 발밑에 꽃을 바쳤고, 크샨티는 그들에게 인내에 대해 가르쳐 주기 시작했다. 나중에 그들을 발견한 가리왕은 질투심에 사로잡혀 격노했고, 크샨티의 인내심을 시험하고자 그의 손을 잘랐고, 다음에는 발을 잘랐으며, 귀와 코까지 잘랐다. 그렇게 고문을 당하는 동안에도 크샨티는 동요하지 않았고 그의 가슴에는 분노의 기미조차 일어나지 않았다. 이 모습을 본 가리왕은 잘못을 뉘우치고 크샨티에게 용서를 빌었다.

르침은 실제 있는 그대로를 가리킨다는 것을 너는 이해해야 한다. 이 가르침에는 정확하지 않은 것이 없다. 나아가 너는 내가 얻은 진리가 진실도 아니고 거짓도 아님을 이해해야 한다.

수보리야, 만일 보살이 관념들에 집착하면서 보시만 실천한다면, 그는 마치 캄캄한 어둠 속을 걷는 사람과 같다. 만일 보살이 아무 관념도 없이 보시한다면, 그는 환한 햇빛 아래에서 눈을 크게 뜨고 모든 것을 있는 그대로 분명히 보는 사람과 같다. 후세에 열린 마음을 가진 남자와 여자가 이 경전을 듣고 그 가르침을 진실로 깨닫고 체화하여 그에 따라 산다면, 나는 그들을 온전히 알고, 그들 한 사람 한 사람을 알아볼 것이며, 그들은 가장 깊은 존경을 받아 마땅할 것이다."

———————

여기에서 붓다는 10장에서 "보살은 어디에도 머물지 않는 마음을 내야 한다"고 말했던 진실을 다른 방식으로 말하고 있습니다. "마음은 그 안에서 일어나는 어떤 생각에도 의지하지 않아야 한다. 무엇에든 의지하는 마음은 편히 쉴 곳이 없다." 모든 것을 있는 그대로 볼 수 있으려면, 내가 '1세대 생각'이라고 부르는 것, 즉 아무것도 덧붙이지 않은 하나의 명사—예를 들어 '나무', '하늘', '탁자', '의자'—로만 생각해야 합니다. 하지만 우리는 나무, 하늘, 탁자, 의자라는 단어에 대해서도 질문해 봐야 합니다. 왜냐하면 그 단어가 가리키는 것도 순수한 상상일 뿐이기 때문입니다. 그러므로 우리가 그것을 탁자라고 부르지만, 그것은 탁자가 아닙니다. 또 우리가 그것을 나무라고 부르지만, 그것은 나무가 아닙니다. 그것을 어떤 이름으로 불러도, 그 이름은 우리가 부르는 것이 되지 않습니다.

어떤 것도 궁극적으로는 진실이 아닙니다. 질문할 수 없는 것은 아무것도 없습니다. 마지막 현실은 '현실이 없다'는 것이며, 나는 당신에게 그마저도 넘어가라고 권합니다. 당신은 어떤 의지처도, 정체성도, 자아도 찾을 수 없습니다. 그런데 그곳이 안전한 자리입니다. 확실한 안식처입니다.

마음이 무엇에든 의존하면 '나는 알아' 하는 마음이 됩니다. 그것은 외견상 시간과 공간 안에서 마구 움직이는 에고입니다. 그 에고는 끊임없이 자신을 규정하려 하고, 언제나 자신의 판단이 참되고 자신의 세계 전체가 실재한다는 걸 증명하려 합니다. 그런데 마음의 유일한 출구는 마음 안에 있습니다. 그것은 마음속의 마음, 붓다 마음, 자아라는 환상에 응답하는 마음입니다. 그 환상에 질문을 하면 그것은 더는 존재할 수 없습니다. 그것은 불합리하고 이상하고 전혀 제정신이 아닌 것처럼 보입니다.

전생에 고문받은 이야기에서 붓다는 잘려 나가는 손, 발, 귀, 코가 자신의 것이 아니라는 사실에 깨어 있었습니다. 몸은 그의 몸이 아니었습니다. 누구의 몸도 아니었습니다. 붓다는 몸이 상상된 것임을 깨달았습니다. 그래서 분노나 증오를 일으키는 생각이 그 안에서 일어나지 않았습니다.

나는 고문을 받지는 않았지만 폭력적인 사람들에게 위협을 받은 적은 여러 번 있었습니다. 그래서 우리가 외견상 위험에 처했을 때도 현실에 뿌리내리고 있을 수 있음을 압니다. 내 마음에게 그것은 인내의 문제가 아니며, 알아차리고 목격하고 현실과 연결되어 있느냐 하는 문제입니다.

예를 들어, 1986년이나 87년 초에 나는 어느 여성과 '작업'을 하고 있었습니다. 캔자스 시에 살고 있던 그녀는 나를 찾아와서 며칠 동안 우리 집에 머물고 있었습니다. 그녀는 만성 통증 때문에 괴롭다고 말했습니다. 그녀가 떠나던 날, 나는 그녀를 안아 주었습니다. 그러자 그녀는 어떤 충격이 몸을 뚫고 지나갔다면서 "세상에, 통증이 없어졌어요!"라고 말했습니다. 그녀는 펑펑 울면서 내가 위대한 치유자라고 말했습니다. 하지만 나는 그녀에게 얘기했습니다. 무슨 일이 일어났든 그건 그녀가 내게 그런 역할을 아주 강력하게 투사했기 때문이며, 모두 그녀가 한 일이라고, 그녀를 치유한 사람은 그녀 자신이라고……. 그 후 그녀는 계속 비행기를 타고 그녀의 집과 내가 살던 바스토우를 왕래했고, 우리 집에서 지내며 많은 시간을 나와 함께 보냈습니다. 그렇게 몇 달이 지났습니다.

그 뒤 어느 날 그녀의 남편이 우리 집 현관에 나타났는데, 몹시 분노하고 있었습니다. 나는 그를 집 안으로 초대했습니다. 그는 거실에 서서 큰소리로 나를 비난하기 시작했고 고래고래 고함을 질렀습니다. 그는 아내가 다시는 우리 집에 오지 못하도록 방문을 금지했다고 말했습니다. 또 그녀가 나에게 점점 더 강박적으로 집착하게 되었다고, 어떤 식으로든 내가 그녀의 마음을 지배하고 있는 게 틀림없다고, 그녀가 그의 말을 듣지 않았고 그보다 나를 훨씬 더 사랑한다고 했습니다. 그러더니 거실에서 왔다 갔다 하기 시작했습니다. 그는 덩치가 큰 사람이었는데, 만화영화에 나오는 인물처럼 양팔을 휘저으며 소리쳤습니다. 이따금 그의 얼굴을 내 얼굴 앞에 바싹 들이대고 비난을 퍼부었는데, 그럴 때면 그가 거칠게 내뱉는 숨이 느껴졌습니다. 내가 본 것은 아내를 더는 통제하지 못하게 될까 봐 겁을 먹은 남자, 두려움으로 제정신이 아닌 남자였습니다. 나는 그의 두려움은 이해하지만, 나를 만나러 오는 그의 아내를 혹은 다른 누구라도 그 때문에 돌려보내지는 않겠다고 말했습니다.

그러자 그는 내가 그의 아내를 다시 만나면 나를 죽여 버리겠다고 협박했습니다. 그의 말을 들을 때 나는 깊이 고요했습니다. 정체성이 있는 마음이라면 그런 폭언을 위험한 것이라고 해석했을 것입니다. 하지만 그런 의미를 걷어 버리면, 그는 거센 바람 속에서 가지들이 이리저리 흔들리는, 강하고 잘 휘고 아름다운 나무 한 그루 같았습니다. 실제로는 오직 한 남자가 주의 깊게 그의 말을 경청하는 사람과 그의 두려움을 나누고 있는 것뿐이었습니다. 그는 자신이 캔자스 시의 경찰이라서 나 같은 사람을 다루는 법을 잘 안다고 하면서, 지금 당장 나를 죽이지 않으면 나중에라도 꼭 죽이겠다고 했습니다. 나는 "이해해요"라고 말했습니다. 이 말이 그를 더 화나게 했습니다. 그는 나와 내 아이들이 집에 있을 때 우리 집을 불태워 버리고 우연한 사고처럼 위장하겠다고 말했습니다. 언제 그런 일이 일어날지 전혀 알 수 없으니 그걸 막을 수도 없을 거라고 했습니다. 틀림없이 그는 몹시 혼란스럽고 심한 괴로움을 겪고 있었습니다. 내가 할 수 있는 일은 아주 깊은 수준에서 끊임없이 그와 연결되는 것뿐이었습니다. 왜냐하면 내가 연결하고 있는 대상은 나 자신의 자아였고, 그가 위협할 때 내 안의 사랑이 확장되는 것을 느꼈기 때문입니다. 외부의 '그'는

216

없었고, 그 모두가 나였습니다. 나는 "정말 이해해요"라고 말했습니다. 이번에는 이 말을 듣고 그가 나를 바라보았고, 곧 그의 온 얼굴이 부드럽게 풀리더니 그의 몸이 덜덜 떨리기 시작했습니다. 그는 내 품에 안기며 흐느껴 울었습니다. 나는 그를 한동안 안고 있었고, 그 뒤 그와 그의 아내를 집 밖으로 데리고 갔습니다. 그 후로 두 사람은 다시 돌아오지 않았습니다.

그 장면을 옆에서 본 사람이 있었다면 아마 내가 잘 인내했다고 말했겠지만, 사실 나는 그 남자가 위협했던 대상—케이티라는 이 사람—이 결코 해를 입을 수 없음을 알고 있었을 뿐입니다. 그 시간 내내 나는 그의 불행과 혼란, 그리고 움직일 수 없는 것을 직면한 그의 분노를 지켜보고 있었습니다. 나는 단 하나에만, 그의 마음에만 귀를 기울이고 있었습니다. 그의 마음은 내 마음의 일부이며, 내 마음과 분리되어 있지 않았습니다. 그의 마음을 인내하지 못했다면, 그것은 나 자신의 마음을 인내하지 못하는 것과 같았을 것입니다.

그런 이유로 탐구를 할 때는, 특히 초보자에게는 명상과 고요함이 아주 중요합니다. 만일 '작업'을 할 때, 기분이 나빴거나 화가 났던 상황에 대해 명상하면서, 하나의 질문마다 5분이나 10분, 또는 그 이상 시간을 들여 천천히 탐구할 수 있으면, 점차 그것이 마음의 경향이 되어 자연스럽게 경청하는 상태가 됩니다. 그러면 탐구를 통해 당신에게 진실하지 않은 것, 맑은 마음이 아닌 것을 정리하여 원래 상태로 돌아갈 수 있습니다. 알아차림(앎)은 어떤 요령이나 특별한 종류의 사고가 아닙니다. 단지 잘 정리되어 원래 상태로 돌아간 에고일 뿐입니다.

어째서 어떤 사람은 금강경의 가르침을 듣고서 두려워하거나 싫어할까요?

에고는 늘 살아남으려 싸우고 있습니다. 당신이 한 명의 '당신'으로서 존재하지 않는다는 말, 당신이 몰두해 온 정체성 전체가 환상일 뿐이라는 말을 들으면, 두려워하거나 화가 날 수도 있습니다. 그것은 당신이 이해하는 세계의 종말이며, 시간과 정체성과 육신의 종말입니다. 물론, 당신이 진실보다 다른 것을 더 가치 있게 여기는 한, 에고는 당신을 자기 상상의 세계로 끊임없이 다시 데려갈 것입니다. 하지만 한번 에고를 이해하면, 에고는 다시는 자신이 존재한다고 믿을 수 없게 되며, 따라서 당신은 어떤 진실이나 비(非)진실 때문에 두려워하거나 화가 날 수 없습니다.

'작업'을 할 때 모든 사람이 비약적으로 발전하는 건 아닙니다. 여기서 끈기는 얼마나 중요한가요?

'작업'은 실천입니다. 나는 사람들에게 날마다 '작업'으로 아침 식사를 하고, 좋은 하루를 보내라고 권합니다. 당신이 가장 깊은 깨달음을 경험했더라도 여전히 알아차림을 실천할 필요가 있습니다. 왜냐하면 아주 오래된 생각들이 당신 안에서 계속 일어날 것이고, 당신이 아무리 깨달았다 해도 그런 생각들에 질문하지 않으면 그 생각들이 당신을 지배할 것이기 때문입니다. 나의 경우, 주된 생각은 "어머니는 나를 사랑하지 않아"였습니다. 나는 그 생각에 대해, 그리고 그 생각이 변형된 수십 가지 생각에 대해 꼬박 일 년 동안 매일 '작업'을 했습니다. 그 생각들이 떠오르면 종이에 썼고, 하나의 생각마다 '작업'의 네 가지 질문과 뒤바꾸기를 이용해 몇 시간 동안, 때로는 며칠 동안 명상했습니다. 나는 사람에 대해 '작업'하는 게 아니라 관념에 대해 '작업'하고 있다는 걸 알았습니다. 그리고 어머니에 대한 관념들을 조사하고 나자, 모든 사람과 모든 것에 대한 내 모든 관념이 해결되어 사라졌습니다.

매일 혹은 적어도 정기적으로 '작업'을 계속하려면 인내와 끈기가 필요합니다. 진심으로 괴로움을 끝내고 싶어 하는 사람들은 그런 인내와 끈기를 발휘할 수 있습니다. 스트레스를 주는 생각에 질문하는 것은 어려울 수 있지만, 그런 생각에 질문하지 않으면 삶이 훨씬 더 힘듭니다. '작업'에 관심을 가지는 사람들은 처음에는 '작업'을 할 때도 있고 하지 않을 때도 있습니다. 하지만 매일 아침 식사처럼 '작업'을 하도록 노력하면, 당신 안에서 '작업'이 깨어나기 시작합니다. 이제는 당신이 '작업'을 하는 게 아니라 '작업'이 당신을 합니다. '작업'은 마치 숨을 쉬듯이 자연스럽게 저절로 이루어집니다.

'작업'은 어떤 생각을 '생각하는 것'과 그 생각을 '믿는 것' 사이로 개입하는 길입니다. 스트레스를 주는 생각에 대해 '작업'을 하면, 그 생각이 진실이 아니라는 것을 알고 놀랄 수 있습니다. 당신은 잘못된 믿음 때문에 자기 자신을 힘들게 했고, 종종 반려자까지 힘들게 했습니다. 그런데 이제 당신은 그 생각의 원인과 결과를 알게 되고, 정확히 어떻게 그 생각이 당신을 지배하는 힘을 갖게 되고 괴로움을 초래하는지 자세히 알게 됩니다. 그뿐만이 아닙니다. 한 생각에 대해 '작업'함으로써, 그 생각이 없다면 당신이 누구일지―당신이 누구인지

—를 깊이 알게 됩니다. 반전은 즉각 일어날 수 있습니다. 나는 사람들의 삶, 인간관계, 건강 문제, 재정 문제가 5분이나 10분, 15분 만에 180도 바뀌는 것을 계속 목격하고 있습니다. 그들이 오랫동안 믿었던 생각이 진실하지 않음을 깨달았다는 이유만으로……. 마음이 열린 사람이면 누구나 그렇게 할 수 있습니다. 그러면 믿을 수 없이 자유로운 기분을 느끼게 됩니다. 만일 즉각 그렇게 되지 않는다면—더 많은 탐구와 노력이 필요하다면—그것은 또한 그래야만 하는 대로이며, 그것도 아주 좋은 일입니다.

어떻게 하면 일상생활을 하면서 '작업'을 할 수 있을까요?

그냥 하면 됩니다.

하지만 삶에는 어려운 인간관계와 힘든 순간이 아주 많습니다. 어떻게 하면 이런 탐구의 삶을 계속 살아갈 수 있을까요?

'작업'을 하세요. 그러면 자연히 당신의 인식이 변합니다. 일부러 뭘 어떻게 할 필요가 없습니다. 당신의 마음이 변하면, 당신이 인식하는 세계도 변합니다. 세계는 당신의 투사이기 때문입니다. 스트레스를 주는 생각에 질문할 때마다 당신은 더 맑고 더 친절한 사람이 됩니다. 자신이 그렇게 변하는 걸 알아채지 못할지도 모릅니다. 하지만 달이 가고 해가 감에 따라 조금씩 조금씩 당신의 삶이 더 단순해지고, 전에는 있는 줄도 몰랐던 지극한 평화 속에 마음이 자리 잡게 됩니다. 인간관계도 더 수월하고 행복해집니다. 당신의 적이 실은 친구라는 것을 알게 되고, 당신을 힘들게 했던 사람들이 실은 힘들게 하는 게 아님을 깨닫게 됩니다. 당신을 힘들게 했던 것은 바로 당신의 마음이었습니다. 그리고 당신의 마음이 더 맑아질수록 그 마음은 더 친절한 우주를 투사하며, 마침내 어느 날 문득 알아차리게 됩니다. 당신에게 오랫동안 문제가 없었음을.

당신은 어머니에 관해 얼마나 오랫동안 '양식'을 썼나요? 마지막으로 '양식'을 쓰고 질문한 것은 언제였나요?

내가 정확히 얼마 동안 어머니에 대한 '작업'을 했는지는 기억이 나지 않습니다. 일 년쯤이었던 것 같습니다. 그 후로는 '양식'을 쓰지 않았습니다. 나에게 문제가 없었기 때문입니다. 그다음에 또 스트레스를 주는 생각이 일어났는지는 기억나지 않습니다. 하지만 그런 생각이 일어나면, 그것은 내 안에 살고 있던 무언의 질문의 빛 속에서 사라졌습니다. 그런 생각이 일어나면, 그 생각은 질문을 만나서 즉시 정체가 밝혀지고, 그런 깨달음 속에서 그 생각은 해결됩니다. 하지만 만일 오늘이라도 어떤 문제가 생긴다면, 나는 주저 없이 그 문제를 종이에 쓸 것이고, 그 생각이 마음에 일으키는 삶의 대단한 환상에 대해 명상할 것입니다. 마음은 위험한 것이 아닙니다. 오직 우리가 마음에 집착할 때만 고통이라는 허구의 세계가 나타납니다.

마음의 유일한 출구는
마음 안에 있습니다.

15장
집으로 돌아오기

부처님께서 말씀하셨다. "수보리야, 착한 남자나 여자가 아침에 갠지스 강의 모래알만큼 많이 보시하고, 낮에도 그만큼 많이 보시하고, 저녁에도 그만큼 많이 보시하며, 헤아릴 수 없이 많은 생애를 거듭하는 동안 계속 그렇게 보시한다고 하자. 또 다른 사람이 열린 마음으로 이 경전의 말씀을 듣고 가슴에 새긴다고 하자. 이 사람의 공덕이 앞사람의 공덕보다 훨씬 더 클 것이다. 그렇다면 이 경전을 온전히 체화하여 그대로 사는 사람의 공덕은 얼마나 더 크겠느냐!

요컨대, 이 경전은 상상할 수 없고 헤아릴 수 없을 만큼 한없이 귀중하며, 부처는 이 경전을 이해할 수 있을 만큼 원숙한 사람에게 가르친다. 이 경전의 가르침을 깨닫고 체화하여 그대로 살 수 있는 사람은 부처와 같은 자리에 서게 되며, 어디를 가든 부처의 깨달음을 지니고 있을 것이다. 그들은 우주의 모든 존재에게 가장 깊은 존경을 받을 만하다."

———————

모든 생각은 생각이 시작된 곳으로 돌아갑니다. 어떤 생각이든 마

223

찬가지입니다. 그리고 아무리 심한 망상이라도 붓다는 그 생각을 알아보고, 그 생각을 다시 탐구로 데려갑니다. 이는 마치 붓다가 생각들을 거대한 깔때기에 넣으면, 모든 생각이 소용돌이치며 깔때기를 따라 내려가서 가장 단순한 요소가 되어 사라지는 것과 같습니다.

그 과정에서 붓다는 같은 일을 거듭거듭 되풀이합니다. 그는 같은 일을 되풀이할 필요가 있습니다. 세상에 고통처럼 보이는 것이 있는 한, 붓다는 자신이 쓸 수 있는 모든 수단을 동원하여 사람들이 고통을 끝내도록 돕습니다. 고통이 붓다들을 생겨나게 합니다. 고통이 없는 곳에는 붓다가 없습니다. 붓다가 존재할 이유가 없기 때문입니다. 붓다의 마음에는 사실 붓다가 존재하지 않습니다. 붓다 마음이란 단순히 자기 자신에게 돌아온 마음입니다. 그것은 마음이 자기의 참된 본성으로 돌아오도록 인도한 마음입니다.

이 단락에서 같은 말을 반복하는 붓다는 마치 저녁에 집 앞에 나와서 밥 먹으라고 아이를 부르는 어머니 같습니다. "집에 돌아오렴! 저녁 먹을 시간이야! 들어와, 어서 들어와!" 아이는 거리에 나가 노느라 정신이 팔려 있습니다. 넘어지고 무릎이 까지고 싸웠을지도 모릅니다. 어쩌면 어둠 속에서 길을 잃어 겁을 먹고 있을지도 모릅니다. 그런데 그때 멀리서 자기 이름을 부르는 어머니의 목소리가 들립니다. 이제 아이는 어디로 가야 하는지 압니다. 붓다는 그런 어머니처럼 집 앞에 서서 아이를 기다리며 아이의 이름을 계속해서 부르고 또 부릅니다. 붓다는 자신이 어둠 속에서 길을 잃었을 때를 기억하고, 길을 잃고 헤맨다는 것이 무엇이고 발견된다는 것이 무엇인지를 분명히 이해합니다. 그는 귀 기울여 듣는 사람을 늘 부르고 있습니다. 붓다는 한 명의 길 잃은 아이를 위해 천 년이라도 기다립니다.

질문된 마음은 본성이 친절하며, 자기 자신과 절대로 다투지 않습니다. 마음의 본성과 다른 것—부정적인 관념, 방어하거나 거부하거나 저항하는 생각—이 나타날 때, 마음은 자기의 깨달은 자아로부터 분리되어 나갑니다. 그 마음은 자기 아닌 것을 자기 자신으로 여기게 되고, 자기 아닌 것이 되기 위해, 결코 될 수 없는 어떤 무엇이 되기 위해 애를 씁니다. 마음이 자기 아닌 다른 것을 자기 자신이라고 여기는 순간, 그것은 하나의 것, 하나의 몸, 하나의 '나'로서 갇히게 됩니다. 반면에 자신의 본성을 이해할 때, 마음은 중단 없이 흐르는 기쁨이 됩니다. 마음이 어떤 것을 창조하는 것처럼 보일 때 마음은 지켜보지만, 그 어떤 것을 결코 자기 자신으로 여기지 않습니다. 마음은 가질 것도 없고 될 것도 없음을 깨닫습니다. 마침내 마음은 자기가 시작이고 끝임을, 자기는 태어난 적이 없으며 죽을 수도 없음을 깨닫습니다.

평화는 초대받을 때만, 당신이 초대할 때만 옵니다. 평화가 당신의 목표라면, 탐구에 오신 걸 환영합니다. 위대한 경전들은 '무엇'—자유롭다는 것이 무슨 의미인지—을 설명합니다. '작업'은 '어떻게'를 말합니다. 깨어난 마음으로 곧장 들어가는 길을 알려 줍니다. 어떤 이들은 자기의 문제가 무엇인지를 파악하려 애쓰며 몇 년을 소비합니다. 하지만 '작업'을 하게 되면, 문제가 무엇인지 파악하지 않아도 됩니다. 당신은 자기의 문제가 무엇인지—스트레스 주는 생각을 믿는 것이 문제임을—이미 알고 있습니다. 어떤 생각이 스트레스를 주는지 알 필요도 없습니다. 그저 맨 처음 떠오르는 생각을 고르기만 하면, 그것이 당신의 문제입니다. 그리고 당신의 생각에 질문하면, 당신에게 문제였던 것이 아무것도 아닌 것으로 밝혀집니다.

당신은 붓다가 "길을 잃고 헤맨다는 것이 무엇이고 발견된다는 것이 무엇인지를 분명히 이해합니다"라고 말합니다. 당신은 오랫동안 길을 잃고 헤맸는데, 누가 당신을 발견했습니까?

'내'가 발견했습니다. 그 뒤 나는 이 생각에 대해서도 질문을 했습니다.

당신은 "질문된 마음은 본성이 친절하다"고 말합니다. 다른 사람에 대한 친절과 자기 자신에 대한 친절은 어떻게 구별되나요?

내가 당신에게 친절한 행동을 할 때 그것은 나 자신에게 친절한 행동이고, 나 자신에게 친절한 행동을 할 때 그것은 당신에게 친절한 행동입니다. 당신이 그 사실을 깨닫지 못하더라도.

위대한 경전들은 '무엇'을 설명합니다.
'작업'은 '어떻게'를 말합니다.
'작업'은 깨어난 마음으로
곧장 들어가는 길을 알려줍니다.

16
모든 일은 당신에게 일어나는 게 아니라
당신을 위해 일어난다

"또 수보리야, 만일 착한 남자와 여자가 이 경전을 듣고 그 가르침을 진실로 이해한 뒤 체화하여 그대로 산다면, 세상의 무엇도 그들을 괴롭힐 수 없을 것이다. 적들이 그들을 비방하고 친구들이 냉대하며 떠나 버려도, 어떤 경우에도 그들의 마음은 흔들리지 않을 것이다. 그들은 '나'와 '남'이라는 관념을 더는 갖지 않으므로 어떤 일도 개인의 것으로 받아들일 수 없다. 그러므로 그들의 마음은 자유롭다.

수천 겁 오랜 옛날, 연등부처님의 시대 이전에 나는 한없이 많은 부처님을 섬겼고 온 마음으로 헌신하며 모셨다. 그러나 만일 지금으로부터 수천 년 후에 어떤 사람이 이 경전을 듣고 그 가르침을 진실로 깨달은 뒤 체화하여 그대로 산다면, 그의 공덕은 내가 과거에 모든 부처님을 섬기며 쌓은 공덕보다 훨씬 더 클 것이다. 사실 그런 공덕은 얼마나 큰지 헤아릴 수도 없다.

만일 지금으로부터 수천 년 뒤에 착한 남자와 여자가 이 경전을 듣고 그 가르침을 진실로 깨닫고 체화하여 그대로 살 때 얻는 공덕을 내가 자세히 말한다면, 아무도 내 말을 믿지 않을 것이다. 이 경전의 가치는 헤아릴 수 없으며, 이 경전으로 얻는 이로움도 헤아릴 수 없음을 너는 알아야 한다."

현실은 완벽하게 펼쳐집니다. 무슨 일이 일어나든 다 좋습니다. 나는 사람들과 사물들을 보고, 내가 그들과 가까워지거나 멀어질 때 마음속 다툼 없이 움직입니다. 왜냐하면 나에게는 그러면 안 되는 이유를 들려주는 믿을 만한 이야기가 없기 때문입니다. 현실은 늘 완벽합니다. 반면에 내가 내리는 결정은 그보다 못한 것을, 언제나 그보다 못한 것을 나에게 줄 것입니다. 그래서 '그것'이 스스로 결정하고, 나는 따릅니다. 그리고 내가 사랑하는 건 현실이 늘 친절하다는 것입니다. 만일 그 경험에 한 단어로 이름을 붙여야 한다면, 감사라고 부르겠습니다. 살아 있는 감사, 숨 쉬는 감사. 나는 받는 자이며, 은총이 들어오는 것을 막을 수 없습니다.

그것은 개인적이면서 동시에 개인적이지 않습니다. 온 세상이 곧 나라는 점에서, 거울에 비친 나 자신이면서 사랑이라는 점에서, 그것은 개인적입니다. 그것이 없으면 나는 몸이 없습니다. 그리고 몸이 있는 것은 내가 보여야 하기 때문이 아니라, 단지 보이는 것이 큰 기쁨이기 때문입니다. 다른 한편으로, 그것은 개인적이지 않습니다. 왜냐하면 내가 보는 것은 단지 거울에 비친 모습뿐이기 때문입니다. 모든 움직임, 모든 소리, 모든 호흡, 모든 분자, 모든 원자는 거울에 비친 모습에 불과합니다. 그러므로 내가 움직이는 게 아니라 움직여지고 있고, 내가 행하는 게 아니라 행해지고 있고, 내가 숨 쉬는 게 아니라 숨 쉬어지고 있으며, 내가 생각하는 게 아니라 생각되고 있습니다. 나라는 개인은 없습니다. 나라는 개인에 관해서는 실재하는 것이 없습니다.

나와 남이라는 게 없음을 깨달으면, 모든 인간관계는 거울에 비친 모습임을 깨닫게 됩니다. 사람들이 좋아하거나 싫어하는 것은 '당신'이 아니라, '당신에 대한 그들의 이야기'입니다. 그들은 '당신'을 공격하거나 떠나는 게 아니라, '당신이라고 믿는 사람'을 공격하거나 떠납니다. 그 모든 것이 당신과 무슨 상관이 있을까요? 당신은 그들의 투사이며, 마찬가지로 그들은 당신의 투사입니다. 이 사실을 깨달으면 칭찬과 비난에 영향받지 않기가 수월해집니다.

사람들이 나를 비난할 때 나는 그 비난을 사랑합니다. 나는 그들의 비난에서 내가 배울 수 있는 점을 배우지만, 그런 비난을 개인적인 공격으로 받아들이지는 못합니다. 사람들이 나를 칭찬할 때 나는 그 칭찬도 사랑합니다. 비록 그들이 '나라고 믿는 사람'을 칭찬하고 있음은 알지만……. 그런데 칭찬은 우리의 본성에 더 가깝지만, 비난은 비난하는 사람에게 해가 됩니다. 그래서 사람들이 나를 칭찬하면 나는 그들로 인해 행복합니다. 그들이 "오, 케이티, 당신이 내 인생을 바꾸었어요. 정말 고마워요"라고 말하면, 나는 그 말을 뒤바꿔서 듣습니다. 즉, '그들'이 자신의 인생을 바꿨습니다. 그들은 내게 공을 돌리지만, 그것은 그들의 공입니다. 그 일이 나와 관계있다고 생각하는 건 오해일 뿐입니다. 그들의 감사는 그들이 나라고 여기는 나를 향하지만, 탐구를 통해 그들이 더 원숙해지면, 감사는 그들 자신을 향하게 되며, 마침내 어디로도 향하지 않게 됩니다. 그것은 어디로도 향하지 않는 순수한 감사가 됩니다.

230

만일 어떤 사람이 당신을 거부하면, 그가 그렇게 하는 까닭은 단지 세상이 어떤 모습이어야 한다는 그의 믿음에 당신이 들어맞지 않기 때문입니다. 당신이 그런 거부와 직접 관련이 있다고 말할 수 있는 것은 오직 부풀려진 에고뿐입니다. 만일 당신의 손이 아무 이유 없이 움직였는데, 그 사람이 그걸 받아들일 수 없는 행위라고 본다면, 그건 모두 그 사람 혼자만의 일이라는 게 분명하지 않을까요? 만일 그가 당신을 비난할 때, 당신이 그 비난을 당신에 대한 공격으로 받아들인다면, 당신을 해치는 사람은 바로 당신입니다. 당신이 그의 비난에 덧씌우는 이야기로부터 고통이 시작됩니다. 이때 당신은 현실과 다투고 있으며, 그러면 당신이 집니다.

나의 사랑은 나의 일이고, 당신의 사랑은 당신의 일입니다. 당신은 내가 이런 사람이니 저런 사람이니 하는 이야기를 하고, 자기의 이야기와 사랑에 빠집니다. 그게 나와 무슨 상관이 있나요? 당신은 나에 대해 마음대로 투사할 수 있습니다. 그 점에 관한 한, 나는 선택권이 없습니다. 나는 더도 덜도 아닌 당신의 이야기입니다. 당신은 나를 만난 적이 없습니다. 누구도 누구를 만난 적이 없습니다.

내면의 탐구가 흥미진진하다는 걸 알게 되면, 당신은 일어날 수 있는 최악의 일을 고대할 것입니다. 왜냐하면 내면에서 해결될 수 없는 문제는 하나도 찾지 못할 것이기 때문입니다. '작업'은 괴로움을 끝장내는 완벽한 장치입니다. 그러면 예전에는 왜 당신의 삶에 문제가 있다고 생각했는지 도무지 이해가 되지 않습니다. 실수란 없으며, 무엇이든 자신이 얻는 것이 곧 자신에게 필요한 것임을 깨닫기 시작합니다. 이것이 되찾은 낙원입니다. 당신에게 필요한 모든 것이, 심지어 필요 이상의 것들이 언제나 당신에게 풍성하게 주어집니다.

아주 미묘하게 기분이 상하는 것도 일종의 괴로움입니다. 그것은 자연스럽게 느껴지지 않습니다. 사람들을 이해로 만나는 것이 더 당신답게 느껴집니다. 그러니 짜증 나거나 분한 생각이 일어날 때, 질문하여 그 생각을 이해로 만날 수 있나요? 자기의 생각을 이해로 만나는 법을 배우면, 당신은 우리도 이해로 만날 수 있습니다. 다른 사람이 당신에 대해 말할 수 있는 것 중에 당신이 이미 생각하지 않은 것이 있을 수 있나요? 스트레스를 주는 생각은 하나도 새로운 것이 없습니다. 모두가 재생된 생각입니다. 우리는 오직 생각을 만나고 있을 뿐입니다. 외부는 내면이 투사된 것입니다. 당신의 생각이든 나의 생각이든 마찬가지입니다. 오직 사랑에만 치유하는 힘이 있습니다.

사람들이 무슨 말을 하고 무슨 행동을 하든, 그들은 당신의 마음이 투사된 것뿐임을 안다면, 어떻게 그들에게 화를 낼 수 있을까요? 마음이 이 점을 깨달으면, 자기를 무엇이라고 투사할 게 아무것도 없습니다. 마음조차 마음의 이론입니다. 화를 낼 사람이 없습니다. 그저 마음이 자기의 외견상 세상에서 놀이하고 있을 뿐입니다. 붓다 마음은 존재하지 않는 과거나 미래에 갇힐 수 없습니다. 그래서 그 마음은 늘 그런 이해에서 비롯되는 기쁨만을 경험합니다.

사실, 당신은 다른 사람에게 반응한 적이 없습니다. 당신은 무(無)에 의미를 투사하고, 그렇게 자신이 투사한 의미에 반응합니다. 외로움은 정직한 자리―당신이 여기에서 유일한 존재라는 인식―에서 나옵니다. 인간은 없습니다. 당신이 그것입니다. 당신이 자기의 생각에 질문하면 그렇다는 것을 깨닫게 됩니다. 그것이 세상의 끝입니다. 애초에 존재한 적이 없는 세계의 기쁜 종말.

당신은 "자기 깨달음을 나타내는 시금석은 끊임없는 감사의 상태입니다"라고 말했습니다. 깨어나는 체험 이전에도 감사를 경험했나요?

1986년 2월의 어느 날, 요양원에 들어가기 직전이었던 그때 나는 정신적 고통이 너무 심해서 다음번 숨을 쉴 수 있을지도 장담할 수 없는 상황이었는데, 상태가 더 악화했습니다. 별 이유 없이 비명을 지르기 시작했고 멈출 수가 없었습니다. 계속 비명을 지르면서 침대 위에서 몸부림치고 있었는데, 그만둘 수가 없었어요. 전남편 폴과 큰아들 밥이 침실로 들어와서 나를 붙잡아 누르며 자해하지 못하게 막았습니다. 고통이 더욱더 심해져서 견딜 수 있는 한계를 넘어선 것 같았는데, 빠져나갈 수도 없었고 끝낼 수도 없었습니다. 누구도 견딜 수 없는 고통이라고 느꼈습니다.

그들은 나를 붙잡고 있었고 나는 너무나 무서웠습니다. 그들도 겁에 질려 있었는데, 둘 중 한 사람이 내게 전화로나마 상담해 줄 의사를 찾기 위해 전화를 걸기 시작했습니다. 여러 병원, 여러 의사에게 계속 전화를 걸었습니다. "저희가 어떻게 해야 하죠? 그녀에게 얘기해 주실 수 있나요? 그녀에게 얘기해 주실 수 있는 분이 어디 안 계시나요?" 그들은 필사적이었습니다. 그러다가 마침내 어떤 곳, 어느 주, 어느 도시에서 내게 얘기해 주겠다는 사람을 찾았습니다. 그는 정신병동의 임상 심리사였습니다.

그들은 수화기를 내 귀에 갖다 대 주었고, 나는 그 사람의 목소리에서 사랑을 느꼈습니다. 그가 진심으로 나를 사랑한다고 느껴서 그의 말을 듣고 싶었습니다. 나의 비명이 잦아들어서 그의 목소리를 들을 수 있었습니다. 그가 무슨 말을 했는지는 기억나지 않지만 아마 "듣고 있습니다. 이해합니다. 너무너무 아프시겠군요" 같은 말이었을 겁니다. 그런데 그가 뭐라고 말하든 내게는 다 납득이 되었습니다. 중요한 것은 그가 나를 친절하게 대하는 동기였습니다. 그는 내가 누구인지 몰랐고 아무 조건도 없었기 때문에 내게서 무언가를 얻어 내려 할 수가 없었습니다. 나는 그 점을 알았기에 그의 말을 신뢰했습니다. 그는 내게 도움이 필요하다고 말했고, 그러자 고통이 조금 가라앉았습니다.

내가 살면서 처음으로 사랑을 경험한 것은 그때였습니다. 나는 어머니와 아버지에게서도, 첫째 남편과 둘째 남편에게서도, 내 아이들에게서도 사랑을 받을 수 없었습니다. 그런데 이렇게 단순한 친절한 행위로 그런 사랑을 받았습니다. 오늘 나는 그 남성이 내게 준 것을 다른 사람들에게 주고, 그럴 때마다 그 선물을 다시 받습니다.

이 사연을 말할 때면 종종 눈물이 볼을 타고 흘러내립니다. 고마움을 다시 경험하기 때문입니다. 어떤 사람이 내가 고통스러웠던 것만큼 고통스러울 때, 나는 얼마나 간단히 거기에서 빠져나올 수 있는지를 압니다. 그리고 당신이 나의 남은 일부임을 압니다. 그래서 당신이 "도와주세요"라고 말하면, 나는 그 친절한 사람이 했던 일을 합니다. 그는 그때 내가 누구인지를—우리 모두 누구인지를—보여 주었습니다.

"사람들이 좋아하거나 싫어하는 대상은 당신이 아니라, 당신에 관한 그들의 이야기입니다"라고 말했는데요. 이런 통찰은 자신을 바라보지 않으려는 태도에 대한 핑계가 될 수 있지 않을까요? 어떤 사람이 "그녀는 내가 이기적이라고 말해. 그런데 그건 내가 아니야. 나에 대한 그녀의 이야기일 뿐이야. 그러니까 그런 말은 살펴볼 필요도 없고 아무것도 할 필요 없어"라고 생각할 수도 있을 테니까요.

무엇이든 잠들어 있는 상태에 대한 핑계가 될 수 있습니다. 만일 사람들이 책에서 읽었거나 진실처럼 들린다는 이유로, 혹은 다른 어떤 이유로 자신이 실제 깨닫지 못한 어떤 통찰을 믿는다면, 그것은 통찰이 아닙니다. 또 하나의 방어일 뿐입니다. 우리는 자신이 언제 방어를 하고 있는지 알 수 있습니다. 즉, 상대방과 연결되어 있지 않다면 방어하고 있다는 것을 명백히 알 수 있습니다. 어떤 사람이 나를 좋아하지 않는다고 말하면, 나는 그 솔직한 이유를 알고 싶습니다. 왜냐하면 어떤 면에서는 그 사람이 나보다 나를 더 분명히 볼 수 있다는 걸 깨닫기 때문입니다. 다시 말해, 나에 대한 그의 이야기가 나에 대한 나의 이야기보다 더 정확할 수 있습니다. 그의 태도가 나를 성장시킬 수 있습니다. 그가 나라고 믿는 케이티를 좋아하지 않는 이유를 내가 알게 되면, 나는 그 사람과 친밀한 상태에 있게 됩니다. 만일 내가 연결되지 않고 감사하지 않는다면, 나는 단절되어 있는 사람입니다.

당신은 우리가 다른 사람들의 투사임을 깨달으면 칭찬과 비난에 영향 받지 않기가 수월하다고 말합니다. 하지만 칭찬에 영향 받는 건 인간적인 모습 아닐까요? 어째서 칭찬을 즐기면 안 되나요?

나는 칭찬도 즐기고 비난도 즐깁니다. 비난은 내게 숙고해 볼 재료를 줍니다. 그들의 말이 옳을 수 있는가? 나는 그들이 내게 한 말을 조사해 보는데, 그런 식으로 나는 끊임없이 주의하며 경계합니다.

칭찬에 관해 말하자면, 어떤 것을 칭찬할 때, 나는 내가 칭찬하는 것이 다른 사람처럼 보이는 이들에게서 분명히 보인다는 점에 대해 존중과 감사를 표하고 있습니다. 그것은 연결됨의 경험이며, 나는 내가 칭찬하는 사람과 감사를 함께 나누는 걸 사랑합니다. 그래서 어떤 이가 나를 칭찬할 때, 나는 그의 마음 상태에 감사하고, 그가 나라고 여기는 사람에게서 칭찬할 만한 점을 보았다는 사실을 사랑합니다. 하지만 그의 칭찬을 나 개인에 관한 것으로 받아들일 수는 없습니다. 그 칭찬이 내가 내 안에서 보는 것과 일치해도 마찬가지입니다.

내면의 탐구가 흥미진진하다는 걸 알게 되면,

당신은 일어날 수 있는 최악의 일을

고대할 것입니다. 왜냐하면

내면에서 해결될 수 없는 문제는

하나도 찾지 못할 것이기 때문입니다.

17장
분리 없는 삶

그때 수보리가 말했다. "스승님, 다시 여쭙습니다. 진지한 남자와 여자가 깨달음을 얻고자 한다면, 무엇을 해야 하며 어떻게 마음을 다스려야 합니까?"

부처님께서 대답하셨다. "진리를 구하는 진지한 남자와 여자는 이 한 생각에 집중하여 마음을 다스려야 한다. '내가 위없는 지혜를 얻으면 모든 중생을 해탈시켜 영원히 평화로운 열반에 들게 하리라.' 그러나 헤아릴 수 없고 상상할 수 없이 많은 모든 중생이 해탈했을 때, 실제로는 해탈한 중생이 아무도 없다. 왜 그런가? 참된 보살은 '나'와 '남'이라는 관념을 갖지 않기 때문이다.

수보리야, 어떻게 생각하느냐. 부처가 옛날 연등부처님과 함께 있을 때 깨달음을 얻었느냐?"

"스승님, 아닙니다. 제가 부처님의 가르침을 이해하는 바로는 부처님께서는 연등부처님과 함께 계실 때 깨달음이라고 불리는 것을 얻지 않았습니다."

"그렇다. 사실 깨달음이라는 것은 없다. 붓다가 얻은 마음 상태라는 것은 없다. 그런 것이 있었다면 연등부처님께서 '그대는 미래에 석가모니라는 이름의 부처가 되리라'는 예언을 하지 않았을 것이다. 깨달음이라는 것이 없으므로 연등부처님께서 그런 예언을 하신 것이다.

수보리야, 부처가 깨달음을 얻었다고 말하는 사람들은 잘못 아는 것이다. 부처가 얻은 깨달음은 실재하는 것도 아니고 실재하지 않는 것도 아니다. 이것이 바로 부처가 '모든 것은 불법(佛法)이다'라고 말한 까닭이다. 그러나 '모든 것'은 사실 모든 것이 아니다. 그것은 단지 '모든 것'이라고 불릴 뿐이다.

만일 보살이 '나는 모든 중생을 해탈시킬 것이다'라고 말한다면, 그는 참된 보살이 아니다. 실제로는 보살이라 불릴 만한 분리된 존재가 없기 때문이다. 우주의 어느 것에서도 자아를 발견할 수 없다. 그러므로 만일 보살이 '나는 세상을 아름다운 곳으로 만들겠다'고 말한다면, 그는 참된 보살이 아니다. 실제로는 어떤 식으로 바꿀 수 있는 분리된 세상이 없기 때문이다. 오직 보살이 나도 없고 남도 없음을 깨달을 때, 부처는 그를 참된 보살이라 부른다."

———————

여기에서 붓다는 앞에서 한 말을 반복합니다. 이런 말은 여러 번 되풀이할 만큼 중요합니다. 즉, 보살의 관심은 언제나 자아 없이 다른 사람들을 섬기는 데 있고, 다른 존재란 없으며, 깨달음이라는 것도 없습니다. 이 세 가지를 이해하면 모든 것을 이해하는 것입니다. 그중 하나만 이해해도 모든 것을 이해하게 됩니다. 세 가지는 같은 진실의 다른 측면이기 때문입니다.

붓다의 말이 아리송해 보일 수 있지만, 그것은 그가 매우 분명하게 알기 때문입니다. 어떻게 유(有)인 말을 사용하여 무(無)를 설명할 수 있을까요? 사물처럼 보이는 것들로 이루어진 세상이 실제로는 존재하지 않음을 이해할 때, 어떻게 그런 세상을 묘사할 수 있을까요? 그럴 수는 없습니다. 마음이 발을 딛고 싶은 유혹을 느끼는 관념과 거리가 먼 것을 가리킬 수밖에 없습니다. 그리고 모든 가르침은 잘못된 가르침입니다. 사실은 가르칠 것이 하나도 없기 때문입니다. 만일 진실처럼 보이는 것을 가리킨다면, 당신은 '지금 없는 것'을 가리키고 있습니다. 하지만 '지금 없는 것'이 아닌 것을 가리키면, 당신은 '지금 있는 것'에 대한 사랑을 가리키며, 그것은 다시 무(無)로 돌아오게 합니다.

아무것도 존재하지 않음을 깨달으면 기운이 빠질 것이라고 생각할지 모릅니다. 사실은 정반대로 무척 흥미진진해집니다. 아무 분리도 남지 않습니다. 분리되어 있는 대상이 아무것도 없습니다. 그러면 감사와 웃음만 남게 됩니다.

처음 '작업'을 발견했을 때, 나는 마음이 쉼 없이 만들어 내는 생각을 이해하기 위해 생각과 최대한 가까워지고 싶었습니다. 이것이 다스릴 수 없는 마음을 다스리는 유일한 길입니다. 나는 그런 생각들과 더불어 매우 고요해졌습니다. 그리고 마치 혼란스러워하는 자녀를 만나는 어머니처럼 그 생각들을 만났습니다. 아이는 악몽을 꾸고 있지만, 어머니는 아이가 정말 안전하다는 것을 압니다. 아이는 무서운 꿈에 사로잡혀 있을 뿐입니다. 그래서 나는 모든 생각에 가까이 다가가 귀를 기울였고, 내 자녀를 사랑하듯이 생각을 사랑했습니다. 아이가 악몽에 관해 하는 말을 모두 종이에 썼고, 그런 생각에 대해 질문했습니다. 그렇게 종이에 쓴 모든 생각이 타당한지 질문했습니다. 질문을 통해 이해로 생각을 만나면, 엄마가 보듯이 아이도 그것이 단지 꿈이라는 걸 볼 수 있습니다. 그리고 꿈에서 깨면, 꿈도 없고 꿈꾸는 사람조차 없음을 알게 됩니다.

내가 깨어난 초기에는 하나의 믿음이 마음속에 나타날 때마다—가장 큰 믿음은 "어머니는 나를 사랑하지 않는다"였습니다—그것은 몸속에서 원자폭탄처럼 폭발했습니다. 그러면 몸이 덜덜 떨리고 위축되고 평화가 영영 사라져 버린 것처럼 느껴졌습니다. 그 믿음이 나타나면 눈물이 쏟아지고 몸이 경직되기도 했습니다. 만일 곁에서 누가 보고 있었다면, 내가 발가락부터 머리 꼭대기까지 분노와 슬픔에 휩싸여 있다고 느꼈을지도 모릅니다. 하지만 사실 나는 요양원 방바닥에서 깨어났을 때와 똑같은 맑음, 평화, 기쁨을 늘 계속 경험하고 있었습니다. 거기에는 '나'가 남아 있지 않았고, 세계도 없었으며, 입에서는 웃음이 쏟아져 나왔습니다. 올라온 믿음은 늘 서서히 줄어들다 진실의 빛 속으로 사라졌습니다. 몸이 덜덜 떨리게 만든 것은 그런 믿음의 찌꺼기였으며, 그것은 불편한 느낌으로 나타났습니다. 그런 불편함이 느껴지면, 나는 그 믿음이 진실하지 않다는 것을 저절로 알았습니다. 아무것도 진실하지 않았습니다. 그런 알아차림은 아주 유쾌한 유머로, 유쾌하고 황홀한 기쁨으로 경험되었습니다.

나는 모든 것이 거꾸로인 것을, 내 생각이 실재하는 모든 것에 맞선다는 것을 알게 되었습니다. 예전에는 "남편 폴은 내게 더 친절해야 해" 혹은 "내 아이들은 엄마인 내 말을 들어야 해" 같은 생각으로 괴로웠습니다. 이런 생각에 질문한 뒤에는 그 반대가 진실하다는 것을 알게 되었습니다. 남편은 내게 더 친절하지 '않아야' 하고, 내 아이들은 내 말을 듣지 '않아야' 합니다. 진실은 아주 단순했습니다. 진실은, 남편 폴은—그가 믿었던 생각을 감안하면—할 수 있는 만큼만 친절하고, 내 아이들은 할 수 있는 만큼만 내 말을 듣는다는 것이었습니다. 이 모든 '해야 한다(should)'는 생각에 불과했습니다. 그것들은 현실과 아무 관련이 없었습니다. 모든 것은 있는 그대로 완전했습니다.

요양원 방바닥에 누워 있던 나는 즉시 '지금 있는 것'을 사랑하게 되었습니다. 그 사랑이 더 자연스럽고 더 평화롭게 느껴진다는 것을 알아차렸습니다. 더 친절해야 하는 사람은 바로 나 자신이고, 말을 들어야 하는 사람도 나 자신임을 이해했습니다. 이런 이해가 나중에 '뒤바꾸기'라고 부르는 것이 되었습니다. 그것이 스트레스 없이 사는 길입니다. 그것을 이해하면 괴로움이 끝납니다. 꿈은 더 행복한 꿈으로 바뀝니다.

"가족은 나를 사랑하고 이해해야 한다"라는 믿음의 뒤바꾸기는 "나는 나 자신을 사랑하고 이해해야 한다"라는 것을 알았습니다. 왜 나는 나를 사랑하고 이해하는 것이 가족의 의무라고 생각했던 것일까요? 그건 제정신이 아니었습니다! '나'부터 시작하면 됩니다. 내가 그렇게 할 수 있기 전에는 세상을 내버려 둡시다. 나는 그 믿음을 다시 살펴본 뒤 또 하나의 뒤바꾸기를 발견했습니다. "나는 가족을 사랑하고 이해해야 한다." 이것은 나를 겸손하게 하는 뒤바꾸기였습니다. 나는 평생 친구와 가족이 나를 이해해 주기를 원했고, 그들이 나를 이해해 주지 않으면 상처 받고 원망하고 분노하고 불안했습니다. 내가 아는 사람들에게 이해받고 인정받으려 늘 애썼습니다. 이제 나는 그것이 가망 없는 일이며, 단절되고 공허한 느낌을 준다는 것을 알아차렸습니다. 이제는 왜 그들이 나를 사랑하지 않고 이해해 주지 않았는지 압니다. 내가 그들을 어떻게 대했는지 보면 됩니다!

나는 거꾸로 바뀌어 깨어났습니다. 나는 '살아 있는 뒤바꾸기'였습니다. "너무 더워"라는 생각이 일어나면, "풋! 그건 진실이 아니야. 너무 덥지는 않아. 그 말은 덜 진실해. 실제로는 그냥 이만큼 더우니까"라는 말이 이어졌습니다. 나는 진실하지 않은 생각을 믿게 되는 원인과 그 결과를 경험했습니다. 나는 심한 혼란과 혐오를 경험해 보았습니다. 그래서 나의 옛 세계에서 나온 생각들을 탐구했을 때 가장 심오한 탐구 중 일부를 경험할 수 있었습니다. 그리고 그 생각들에 질문한 뒤 경험한 것은 모두 그 생각들의 반대였습니다. 예를 들어 "세상은 끔찍한 곳이야"라는 생각은 "세상은 아름다운 곳이야"로 바뀌었습니다. 이런 뒤바꾸기가 어찌나 분명하게 정확했던지 자주 웃음이 터져 나왔습니다. 나는 세상을 아름다운 곳으로 만들 필요가 없었습니다. 세상은 이미 내가 원할 수 있는 모든 것이었습니다. 알아차리는 것 말고는 아무 할 일이 없었습니다.

이것을 이해하는 것이 매우 중요합니다. 사람들은 깨달음이란 뭔가 신비롭고 초월적인 경험일 것이라고 생각합니다. 하지만 그렇지 않습니다. 깨달음은 가장 괴로운 생각만큼이나 당신 가까이 있습니다. 현실과 다투는 생각을 믿으면 혼란스러워집니다. 반대로, 그 생각에 질문하고 그것이 진실하지 않음을 알면, 당신은 그 생각을 깨닫게 되고 그 생각에서 해방됩니다. 그 순간 당신은 붓다만큼 자유롭습니다. 그 뒤 다음번 스트레스를 주는 생각이 나타나면, 당신은 그 생각을 믿거나 질문합니다. 그것은 당신이 깨달을 수 있는 다음 기회입니다. 삶은 이처럼 단순합니다.

어째서 아무것도 존재하지 않음을 깨닫는 것이 흥미진진하다고 말하나요?

에고가 춤추는 걸 지켜보면 흥미진진합니다. 에고가 어디로—왼쪽, 오른쪽, 위, 아래, 사방 어디로—가든 어느 것도 타당하지 않고 아무것도 실재하지 않습니다. 에고의 우스꽝스러운 행동들, 즉 에고가 과거에도 아니었고, 현재도 아니며, 미래에도 결코 될 수 없는 어떤 것이 되려는 대단한 시도를 보면 즐겁지 않을 수 없습니다.

당신은 깨어난 초기에 믿음이 몸속에서 원자폭탄처럼 폭발했지만 늘 평화를 경험했다고 말합니다. 당신은 그 폭발을 어디에서 지켜보고 있었나요? 몸 안이었나요, 몸 바깥이었나요? 그 모든 소란이 일어나는 동안 평화는 어디에 있었나요?

그것은 마치 수십억 년 전에 소멸된 세계가 찾아온 것 같았고, 그 세계에서 먼 옛날 있었던 소동 중 하나를 느끼는 것 같았습니다. 나는 그것을 알아차렸고 환영했습니다. 그것은 유/무, 실재/비실재였습니다. 나는 그것을 안이나 바깥에서 느낀 것이 아니었습니다. 안팎이 없었습니다. 평화는 모든 것의 중심에 있었습니다. 그리고 지켜보는 자조차 존재할 수 없었습니다. 나는 매혹되어 황홀해하는, 지금 있는 것을 끊임없이 사랑하는, 다시 말해 지금 있지 않은 것을 끊임없이 사랑하는 상태에 있었습니다.

당신은 뒤바꾸기가 스트레스를 주는 원래 생각만큼 진실하거나 더 진실할 수도 있음을 알아차리라고 권합니다. 하지만 다른 곳에서는 아무것도 진실하지 않다고 말합니다. 뒤바꾸기가 궁극적으로 진실하지 않다면, 그게 원래 생각만큼 진실하다는 걸 알아차리는 게 무슨 소용이 있나요?

뒤바꾸기가 적어도 괴로움을 일으키는 원래 생각만큼은 진실하다는 것을 깨달으면 해방을 경험할 수 있습니다. 그것은 당신의 의식이 하나의 한정된 현실에 갇히지 않고 더 확장될 기회를 줍니다. 마음의 본성은 무한합니다. 하지만 마음이 '나는 알아' 하는 입장에 사로잡히면, 그것은 마치 어떤 사람이 마음을 쇠사슬로 꽁꽁 묶은 뒤 열쇠를 없애 버린 것과 같습니다. 이때 마음은 시간과 공간과 고통이라는 환상에 갇혀 있습니다. 하지만 만일 당신의 모든 정체성이 담겨 있는 생각에 대해 질문한 뒤, 그 생각의 반대가 적어도 원래 생각만큼은 진실하다는 것을 깨달으면, 그 생각에서 벗어날 수 있으며, 맑고 자유로운 새로운 관점으로 당신의 삶을 바라볼 수 있습니다.

깨달음은 가장 괴로운 생각만큼이나

당신 가까이 있습니다.

18
자유란 생각을 믿지 않는 것

부처님께서 말씀하셨다. "만일 갠지스 강의 모래알만큼 많은 갠지스 강이 있고 또 그 많은 갠지스 강의 모래알만큼 많은 세계가 있다면, 그 세계는 많은 것이냐?"

"스승님, 아주 많습니다."

부처님께서 말씀하셨다. "수보리야, 그렇게 많은 세계에 아무리 많은 중생이 있어도 붓다는 그들의 마음이 어떻게 작용하는지 모두 알고, 그들이 어떤 생각을 하는지 모두 안다. 왜냐하면 마음은 실제로는 마음이 아니며, 단지 이름이 '마음'일 뿐이기 때문이다. 왜 그러한가? 과거의 마음도 붙잡을 수 없고, 미래의 마음도 붙잡을 수 없으며, 현재의 마음도 붙잡을 수 없기 때문이다."

———————

당신이 어떤 시나리오를 상상할 때, 그것이 그 순간 당신의 세계이며, 시간이라는 환상 속에는 많은 세계가 있습니다. 갠지스 강의 모래알만큼 많고 하늘의 별만큼 많은 세계가 있습니다. 당신은 다른 사람들이 무슨 생각을 하는지 안다고 생각하지만, 그건 당신의 생각에 불과합니다. 설령 그들이 무슨 생각을 하고 있는지 당신에게 말한다 해도, 그것이 정말 그들의 생각인 것은 아닙니다. 당신은 자기 세계의 관점으로만 보고 듣기 때문입니다. 있을 수 있는 모든 세계에서 붓다는 사람들의 마음이 어떻게 작용하는지 압니다. 왜냐하면 그는 사람들의 마음이 전혀 작용하지 않는다는 것을 알기 때문입니다. 이것이 붓다 의식입니다.

나는 사람들과 함께 '작업'을 할 때, 마음이 존재하지 않고 세계가 존재하지 않음을 그들이 봄으로써 마음이 맑아지도록 도와줍니다. 궁극의 맑음이란 생각이 없으며 당신은 생각하는 자가 아님을 깨닫는 것입니다.

마음이 어떻게 작용하는지를 알기는 쉽습니다. 즉, 어떤 생각도 진실이 아닙니다. 그러니 사람들을 무(無)로 안내하는 것은 쉬운 일입니다. 그들이 그것에 대해 열려 있다면……. 왜냐하면 애초에 그들이 있는 곳이 거기이기 때문입니다. 나는 사람들이 모든 생각을 풀어내도록 안내할 뿐입니다. 나는 움직이지 않습니다. 움직이는 것은 그들입니다. 나는 질문을 하고, 이따금 무(無)를 가리킵니다. 나는 마음속의 생각과 모습이 순전한 상상임을 그들이 알아차리도록 도와줍니다. 어떤 믿음이 아무리 실체가 있는 것처럼 보여도 실체는 없으며, 나는 그 실체 없음을 그들에게 가리켜 줍니다. 마음이 어떤 생각에 내려앉고 싶은 유혹을 느끼는 이유는 마음이 그 생각을 믿기 때문입니다. 그리고 어떤 생각을 믿는 것은, 아무리 실제 같아도, 가상의 세계에 존재하는 것입니다. 그래서 나는 사람들이 가상의 세계에서 나와 붓다 마음으로, 다시 말해 무(無)로 들어가도록 안내합니다. 붓다 마음은 말로 설명할 수 없습니다. '고요한', '기쁜', '전체인' 같은 말로 가리킬 수 있을 뿐입니다.

사람들은 생각을 마음의 하늘에 오가는 구름에 비유하기도 합니다. 하지만 정말로 정확히 말하자면, 오는 것도 없고 가는 것도 없습니다. 어떤 것이 오거나 갈 수 있으려면 먼저 존재해야 합니다. 생각은 존재하지 않습니다. 모든 생각이 과거에 있음을 알아차리기 전에는 이 말이 극단적인 말로 들릴 것입니다. 지금 이 순간조차 당신이 알아차리는 순간 이미 과거이며, 오랫동안 명상한 사람에게는 그 사실이 명백합니다. 그러니 어찌 한 생각이 있을 수 있겠어요? 있을 수 없습니다. 생각이 존재한다고 믿는다고 해서 생각이 존재하는 것은 아닙니다. 그 생각을 하는 한 명의 '당신'이 존재한다는 당신의 증거는 오로지 상상된 과거뿐입니다.

붓다는 가장 핵심적인 말로 이 장을 끝맺습니다. "과거의 마음도 붙잡을 수 없고, 미래의 마음도 붙잡을 수 없으며, 현재의 마음도 붙잡을 수 없다." 바로 그렇습니다. 마침표. 끝.

나는 붓다의 우아한 말을 사랑합니다. 그 말은 아주 간결하고 분명합니다. 그것은 완전한 진실이며 가장 좋은 소식입니다.

당신은 생각이 존재하지 않는다고 말합니다. 생각이 너무 빨리 일어나서, 우리가 그것을 인식했을 때는 이미 그 생각이 과거가 되었다는 뜻인가요?

생각은 이미 과거에 있다고 말할 때, 이 말에 깔린 기본적인 이해는 과거란 없다는 것입니다. 과거가 어디에 있나요? 과거가 있다는 당신의 증거는 어디에 있나요? 단지 또 하나의 생각일 뿐입니다.

과거의 마음도, 미래의 마음도, 현재의 마음도 붙잡을 수 없다는 진실이 왜 가장 좋은 소식인가요?

그것이 깨달은 마음이기 때문입니다. 마음은 모든 것을 창조하는 자신을 기뻐하는데, 모든 것은 무(無)입니다. 마음은 자신을 순수한 알아차림(앎)으로서 경험하며, 마음 밖에는 아무것도 없고, 마음 안에도 아무것도 없으며, 알아차리는 '그것'조차 없습니다.

어떤 생각을 믿는 것은,

아무리 실제 같아도 가상의 세계에

존재하는 것입니다.

작업

"딸이 내 말을 듣지 않아요"

필립 안녕하세요, 케이티. 나는 한동안 문제를 일으키는 사람은 나 자신이라고 믿으면서 지냈습니다. 그래서 판단할 사람을 찾는 게 힘들었죠. 그런 믿음을 가지고 사는 게 쉬운 일은 아니었다는 것도 말해야겠군요. 어쨌든 내 딸에 관해서 '이웃을 판단하는 양식'을 썼는데, 이 문제로 내가 얼마나 많은 영향을 받았는지 알게 되어 놀랐습니다. 그 문제에 대해 당신과 '작업'을 할 수 있을지 궁금합니다.

케이티 좋습니다, 스윗하트. 함께 '작업'을 해 보죠.

필립 감사합니다.

케이티 당신은 아주 평화롭게 살고 있는데, 따님이 어떤 것을 원하고, 당신은 화가 납니다. 그런 내용이 '양식'입니다. 당신이 평화를 경험하지 못한다면, 그 일을 '양식'에 쓰세요. 모든 전쟁을 종이 위에 쓸 수 있습니다. 뭐라고 썼나요?

필립 (양식에 쓴 글을 읽는다) 나는 딸 소피아에게 화가 난다. 왜냐하면 그 애는 내 말을 듣지 않고 내가 하라는 걸 하지 않기

252

때문이다.

케이티 어떤 상황인가요?

필립 어린이집에 딸을 데리러 갔어요. 차에 태우면서 유아용 의자에 앉으라고 했는데, 그 애는 앉지 않으려고 하더군요.

케이티 따님이 몇 살인가요?

필립 만 두 살입니다.

케이티 "딸이 당신의 말을 듣지 않는다"—그게 진실인가요? (청중에게) 여러분 모두 마음의 눈으로 소피아를 보고 있나요? 아빠는 딸을 유아용 의자에 앉히려고 합니다. 얼마나 많은 분이 이 장면을 보고 있나요? (거의 모든 청중이 손을 든다.) 좋습니다. 지금 우리는 모두 같은 꿈속에 있습니다. 그 순간을 지켜보면서 함께 이 탐구를 해 보죠. (필립에게) "소피아는 당신의 말을 듣지 않는다"—그게 진실인가요? 따님이 당신의 말을 듣지 않는다는 게 진실인지 당신은 확실히 알 수 있나요?

필립 아니요, 확실히 알 수는 없습니다.

케이티 질문 1과 2에 대한 대답은 한 단어입니다. '예' 혹은 '아니오'라는 한 단어의 대답이 떠오를 때까지 두 질문에 대해 명상해 보세요.

필립 아니요.

케이티 대답은 '아니요'로군요. 그것이 느껴지나요? 두 질문에 대한 대답이 부연 설명 없이 한 단어라면, 이제 더 깊은 수준에서 그것을 경험해야 합니다. 그 질문과 함께 앉아서 그 상황에 대해 명상해 보세요. 그러면 당신의 마음이 '예' 혹은 '아니요'를 보여 줄 겁니다. 이미지를 통해 보여 줄 거예요. 진실을 찾는 데 필요한 모든 것은 그 고요 속에서 당신에게 주어집니다.

필립 내가 '아니요'라고 말할 때, 딸이 실제로 내 말을 듣는 모습이 보였습니다. 그걸 보니까 많이 해방되는 기분이었어요. 정말로 딸이 내 말을 듣지 않는다고 믿었거든요. 딸은 유아용 의자에 앉지는 않지만, 내 말은 듣고 있습니다.

케이티 그건 강력한 통찰입니다.

필립 정말 강력하네요. 지난 2년 동안 딸이 내 말을 듣지 않는다고 믿었거든요.

케이티 이제 질문 3으로 가 보죠. "소피아는 내 말을 듣지 않는다"라는 생각을 믿을 때 당신이 어떻게 반응하는지 알아차려 보세요. 그 생각을 믿을 때, 당신은 따님을 어떻게 대하고, 자기 자신은 어떻게 대하나요?

필립 한동안 딸이 많이 소리치고 비명을 질렀던 일이 떠오릅니다.

케이티 따님은 당신의 말을 듣고 있었어요. 하지만 따님이 듣지 않는다고 당신이 믿을 때, 따님은 무엇을 듣고 있었을까요? 당신은 어떻게 반응하나요? 따님을 어떻게 대하나요? 눈을 감고 묘사해 보세요. (청중에게) 여러분도 어떤 사람이 자신의 말을 듣지 않는다고 믿을 때 자신이 보이는 반응을 알아차려 보세요.

필립 정말 좌절하고 뱃속이 긴장됩니다. 집에 가는 게 좋은 이유들을 꾸며내기 시작합니다. 그 애에게 거짓말을 하는 거죠. 순전히 거짓말입니다. 그런데 더 화가 날 때는 아이를 강제로 유아용 의자에 앉혀 버립니다. 힘을 써서 억지로 그렇게 앉히죠.

254

케이티 이제 그 상황에서 강제로 따님을 유아용 의자에 앉힐 때, "딸은 내 말을 듣지 않아"라는 생각이 없다면 당신은 누구일까요? 당신은 여전히 따님을 유아용 의자에 앉히려 하지만, 그 생각을 믿지 않는다면 어떨지 알아차려 보세요.

필립 내가 알아차리는 건, 딸은 그냥 돌아다니고 싶어 한다는 겁니다. 차를 타러 가는 대신 내 손을 잡고 싶어 해요. 어린이집 밖을 조금 걸어 다니고 싶어서요. 그 애가 원하는 건 그게 전부죠.

케이티 그럼 '딸은 내 말을 듣지 않아'라는 생각을 믿지 않는다면, 당신은 누구일까요?

필립 더 너그러울 겁니다. 잘 참겠죠. 딸을 유아용 의자에 앉힐 때도 다정하게 말할 테고요.

케이티 "소피아는 내 말을 듣지 않는다"—뒤바꿔 보세요. "나는 소피아의……"

필립 나는 소피아의 말을 듣지 않는다.

케이티 하지만 지금은 당신이 듣고 있습니다. 과거의 일들은 이미지로 남아 있죠. 이 뒤바꾸기는 지금의 당신을 부정하려는 게 아닙니다. 당신이 놓쳤을지도 모르는 것을 보여 주려는 거예요.

필립 얼른 딸을 다시 만나고 싶네요!

케이티 예. 상상 속의 따님이 아니라 실제 따님의 말을 듣고 다시 시작하는 건 아주 신나는 일이 됩니다. 당신의 이야기가 없으면, 따님이 당신의 말을 듣지 않는다는 거짓말이 없으면, 당신은 따님과 연결되어 있다고 느낍니다. "딸은 내 말을 듣지 않는다"—다른 뒤바꾸기를 찾을 수 있나요?

필립 딸은 내 말을 듣는다. 예, 그 애는 내 말을 듣고 있었어요. 단지 유아용 의자에 앉고 싶지 않았던 거였죠. 그 애는 내가 뭘 원하는지 들었고, 그건 자기가 원하는 게 아니라는 걸 내게 알려 주려고 했어요.

케이티 또 다른 뒤바꾸기가 있나요?

필립 나는 내 말을 듣지 않는다.

케이티 당신은 자기의 생각을 믿고 있었고, "그게 진실인가?"라고 스스로 묻지 않았습니다. 당신은 두 살짜리 어린애 같았고 아기 같았어요. 자기의 생각을 믿었고, 자제력을 잃었습니다. 소피아가 유아용 의자에 앉지 않으려고 한 것처럼. 그래서 강요하기 시작했습니다. 우리는 자녀를 어릴 때부터 이런 식으로 가르치고는 나중에 왜 그 애들이 우리처럼 행동하는지 의아해합니다.

필립 요즘 이런 일을 한동안 경험했죠. 그래서 무슨 대책을 세워야겠다고 느꼈어요. 어쨌든 나는 내 말을 듣고 있지 않았습니다.

케이티 좋은 뒤바꾸기입니다. 이제 그 문장의 둘째 부분으로 가 봅시다. "딸은 당신이 하라는 것을 하지 않는다"—그게 진실인가요? 그 상황에서?

필립 예, 맞아요. 그 상황에서는.

케이티 "딸은 당신이 하라는 것을 하지 않는다"—그게 진실인지 확실히 알 수 있나요?

필립 예.

케이티 "딸은 당신이 하라는 것을 하지 않는다"는 생각을 믿을 때, 당신은 어떻게 반응하나요? 무슨 일이 일어나나요?

필립 무력감을 느낍니다. 참 이상한 건, 나는 사람들의 말을 듣는데, 사람들은 아무도 내 말을 듣지 않는 것 같다는 거예요. 온 세상이. 그래서 나는 그런 생각을 딸에게 투사합니다. 그리고 목소리를 높이죠. 아이가 관심을 보이도록 소리를 지릅니다.

케이티 그 상황에서, 눈을 감고 지켜보세요. "딸은 당신이 하라는 것을 하지 않는다"는 생각이 없다면 당신은 누구일까요?

필립 죄송한데, 나는 아직 앞의 말에서 빠져나오지 못했습니다. 나는 어린애였어요. 정말 애정에 굶주린 아기였네요. (침묵) 좋아요. 이제 준비되었습니다.

케이티 자기를 잘 성찰하시는군요. 이 '작업'이 나를 발견했을 때, 나는 지금 당신처럼 하나의 질문에 대해 명상하며 앉아 있었습니다. 때로는 며칠 동안 명상하기도 했죠. 그리고 내 딸은 내가 '작업'을 하기 전 그 생각을 믿을 때는 어떻게 반응하는지, 또 그 생각이 없으면 내가 누구인지를 계속 보여 주었습니다.

필립 내 마음이 열리지 않아서 딸에게 받지 못한 선물들이 무엇인지를 깨닫고 있습니다. 그 애가 울 때, 그 애가 소리지를 때.

케이티 예. 자녀들은 부모에게 배운 방식대로 원하는 것을 얻고, 부모에게 배운 방식대로 소통합니다. "소피아는 내가 하라는 것을 하지 않는다"—뒤바꿔 보세요.

필립 소피아는 내가 하라는 것을 한다. (눈을 감고 잠시 침묵한다.)

케이티 (청중에게) 만일 이 뒤바꾸기가 이해되지 않으면, 이분처럼 그 상황에 대해 명상해 본 뒤, 무엇이 진실하고 무엇이 진실하지 않은지, 무엇이 괴로움이고 무엇이 평화인지를 알아차려 보세요. 이분이 대답을 들으려고 내면으로 들어가는 걸 잘 보고 기억해 보세요. 뒤바꾸기에 대해 명상을 하면, 그 상황에서 우리가 믿은 생각을 믿었을 때는 볼 수 없었던 것을 볼 수 있습니다.

필립 (눈을 뜨고) 나는 딸에게 그 애가 자랑스럽다고 자주 말합니다. 꽤 복잡한 일을 시켜도 아이가 알아듣고 잘 해내거든요. 아이는 내가 하라는 일을 거의 다 합니다. 이게 '작업'의 일부인지 아닌지는 모르겠지만, 그렇다는 게 내 마음에 떠오르는군요.

케이티 그렇게 명상하는 상태에서는 무엇을 발견하든 무엇이 보이든 다 괜찮습니다. '작업'은 단지 질문일 뿐입니다. 무엇이 떠오르든 바라볼 수 있습니다. "소피아는 내가 하라는 것을 한다." 이 말이 진실인 예를 하나만 얘기해 보세요.

필립 사실 그 애는 내가 하라는 것을 합니다. 다만 바보 같거나 이해되지 않는 것은 하지 않는데, 유아용 의자에 앉는 게 그런 거죠.

케이티 스윗하트, 당신은 따님이 아직 많이 어릴 때, 그러니까 당신이 아주 젊을 때 이런 진실을 알아차리고 있습니다. 그 상황에서는 두 살짜리 아이가 둘 있었습니다. 당신이 알아차리게 되면, 따님도 알아차립니다. 그래서 따님은 당신이 하라는 것을 합니다. 당신은 따님을 어떻게 유아용 의자에 앉히나요? 결국 당신은 아버지가 한 것처럼 자신도 하고 있음을 알아차릴 것입니다. 당신은 그런 방식으로 합니다. 혹은 다른 방식도 있습니다. 그렇게 할 때 당신은 강제로 할 수도 있고, 알아차리면서 할 수도 있습니다. 화내면서 할 수도 있고, 평화롭게 할 수도 있습니다.

필립 '작업'이 어떻게 전쟁을 끝내는지를 많이 느끼게 됩니다. 이제는 딸을 유아용 의자에 앉힐 수 있는 수단을 더 많이 알게 되었으니, 만일……

케이티 수단인가요, 맑은 마음인가요?

필립 맑은 마음입니다.

케이티 그건 지혜이기도 합니다. 당신 자신의 지혜.

필립 사람들이 '작업'을 하면 더 많은 아이가 유아용 의자에 앉을 수 있을 테고, 그러면 아이들이 더 안전해지겠죠.

케이티 우리는 당신에게 낡은 패러다임을 배우거나 새로운 패러다임을 배웁니다. 그것은 전쟁이 있는 세계 혹은 전쟁이 없는 세계입니다. 그건 당신에게 달렸습니다. 그리고 소피아는 자라면서 당신에게 평화로 가는 길을 찾을 모든 기회를 줄 것입니다. 따님은 자라면서 당신도 성장시킬 겁니다. 그게 소피아가 하는 일입니다. 그 애는 당신을 깨우치기 위해 여기 있습니다. "소피아는 내가 하라는 것을 하지 않는다." 다른 뒤바꾸기가 있나요? "나는 소피아가……"

필립 나는 소피아가 하라는 것을 하지 않는다. 나는 그 애의 손을 잡아 주지 않고, 차에 타기 전에 잠시 산책하지 않습니다.

케이티 그 상황에서는. 스윗하트, 눈을 감아 보세요. 이제 당신의 이야기 없이 따님을 유아용 의자에 앉혀 보세요. 따님이 앉지 않으려 해도……. 따님과 정말로 연결되어 보세요. 따님은 차에 타고 싶어 하지 않습니다. 그래도 따님과 계속 연결되어 보세요. 만일 먼저 따님과 산책하는 게 좋겠다고 판단되면, 그

렇게 하세요. 그리고 따님을 유아용 의자에 앉혀 보세요. 그
애의 눈을 들여다보세요. 그 작고 귀여운 얼굴을 보세요. 사랑
에 빠져 보세요. 당신이 믿는 생각이 없으면, 당신은 괜찮은가
요?

필립 예.

케이티 당신의 생각이 없으면, 따님도 괜찮은가요?

필립 우리 둘 다 좋습니다.

케이티 언제나. 당신은 때로는 시간을 내어 따님과 산책을 할
겁니다. 때로는 그렇게 하지 않을 겁니다. 어느 쪽이든 당신은
깨어 있을 겁니다. 그건 서로에게 좋은 상황입니다. 따님과 단
절될 필요가 없습니다. 그리고 만일 단절된다면, 당신은 문제
가 되는 생각을 알아차리고 질문하는 법을 압니다. 2번 문장
으로 갈까요?

필립 "나는 소피아가 내 말을 듣고, 행복하게 따르기를 원한
다."

케이티 하루 종일 어린이집에서 지낸 뒤 아빠를 만나자마자 강
제로 유아용 의자에 앉혀지는데, 따님이 행복하기를 바라나
요? 이제 그 애의 조그만 얼굴을 바라보세요. 따님을 보세요.
잘 보세요. 그 애는 유아용 의자를 밀쳐 내고 있어요. 그런데
도 당신은 따님이 행복하기를 원하죠. 그게 가능하기나 한가
요?

필립 아니요. 게다가 차 안은 너무 더워요.

케이티 "나는 딸이 행복하게 따르기를 원한다"는 생각을 믿을
때, 당신은 어떻게 반응하나요?

필립 딸에게 화가 납니다. 딸이 울보라며 마음속으로 비난해

요. 마음속으로 "넌 도대체 뭐가 문제야?"라고 말하죠.

케이티 그렇게 당신은 따님에게 잘못이 있다고 가르치고 있습니다. 그런 다음 우리는 어째서 자녀들이 자기에게 문제가 있다고 생각하는지 의아해합니다!

필립 나는 그 애를 다른 애들과 비교합니다. 그 애에게 그런 태도를 가르치는 거죠.

케이티 그래서 당신은 따님을 유아용 의자에 앉힐 때, 그 애를 당신의 머릿속에 있는 다른 아이들과 비교합니다. 그 아이들은 실제로 있는 아이들인가요, 아니면 당신의 상상인가요?

필립 울지 않는 아기들을 몇 번 보고서 얻은 약간의 정보일 뿐이죠.

케이티 그래서 그 아이들은 실제로 있는 아이들인가요, 아니면 당신 머릿속의 상상인가요?

필립 상상입니다.

케이티 상상 속의 아이들이라면 실제로는 없는 것입니다. 당신이 따님을 당신 머릿속의 이미지와—다시 말해, 없는 것과—비교하고 있다는 사실을 깨닫기 바랍니다. 당신이 맞닥뜨리고 있는 것은 에고의 강력한 꿈 세계입니다. 이제, "당신은 딸이 행복하게 따르기를 원한다." 더운 차 안에 있는 유아용 의자에 딸을 강제로 앉히면서도 "나는 딸이 행복하게 따르기를 원한다"는 생각이 없다면, 당신은 누구일까요?

필립 그 생각이 없으면, 나는 그 애가 원하는 것과 원치 않는 것에 대해 어떻게 반응하는지를 지켜보고 있을 겁니다. 그 애의 개성을. 그 애가 어떤 애인지를.

케이티 당신은 그저 따님과 연결되어 있을 겁니다. 분리되어 있지 않으면서. 따님을 당신이 머릿속에서 상상해 낸 아기들의 이미지와 혼동하지 않으면서. "나는 딸이 행복하게 따르기를 원한다"—뒤바꿔 보세요.

필립 나는 딸이 행복하게 따르기를 원하지 않는다. 왜냐하면 나는 딸이 더운 자동차처럼 자기에게 알맞지 않은 것에 익숙해지기를 바라지 않기 때문이다.

케이티 "나는 딸이 행복하게 따르기를 원하지 않는다." 이 문장이 왜 진실한지를 보여 주는 다른 예가 있을까요?

필립 음, 그 상황에서 나는 딸이 행복하게 따르기를 원하지 않아요. 왜냐하면 그 대신에 딸은 나와 손잡고 산책할 수 있고, 나는 무척이나 그렇게 하고 싶으니까요.

케이티 나도 다른 예를 찾았는데, 들어 보시겠어요?

필립 물론입니다.

케이티 당신은 행복하지 않을 때 곧바로 자신을 행복하게 할 수 있나요?

필립 아니요.

케이티 그런데 당신은 따님이 그러기를 기대하고 있어요.

필립 맞아요. 맞습니다. 나는 딸이 울다가도 금방 정말로 행복해져서 "예, 아빠. 금방 할게요"라고 말하기를 기대하고 있습니다.

케이티 "참 좋은 생각이에요, 아빠. 난 정말 행복해요." 불가능한 일입니다. "나는 딸이 행복하게 따르기를 원한다"는 생각을 믿을 때, 당신은 어떻게 반응하나요? 다시 말하지만, 우리는 자녀들이 행복하지 않으면 그들에게 문제가 있다고 가르칩니다. 그러면 자녀들은 행복한 척하는 법을 배웁니다. 행복한 척 가장하는 법을 배우는 겁니다. 그리고 어느 순간 우리는 함께 살고 있어도 딸들을 다시 보지 않습니다. 그러면 딸들은 "저기 아빠가 오네. 내가 행복하지 않으면 아빠는 화날 거야"라고 생각합니다.

필립 그건 마치 딸이 원치 않는데도 유아용 의자에 앉는 건 괜찮고, 아빠와 함께 산책하고 싶어 하는 건 괜찮지 않다는 것 같군요. 끔찍해 보입니다.

케이티 당신이 행복하지 않으면 아빠와 산책을 해도 즐겁지 않습니다. 당신의 불행이 다른 사람들과의 관계로 흘러듭니다. 그렇지 않나요? 아주 깊이 흘러듭니다.

필립 이 모든 게 유아용 의자에 대한 생각 하나에서 비롯되었다는 것이 도무지 믿어지지 않는군요.

케이티 그리고 그 영향은 두루 미칩니다. 딸이 행복하지 않을 때 그렇듯이, 당신은 아내가 행복하지 않을 때도 "아내는 행복해야 해"라는 생각을 믿습니다. 그 영향은 딸로부터 아내에게로, 또 당신의 부모에게로, 나아가 세계로 흘러갑니다. 하지만 탐구를 꾸준히 실천하면 당신은 누구에게도 행복하기를 기대하지 않게 되는데, 그러면 당신이 행복해집니다. 당신의 행복은 누구에게도 의존하지 않습니다. 그러면 당신과 함께 있을 때, 우리는 진실할 수 있습니다. 당신은 안전한 장소이기 때문입니다. 3번 문장으로 가 보죠.

필립 "소피아는 가족에게 필요한 것이 무엇인지 생각해야 한다."

케이티 (청중에게) 여러분 가운데 이렇게나 어린 아이에게 이렇게 요구하는 생각을 품었던 분은 얼마나 되나요? (많은 사람이 손을 든다.) 이게 마음이 하는 일입니다. 때로는. 우리가 보이는 반응은 자녀 때문이 아니라, 우리가 자녀들에 대해 믿고 있는 생각 때문에 일어납니다. 그런데 우리는 자신이 정당하다고 여깁니다. 꿈의 세계, 에고의 세계는 그렇게 강력합니다. 우리의 생각을 믿을 때 우리는 아무 잘못이 없는 자녀에게도 화가 납니다. 그 후에는 그렇게나 어린 아이에게 화를 낸 우리 자신에게도 화가 납니다. 화가 나는 원인은 이렇게 단순합니다. 전쟁을 정당화하는 것은 오직 에고뿐입니다. 에고는 그런 환상에 의존합니다. "내 딸은 가족에게 필요한 것이 무엇인지 생각해야 한다"—그 생각을 믿을 때 당신은 어떻게 반응하나요?

필립 딸을 이기적인 아이로 여기며 대합니다. 그리고 그 애가 절대로 변하지 않을 것이라고 생각합니다.

케이티 다른 부모들은 이런 생각을 믿을 때 어떻게 반응할까요? 어떤 부모들은 자녀를 학대합니다. 아기를 때립니다. 애들을 옷장 안에 가두어 버립니다. 이런 끔찍한 짓을 하고 나서 자기 자신을 미워합니다. 우리는 이런 생각을 믿을 때 어떻게 반응하나요? 조금 짜증을 내는 것부터 폭력까지 그런 모든 반응을 보입니다. 그리고 거의 항상 죄책감이 뒤따릅니다. 이제, 그 애가 가족에게 필요한 것이 무엇인지 생각해야 한다는 생각을 믿지 않으면서, 작은 호박같이 귀여운 딸을 바라보세요. 그 생각이 없다면 당신은 누구일까요?

필립 딸이 아직 아기라는 걸 자각할 겁니다. 딸은 할 일을 하고 있을 뿐입니다. 때로는 행복하고, 때로는 행복하지 않습니다.

케이티 그리고 당신은 따님이 불행한지 아닌지 모릅니다. 따님이 어떤 정체성을 가지고 있는지 아닌지도 모릅니다.

필립 전혀 모릅니다.

케이티 당신은 아직 따님을 만난 적이 없습니다. 하지만 지금 따님을 만나기 시작했습니다.

필립 조금은요.

케이티 이제, 4번 문장으로 가 보죠.

필립 "소피아는 편안한 마음으로 협조할 필요가 있다."

케이티 부인이나 함께 사는 다른 사람에게도 그런 생각을 한 적이 있나요?

필립 내가 만난 거의 모든 사람에게 그런 생각을 합니다.

케이티 "소피아는 편안한 마음으로 협조할 필요가 있다"—그게 진실인가요?

필립 아니요.

케이티 (양손을 벌려 키를 어림하면서) 소피아는 이만큼 큽니다. 당신은 그렇게 훨씬 더 큽니다. 당신은 그 애가 기분 좋게 유아용 의자에 앉게 해 줄 수 있습니다. 그런데 우리는 앞서 두 번째 문장("나는 딸이 행복하게 따르기를 원한다")에 대해서 "나는 내가 행복하게 따르기를 원한다"라는 뒤바꾸기를 하지 않았습니다. 소피아와 함께 있는 그 상황에서, 나는 내가 나의 말을 듣고 행복하게 따르기를 원한다. 맞나요? 그건 그리 쉬운 일이 아닙니다.

필립 맞습니다.

케이티 당신은 그때는 자기의 생각을 믿었지만, 이제 당신의 마음은 더 많이 질문되었습니다. 그것이 당신의 모든 생각, 당신의 삶에 전쟁을 불러일으키는 모든 생각과 더불어 행복할 수 있는 길입니다. "소피아는 편안한 마음으로 협조할 필요가 있다"—뒤바꿔 보세요.

필립 나는 편안한 마음으로 협조할 필요가 있다. 물론입니다.

케이티 뒤바꾸기가 하나 더 있군요. 정반대의 뒤바꾸기입니다. 그걸 찾을 수 있나요?

필립 소피아는 편안한 마음으로 협조할 필요가 없다.

케이티 그 아이가 어떻게 그럴 수 있겠어요?

필립 예, 알겠어요. 그 애는 내게서 모든 걸 배우고 있습니다.

케이티 따님은 당신이 삶을 보는 방식을 거울처럼 비춰 줍니다. 이제 5번 문장으로 갑시다.

필립 "소피아는 멍청하고 철이 없고 변덕스럽고 공주병 걸린 아기다."

케이티 뒤바꿔 보세요. "그 순간 나는……"

필립 그 순간 나는 멍청하고 철이 없고 변덕스럽고 공주병 걸린 아기다. 특히 마지막 말이 이해됩니다. 나는 "자, 이제 넌 이걸 해, 그리고 저걸 해. 유아용 의자에 앉아. 행복해. 그건 내 명령이야"라고 말하는 공주 같네요.

케이티 독재자죠. 정반대인 뒤바꾸기를 찾을 수 있나요? '멍청한'의 반대는 뭘까요?

필립 정말 대단한 아기.

케이티 '철이 없는'의 반대는요?

필립 똑똑한.

케이티 '합리적인'은 어떤가요?

필립 합리적인.

케이티 그 상황에서 따님은 합리적입니다.

필립 알려 주셔서 고마워요.

케이티 이제 6번 문장으로 가 볼까요.

필립 "나는 앞으로 다시는 인내심을 잃거나 딸을 때리고 싶은 충동을 느끼고 싶지 않다."

케이티 "나는 기꺼이……"

필립 나는 기꺼이 인내심을 잃고 딸을 때리고 싶은 충동을 느끼겠다.

케이티 예, 스윗하트. 그 일은 다시 일어날 수 있으니까요. 머릿속에 생각들이 있고, 당신이 그 생각을 믿으면 폭력이 일어납니다. 사랑하는 사람에게 단지 언성을 높이는 것뿐일지라도, 당신의 내면에서는 그것이 폭력처럼 느껴집니다. 이제, "나는 ……고대한다."

필립 나는 인내심을 잃고 딸을 때리고 싶은 충동을 느끼기를 고대한다.

케이티 당신이 그것을 고대할 수 있는 까닭은, 그런 충동은 너무 제정신이 아니라서 당신의 마음이 망상에 빠져 있다는 걸 일깨워 주기 때문입니다. 그런 면에서 '작업'은 예방의학입니다. 당신이 그걸 발견해서 기쁩니다.

필립 정말 고맙습니다.

케이티 별말씀을요.

19
상상할 수 없는 부유함

부처님께서 말씀하셨다. "수보리야, 어떤 사람이 상상할 수 없이 많은 보물로 십억 세계를 가득 채우고 나서 그것을 보시한다면 그 공덕이 크겠느냐?"

"스승님, 대단히 클 것입니다."

부처님께서 말씀하셨다. "실로 그러하다. 하지만 그 공덕이 실재한다면, 붓다는 그것을 '크다'고 하지 않았을 것이다. 이 공덕이 존재하지 않으므로 붓다는 그것을 '크다'고 말한다."

―――――――――

남에게 무엇을 줄 때마다 내게 돌아오는 것은 자유입니다. 나는 나의 소유물로 채워져 있던 공간에 온 세상이 들어오도록 허용합니다. 소유를 거저 줄 때 나는 온 세상을 얻습니다. 나는 애초에 소유할 것이 아무것도 없으므로 모든 것이 내 것임을 알았습니다. 그리고 오늘 내가 어떤 것을 소유하고 있는 듯이 보일지라도 내가 무엇을 소유할 수는 없습니다. 소유란 마음의 상태입니다. 건물이 불에 타거나 사랑하는 사람이 죽어서 땅에 묻히는 걸 지켜보기만 해도 그렇다는 것을 이해할 수 있습니다. 그렇다는 것을 이해하면, 모든 것이 당신의 것이며, 언제나 당신의 것이었음을 알아차리게 됩니다. 차를 타고 동네를 지나다가 한 남자가 잔디밭에 물을 주고 있는 모습을 볼 때, 나는 그것이 나의 잔디밭이고, 내 집이며, 한 번도 만난 적 없는 그 남자가 내 친구임을 압니다. 나는 그를 압니다. 그는 나의 세계를 돌보고 있습니다. 그는 필요한 일을 하고 있습니다. 모든 일에는 공덕이 있습니다. 모든 순간마다 공덕이 있습니다. 그것으로 깨어날 필요도 없습니다. 우리가 그걸 알아차리든 알아차리지 못하든, 그것은 지금 있는 그대로이기 때문입니다.

나는 여기서 붓다가 말하고 있는 사람과 같습니다. 상상할 수 없이 많은 보물을 가진, 모든 우주에서 가장 부유한 남자나 여자, 모든 것을 주는 사람. 부유함은 마음의 상태입니다. 만일 어떤 것이든 주지 않으려 한다면, 그것은 참된 부유함이 아닙니다. 참된 부유함, 즉 공덕이 있어 보이는 마음 상태는 모든 것을 줍니다. 자기 자신에게 주는 것이기 때문입니다. 그것은 주지 않을 수 없습니다. 마음이 가슴(우리 '본연의 지혜'에 내가 붙인 이름)과 일치할 때, 그것은 옳고 그름을 분별하지 않으며, 스스로 완전히 옳습니다. 그것은 자기의 노래, 우리 본성의 노래입니다. 나는 "이게 누구에게 필요할까?"라고 애써 생각할 필요가 없습니다. 그런 일을 떠맡을 생각이 전혀 없습니다. 나는 너무나 부유해서 그 일부조차 다 쓸 수 없습니다. 그것은 내가 쓸 때마다 다시 배로 늘어납니다. 그것은 완전히 스스로 유지됩니다. 그것은 절대 마르지 않는 샘물입니다. 우주에서 가장 부유한 사람이 되는 건 즐거운 일입니다. 항상 완전히 한가롭기 때문입니다. 당신의 부유함은 결코 줄어들 수 없으며, 당신은 부유해지기 위해 혹은 부유함으로 어떤 것도 할 필요가 없습니다. 당신은 부유함을 전달하는 통로일 뿐입니다.

우주에서 가장 가난해지는 것도 그만큼 멋진 일입니다. 나는 아무것도 소유하지 않고, 아무것도 가지지 않으며, 아무것도 아닙니다. 그럴 때 모든 것이 내게 있습니다. 내가 주는 것은 내 것이 아닙니다. 그 샘물은 끊임없이 흘러나옵니다. 필요하다고 하든 하지 않든 그 샘물은 솟아납니다.

1997년, 침실 하나인 작은 게스트 하우스를 팔려고 내놓았더니, 어느 부부가 어린 자녀들을 데리고 그 집을 보러 왔습니다. 그 집을 둘러본 그들은 원하는 집이 아니라는 걸 알았습니다. 그런데 그보다 훨씬 큰 내 집에서 대화를 계속하던 중 아내가 남편을 돌아보며 말했습니다. "이런 집이라면 어떻게 해서라도 가지고 싶은데…… 당신은 어때요?" 그들은 웃고 나서 한숨을 내쉬었는데, 곧 그 여성이 얼굴을 돌려 나를 똑바로 바라보더니 미소를 지으며 말했습니다. "우리에게 이 집을 주실 수 있나요?"

나는 대답했습니다. "예."

"농담하시는 거죠?" 그녀가 말했습니다.

"아니요."

그렇게 나는 내가 살던 집을 그들에게 주었습니다. 그들은 깜짝 놀랐고 정말 고마워했습니다. 그들은 이사 오면서 우리 개가 무척 마음에 든다고 말했습니다. 그래서 개도 주었습니다.

이렇게 거래하는 동안 나는 한 번도 너그러운 행위를 하고 있다고 생각하지 않았습니다. 그들이 그 집을 달라고 요청하는 순간, 그 집은 분명히 그들의 것이었고, 더는 내가 줄 수 있는 나의 집이 아니었습니다. 그들이 그 집을 그렇게나 좋아하는데도 내가 주지 않았다면 나는 바보였을 것입니다. 그들은 그 집에서 살 사람들이었습니다. 나는 단지 그 사실을 알아차렸을 뿐입니다. 내가 결정해야 할 일은 없었습니다. 우리 개에 대해서도 마찬가지였습니다. 그들은 분명히 그 개를 무척 좋아했습니다. 우리 막내딸 록산은 이미 여러 해 전에 집을 떠나 독립했으니, 그 개는 어린아이들과 함께 살면서 뛰어노는 편이 행복할 것입니다.

'부유함'은 어제나 내일에 관한 말이 아닙니다. 부유함은 지금 알아차려지고, 지금 살아지고, 지금 주어집니다. 부유함은 중단되지 않습니다. 부유함은 저절로 계속 주어집니다. 이 점을 이해하면, 모든 애씀이 점차 사라집니다. 당신은 오로지 알아차리고, 당신을 통해 '주는 행위'가 일어나게 하고, 그것이 다음에 어디로 갈지 보면서 신나하면 됩니다. 당신에게 필요한 것은 절대로 고갈되지 않음을 늘 알면서……

당신은 돈 버는 일이 항상 쉽다고 말했습니다. 늘 부유하다고 느꼈나요?

1986년 이전에는 전혀 그렇지 않았습니다. 부유함이란 자유로운 마음입니다. 내가 열 살이나 열한 살 때도 돈 버는 건 쉬웠습니다. 크리스마스 카드, 생일 카드, 명절 카드를 팔았어요. 20대와 30대에 많은 돈을 벌었지만, 그때는 부유함의 반대를 느꼈습니다. 여러 개의 회사를 소유했고, 근사한 집에 살았고, 다른 부동산과 차들과 보트까지 가지고 있었지만, 나는 그걸 다 유지할 만큼 많은 돈을 벌 것이라고는 믿지 않았습니다. 그런데 1986년 이후에는 재산이 필요 없어졌습니다. 왜냐하면 모든 것이 내게 속하므로 아무것도 소유할 이유가 없다는 걸 깨달았기 때문입니다. 다른 사람들이 나 대신 그것을 돌보고 있고, 내게 후하든 그렇지 않든, 그들이 그것을 가지고 있든 남에게 주든, 그것은 그래야 하는 대로이고, 아무 문제가 없으며, 모든 것은 선물입니다.

그 사람들에게 당신의 집을 주었을 때, 전남편 폴은 어떤 반응을 보였나요?

처음에는 몹시 화를 냈습니다. 그때쯤엔 나의 이상한 행동에 익숙해져 있었지만, 그에게 그건 '특별한 일'이었습니다. 그의 말에 따르면, 우리 가족의 세계 전체가 그 집과 연관되어 있었기 때문입니다. 하지만 잠시 후 그는 진정되었고 계약서에 서명했습니다. 그는 자신이 믿고 있는 생각들에도 불구하고 이 일에서는 나를 신뢰했던 것 같습니다.

남에게 무엇을 줄 때마다
내게 돌아오는 것은 자유입니다.

20
완벽한 몸

부처님이 말씀하셨다. "수보리야, 너에게 묻겠다. 부처의 완벽한 몸을 보고서 부처임을 알아볼 수 있겠느냐?"

수보리가 대답했다. "스승님, 아닙니다. 부처님의 완벽한 몸을 보고서 부처님임을 알아볼 수는 없습니다. 부처님께서는 완벽한 몸은 완벽한 몸이 아니라고 말씀하셨기 때문입니다. 그것은 단지 이름이 '완벽한 몸'일 뿐입니다."

"부처임을 나타내는 어떤 특징으로 부처를 알아볼 수 있느냐?"

"스승님, 그렇지 않습니다. 그런 어떤 특징으로 부처님을 알아볼 수는 없습니다. 부처님께서는 그런 어떤 특징도 특징이 아니라고 말씀하셨기 때문입니다. 그것들은 단지 이름이 '특징'일 뿐입니다."

모든 사람이 붓다입니다. 모든 사람이 완벽한 몸을 가지고 있습니다. 만일 당신의 몸을 다른 사람의 몸과 비교할 수 없다면, 무엇이 부족할 수 있을까요? 마음이 비교하지 않는다면, 아무도 너무 뚱뚱하거나 너무 마를 수는 없습니다. 그것은 불가능하며 미신에 불과합니다.

남들과 비교하면 있는 그대로의 현실을 알아차릴 수 없습니다. 당신은 몸무게가 이백 킬로그램일 수 있고 암으로 죽을 수도 있지만, 그래도 당신의 몸은 완벽하며, 지금 이 순간 정확히 있는 그대로의 당신이기 위해 필요한 몸입니다.

가끔 사람들은 몸을 치유하려는 동기로 '작업'을 이용합니다. 온전한 정신이 치유법이며, 그것은 몸에 달려 있지 않음을 그들은 이해하지 못합니다. 궁극적으로 몸은 치유되지 못할 것입니다. 이것은 아주 좋은 소식입니다. 몸에 대해서는 끝났으니, 몸은 잊어버리고, 원인을 탐구해 봅시다. 붓다의 몸에 어떤 특징들이 있다는 이야기가 진실이라면, 뚱뚱한 사람은 자기를 깨달을 수 없고, 휠체어를 타고 있는 사람, 늙거나 병든 사람, 아름답지 않은 사람도 자기를 깨달을 수 없을 것입니다. 그렇다면 사실상 어떤 인간도 자기를 깨달을 수 없다는 말이 됩니다! 이런 이론에 따르면, 그 누구도 자유로워질 기회를 얻지 못할 것입니다. 사람들은 먼저 자기의 인생을 완벽하게 만든 뒤에야 평화를 찾을 수 있다고 생각합니다. 우리가 지금 여기서 그냥 평화로울 수는 없는 걸까요?

몸을 치유하려는 동기로 '작업'을 하지 않기를 바랍니다. 진실을 사랑하는 마음으로 '작업'을 하세요. 마음을 치유하세요. 스트레스를 주는 생각을 이해로 만나세요. 우리는 여러 해 동안 건강에 좋은 음식을 먹고 매일 운동하고 몸매를 잘 관리하면서 살고 있었는데, 어느 날 횡단보도에서 트럭에 치일지도 모릅니다. 당신은 바로 지금 행복할 수 있나요? 내일도 아니고 10분 뒤도 아닌 바로 지금? 내가 사용하는 '행복'이라는 단어는 평화롭고 마음이 맑은 자연스러운 상태를 의미합니다. '작업'이 우리에게 주는 것은 바로 그것입니다.

몸은 갈망하지 않고, 원하지 않고, 알지 못하고, 염려하지 않고, 사랑하지 않고, 미워하지 않으며, 허기나 갈증도 느끼지 않습니다. 몸은 단지 마음이 집착하는 것을 반영할 뿐입니다. 몸은 중독되지 않으며 마음만이 중독됩니다. 몸은 마음을 따르며, 다른 선택을 할 수 없습니다. (실제로는 그런 일들이 동시에 일어나지만, 우리가 이원성의 세계에 살고 있는 것 같으니 여기서는 몸이 마음을 따른다고 하겠습니다.)

마음이 평화로울 때, 마음은 몸을 완벽한 것으로 투사합니다. 심지어 몸이 구급차에 실려 병원에 가거나 심장마비가 일어났을 때도. 몸에 어떤 일이 일어나도 두려워하지 않습니다. 맑은 마음은 두려워할 줄 모릅니다. 그런 마음은 모든 순간을 사랑합니다, 구급차에 실려 있든 혼자 있든, 이런저런 정체성을 가지고 하는 마지막 여행이 될지도 모르는 모든 순간을……. 그런 마음은 더는 현실과 전쟁을 벌이지 않습니다.

1986년 어느 날, 요양원 다락방의 바닥에서 깨어나는 경험을 한 뒤 몇 달이 지났을 때, 나는 소파에 앉아 있다가 일어서려고 했는데, 몸이 움직이지 않았습니다. 내 다리가 마비되었습니다. 다리는 나와 아무 관계도 없는 것 같았습니다. 나는 두 손을 다리에 얹고 친한 옛 친구에게 하듯이 다리에게 얘기했습니다. "오, 스윗하트, 너는 오랜 세월 아무 요구도 하지 않고 나를 데리고 다녔어. 다시는 나를 위해 움직이지 않아도 돼. 앞으로 다시는." 다리가 나를 데리고 아주 먼 거리를 다닌 데 대해 말할 수 없는 감사를 느꼈습니다. 그리고 그저 다리와 함께 거기 앉아서 아무런 기대 없이 다리가 무엇을 할지 보려고 기다렸습니다. 45분쯤 지난 뒤 다리는 내가 이전에는 전혀 경험해 보지 못한 수준으로 되살아났습니다. 다리는 내가 아이였을 때보다 더 튼튼하고 생기 있는 것 같았습니다. 마치 새로운 생명으로 다시 태어난 것 같았습니다. 마치 사랑이 너무 매력적이어서 그 사랑과 함께하기 위해 다리가 자기를 넘어서려는 것 같았습니다.

맑은 마음은 몸이 개인의 것이 아님을 이해합니다. 몸은 문제를 일으킬 수 없습니다. 몸을 자기 자신으로 여기는 마음의 동일시가 혼란과 괴로움을 일으킵니다. 몸을 자기 자신으로 여기는 마음은 몸이 없는 상태를 두려워합니다. 그 마음은 집 없이, 자아 없이 있는 법을 모르고, 외견상 영원히 잃어버리는 법을 모릅니다. 그 마음은 놓아 버릴 수 있을 만큼 깨닫지는 못했습니다. 그리고 드물게 경험하는 아무 정체성이 없는 순간에는 스스로 겁을 먹고 다시 위축되며, 자유를 되찾는 법을 모릅니다.

'작업'은 마음이 현실로 깨어나면서 움켜쥔 것을 안전하게 놓을 수 있는 한 가지 방법입니다. 마음은 자기라고 동일시하는 몸이 완벽하지 않다고 생각될 때 위축됩니다. 몸이 죽으리라는 것을 알아차릴 때, 마음은 몸이 죽어서 아무 정체성도 가질 수 없으면 어떻게 될지 걱정하며 겁에 질립니다. 마음은 애초에 그 정체성이 거짓임을 깨닫지 못합니다. 어떻게 마음이 몸일 수 있을까요? 어떻게 마음이 살거나 죽을 수 있을까요? 마음이 살거나 죽을 수 있다고 생각하는 한, 마음은 환상에 갇혀 있습니다.

사람들은 죽는 걸 두려워합니다. 죽는 법을 모른다고 생각합니다. 그렇지만 진실은, 누구나 죽는 법을 안다는 것입니다. 우리는 살아 있는 동안 매일 밤 완벽하게 죽습니다. 당신이 완전히 녹초가 되어 밤을 맞이했다면, 잠을 자려 할까요, 아니면 깨어 있으려 할까요? 도무지 경쟁이 안 됩니다. 우리는 매일 밤 자신을 그렇게 소멸시킵니다. 그리고 잠을 자지 못하면 기분이 좋지 않고, 수면 부족이 심해지면 미칠 것 같은 상태가 될 수도 있습니다. 우리는 무엇으로 깨어나나요? 마음입니다. 마음은 마음으로 깨어납니다. 만일 우리의 생각을 사랑한다면, 우리는 깨어 있는 것(있음)만큼 자는 것(없음)을 사랑합니다.

자기를 몸으로, 한 명의 '당신'으로 동일시하면, 마음이 깊은 망상 상태에 빠지게 되어 오만함이 뒤따릅니다. 만일 마음이 자기 아닌 것을 자기라고 믿으면, 마음은 자기가 투사하는 모든 것이 실재한다고 상상하게 됩니다. 그리고 그런 오만함 때문에 마음은 절대로 보존할 수 없는 것을 보존해야 한다고 생각합니다. 만일 마음이 선택할 수 있다면, 왜 자기를 몸과 동일시하고 죽음의 위협을 느끼면서 살려고 하겠어요? 그보다는 자신이 어떻게 하면 아무 정체성 없이, 자기의 몸 없는 무한한 존재의 기쁨으로 부활(하는 듯)하게 되는지를 이해하고 싶어 하지 않을까요?

예를 들어, 나의 심장은 언제나 완벽합니다. 왜냐하면 나는 이 심장이 내 것이라고 믿지 않기 때문입니다. 이 심장이 힘차게 박동하든 손상되어 멈추든, 그것은 그래야 하는 대로입니다. 심장마비가 일어나더라도 그 순간에 심장은 완벽할 것입니다. 심장마비가 일어날 때 현실과 다투면, 심장마비에 더해서 많은 두려움까지 함께 겪게 됩니다. 하지만 자신의 이야기가 없다면 심장마비도 평화롭게 경험할 수 있습니다. 그러면 심장마비조차 신나는 경험이 될 수 있습니다.

1999년의 어느 날, 나는 '피츠 커피'를 나온 뒤 집에 가려고 차를 운전하여 맨해튼 비치의 35번가로 가고 있었습니다. 라디오에서는 내가 좋아하는 음악이 흘러나오고 있었습니다. 그런데 갑자기 가슴과 팔에 찌르는 듯한 통증이 느껴졌습니다. 통증이 극심했는데 동시에 흥미진진했습니다. 나는 매료되었습니다. 도로에는 차가 꽉 차 있었습니다. 나는 주차할 곳을 찾아 차를 댔습니다. 모든 것이 느린 화면으로 보였습니다. 하늘, 나무, 건물, 운전대를 잡은 나의 손……. 아름다운 날이었습니다. 그녀는 이렇게 죽는 건가? 이게 이야기의 끝인가? 나는 어느 하나도 놓치고 싶지 않았습니다. 마지막 장면이 될 수도 있는 단 한 순간도. 하늘, 건물, 아스팔트, 양손, 운전대, 고요……. 얼마나 큰 은총인가요! 내 안에서는 기쁨이 계속 차오르고 있었고, 통증은 가라앉기 시작했습니다. 통증은 나온 곳으로 돌아갔고, 나는 그걸 보고 소리 내어 웃었습니다. 이야기가 끝나는 것이 좋은 만큼 이야기가 계속되는 것도 좋습니다. 나는 내가 충분히 현존하여 이 아름다운 삶처럼 보이는 것의 한 순간도, 한 호흡도 놓치지 않는 것을 사랑합니다.

당신은 2014년 2월에 죽을 뻔했습니다. 그 경험은 어땠나요?

의사의 소견으로는 나는 거의 죽은 상태였습니다. 내 견해는 그렇지 않았지만. 내겐 급성 폐렴, 황달, 간 부전, 신장 부전이 있었습니

279

다. 의사이자 친구인 앨리슨 가브는 나를 응급실에 입원시키고 부전이 일어난 장기를 치료할 세 명의 전문의를 불렀습니다. 그들이 7일 동안 애썼지만 장기 폐쇄를 멈추지는 못했습니다. 그것은 해가 지듯이 자연스러운 과정이었습니다. 무척 아름다웠습니다.

어느 시점에 앨리슨이 남편 스티븐에게 말했습니다. "정말 심각한 상태예요. 걱정됩니다. 그녀를 잃을지도 몰라요." 그리고 마지막으로 허파에 어떤 시술을 시도해 보기로 했습니다. 스티븐은 침대 곁에 서 있었고, 앨리슨이 내게 말했습니다. "이 시술을 하는 동안 심장이 멎을지도 몰라요. 그러면 심폐소생술을 해야 하는데, 당신이 동의해 주어야 합니다. 심폐소생술을 원하시나요?" 나는 삶과 죽음 중 어느 쪽을 더 좋아하는지 알 수 없어서 아무 대답도 하지 않았습니다. 사실 나는 그녀가 농담하고 있다고 생각했습니다. 하지만 곧 그녀는 정말로 내가 죽을 수 있는 존재라고 믿는다는 것을 알아차렸고, 그래서 그녀가 당황하지 않도록 스티븐에게 대신 대답해 달라고 부탁했습니다. 그는 앨리슨에게 어느 쪽을 선택할지 알려 주겠다고 말한 뒤, 나의 뇌에 심각한 손상이 일어나지 않는 한도 내에서 심폐소생술을 해도 좋다고 했습니다. 나도 좋았습니다. 나는 아무 드라마도 쓰지 않고 선호하는 것도 없이 그 시술을 받았습니다. 그 모든 경험에서 내게는 심각할 것이 전혀 없었습니다. 그 모든 것은 마음의 놀이일 뿐이었습니다.

궁극적으로 몸은

치유되지 못할 것입니다.

이것은 아주 좋은 소식입니다.

21장
잃을 것이 없다

부처님께서 말씀하셨다. "수보리야, 부처에게 가르칠 것이 있다고 생각하지 마라. 만일 어떤 사람이 부처에게 가르칠 것이 있다고 말한다면, 그는 부처를 비방하고 있으며 부처의 가르침을 이해하지 못하고 있다. 진리를 가르칠 때, 가르칠 수 있는 진리는 없다. 그러므로 그것을 일러 '진리를 가르친다'고 한다."

수보리가 말했다. "스승님, 지금으로부터 수천 년 뒤에 이런 말씀을 듣고 믿음을 얻는 중생이 있겠습니까?"

부처님께서 말씀하셨다. "믿음을 얻는 중생은 중생이 아니며, 중생 아닌 것도 아니다. 부처는 모든 중생이 실제로는 중생이 아니라고 가르쳤다. 그들은 이름이 '중생'일 뿐이다."

내가 좋아하는 표현 중 하나는 "아무것도 잃을 게 없다"는 말입니다. 나의 것은 아무것도 없으며, 그것이 내게는 자유로 경험됩니다. 그렇기는 해도 어떤 것이 내게 맡겨지면 나는 그것을 아주 잘 보살핍니다. 나는 그것이 가급적 본래 그대로이기를 원합니다. 그것은 당신에게 전해질 수 있기 때문입니다. 그리고 나는 내가 그것을 사랑한

만큼 당신이 사랑할 것이라고 투사합니다.

어떻게 내가 무엇을 가질 수 있을까요? 그건 불가능합니다. 내가 나의 환상 말고 무엇을 잃어야 할까요? 마음이 더는 자기를 두려워하지 않을 때, 그것이 분리의 끝입니다. 마침내 마음은 아무것도 소유할 수 없음을 이해하게 됩니다. 심지어 자기의 자아조차도.

배울 가치가 있는 단 하나는 배운 것을 잊는 것입니다. 그러려면 자신이 안다고 생각하는 모든 것에 질문해야 합니다. 자기 자신에게 이르는 열쇠를 찾으면 자유를 발견하는데, 그 자유는 너무나 광대해서 어떤 신체에도 담길 수 없으며 어떤 우주에도 담길 수 없습니다. 배운 것을 잊을 때 그 광대함이 저절로 드러납니다. 우리가 스스로 안다고 생각하는 것에 갇혀 있는 한, 세계는 협소한 채로 있고, 괴로움처럼 보이는 것 속에서 살게 됩니다.

당신이 문제가 있다고 믿고 붓다에게 가면, 그는 아무것도 가르치지 않을 것입니다. 붓다는 거울에 비친 당신 자신입니다. 붓다는 당신 자신의 마음으로 돌아가는 길을 가리킬 것이며, 그 마음 안에 모든 해답이 있습니다. 만일 무언가 존재한다면, 오직 마음만 존재하며, 붓다는 항상 물리적 세계가 아니라, 자기 깨달음이 경험될 수 있는 유일한 곳으로 돌아가는 길을 가리킬 것입니다.

붓다는 어떻게 움직이라고 지시하는 과거나 미래 없이, '모르는 마음'의 확실함 속에 삽니다. 마치 바람에 날리다 늘 완벽한 자리에 내려앉는 나뭇잎처럼……. 깨닫지 못한 마음을 가진 사람이 붓다를 따를 수 있는 유일한 길은 "나는 알 수 없다"는 길을 걷는 것입니다. 이것은 행위처럼 보여도 행위가 아닙니다. 붓다의 힘은 그의 말이나 행

283

위가 아닙니다. 붓다는 알아차림(앎)으로 살며, 그것이 붓다의 힘입니다. 붓다가 그의 길을 걸을 때 사람들이 따르는 이유는 그 길에 끌리기 때문입니다. 붓다는 결코 "나를 따르라"고 말하지 않습니다.

자신이 확실하다고 믿는 것들에 대해 질문하려면 열린 마음이 필요합니다. 내면으로 들어가는 여행을 두려워하지 않는 마음, 한 번도 가 보지 않은 곳에 기꺼이 가려는 마음이 필요합니다. 그것은 진실한 것으로 들어가는 여행입니다. 그러면 모든 것이 진실 속에 녹아듭니다.

진실을 견딜 수 있는 것은 아무것도 없습니다. 그 마음은 사랑 자체이며, 그것이 아닌 것은 아무것도 없습니다. 그것은 마침내 자기 안에서 쉬는 마음이고, 자기와 함께 집에 있는 마음입니다. 그것은 모순, 전쟁, 불친절의 종식입니다. 또 자기가 몸이라는 정체성의 최후이며, 분리된 자아의 종말입니다. 깨달은 마음은 자기의 기쁜 본성 말고는 아무것도 존재하지 않는다는 것을 이해합니다.

당신은 모든 것이 진실 속에 녹아들 때, 마음은 자신이 사랑 자체임을 발견한다고 말합니다. 좀 더 설명해 주시겠어요?

마음의 본성은 맑음, 광활함, 기쁨의 창조, 자기 안에서의 끝없는 놀이입니다. 마음의 자비로움은 한계가 없습니다. 마음의 자비로움은 있는 듯 보이지만 없는 것을 밝히는 것입니다. 마음은 아무것도 아니고, 모든 것이며, 무(無)입니다. 마음은 순간보다 빠르고, 광대하고, 모든 것을 포함하며, 늘 혼자이고, 상상할 수 없이 아름답습니다.
잃어버린 것은 끝없이 발견되며, 발견된 것은 끝없이 사라집니다.

배울 가치가 있는 단 하나는
배운 것을 잊는 것입니다.
그러려면 자신이
안다고 생각하는 모든 것에
질문해야 합니다.

22
쓰레기를 줍는다

부처님께서 말씀하셨다. "수보리야, 내가 깨달음을 얻었을 때 얻은 것이 있느냐?"

수보리가 대답했다. "없습니다, 스승님. 제가 이해하기로는 스승님께서 실제로 얻은 것은 없습니다."

부처님께서 말씀하셨다. "그렇다, 수보리야. 내가 절대적인 완전한 깨달음을 얻었을 때, 나는 절대로 아무것도 얻지 않았다. 그러므로 그것을 일러 '절대적인 완전한 깨달음'이라 한다."

아무도 깨달음을 얻은 적이 없습니다. 깨달음은 물건이 아니기 때문입니다. 그것은 상상의 산물입니다. 깨달음은 존재하지 않는 과거에 일어납니다. 당신은 바로 지금 스트레스를 주는 자기의 생각을 깨달았나요? 그것만이 중요한 깨달음입니다.

나에게는 과거가 없으므로 판단 기준이 없습니다. 누구에게도 판단 기준이 없습니다. 하나의 이야기가 나타나고 우리가 그 이야기에 관심을 기울이면, 그 이야기가 알아차림(앎)보다 우선하게 됩니다. 이

287

야기가 우리의 온 세상이 됩니다. 그것은 마치 영화관에 앉아 마음을 온통 사로잡는 영화를 보면서, 그것을 사실인 듯 여기며 오싹해하거나 감동의 눈물을 흘리는 것과 비슷합니다. 조사되지 않은 이야기에 관심을 쏟는 것은 그와 같습니다. 우리는 그것을 과거라고 합니다. 하지만 과거를 찾으려 아무리 둘러보아도 어디서도 찾을 수 없습니다. 당신은 지금 이 순간 자신이 있는 곳만을 발견할 뿐입니다.

내 앞에 놓인 일이 무엇이든 내가 다룰 수 없을 만큼 어렵지는 않습니다. 내가 그 일을 다룰 필요가 없기 때문입니다. 나는 쓰레기를 줍는데, 만일 그 쓰레기를 보지 못했다면, 그것은 다른 사람의 몫으로 남겨집니다. 바닥에 놓여 있는 쓰레기를 보면, 당신은 그로부터 무엇을 투사하나요? 더럽거나 성가신 일이거나 수치스러운 일이라고 느껴지나요? 아니면 그것이 그 순간 당신에게 딱 맞는 일이라고 느껴지나요? 아름다운 세계, 실제 세계에 살 수 있도록 자기 마음을 깨끗이 하는 것, 그것이 궁극의 할 일입니다. 그럴 때 천국이 만들어집니다. 그렇지 않으면 지옥이……. 붓다는 단순히 쓰레기를 줍고, 설거지를 하고, 바닥을 청소합니다. 그렇게 붓다는 세상을 조금 더 낫게 변화시킵니다. 하지만 궁극의 할 일은 세상을 바꾸는 것이 아니라, 당신 안의 세계를 이해하는 것입니다.

아무도 세상을 영원히 변화시킬 수 없습니다. 당신이 그 쓰레기를 주울 수는 있겠지만, 언제나 다른 곳에 더 많은 쓰레기가 있을 것입니다. 우리가 진실로 변화시킬 수 있는 유일한 세계는 우리 지각의 세계입니다. 그것이 중요하며, 때가 되면 지각이 마치 종처럼 당신의 심장을 울릴 것입니다. 세상이 당신을 관통하고, 쓰레기를 보는 것은 은총의 순간이 됩니다. 그 무엇도 당신을 깨우치지 않을 수 없습니다. 왜냐하면 모든 것은 지각이기 때문입니다. 그러니 당신의 본성인 알아차림(앎)을 방해하는 모든 것에 대해 질문하세요. 무(無)보다 친절한 것은 없습니다.

당신에게는 과거가 없다고 말합니다. 하지만 당신은 어머니가 돌아가실 때 보살 폈던 일들을 기억합니다. 그건 당신에게 과거가 있다는 의미 아닌가요?

전혀 그렇지 않습니다. 나는 지금 나타나고 있는, 과거처럼 보이는 것의 영화에 대해 말한 것일 뿐입니다. 지금은 없습니다. 지금은 없습니다. 이런 것들은 지금 있지 않은 것을 가리키고 상징하는 것들입니다. 당신이 괴로움을 겪고 있다면, 나는 무엇이든 말할 것이고, 어디든 갈 것이고, 당신의 언어로 말할 것이고, 내가 존재하는 척할 겁니다. 하지만 당신이 초대할 때만 그렇게 합니다.

당신은 바로 지금

스트레스를 주는 자기의 생각을 깨달았나요?

그것만이 중요한 깨달음입니다.

23
감사에는 이유가 없다

부처님께서 말씀하셨다. "수보리야, 더 나아가 깨달은 마음에는 모든 것이 동등하다. 그 마음에는 더 높은 것도 없고 더 낮은 것도 없으며, 더 좋은 것도 없고 더 나쁜 것도 없다. 그러므로 그것을 일러 '깨달았다'고 한다. '나'와 '남'이라는 관념을 믿지 않는 사람이 자아 없이 행동하면, 그는 깨달음의 상태를 체화하여 그대로 살 수 있다."

우리는 아무것도 하고 있지 않습니다. 궁극적으로 우리는 행해지고 있습니다. 내가 "당신을 사랑해요"라고 말할 때, 그 말을 하는 개인은 없습니다. 그것은 자기 사랑이며, 내가 나에게 말하고 있을 뿐입니다. 더 정확히 말하면, '그것'이 자기에게 말하고 있을 뿐입니다. 만일 내가 당신에게 "차를 따라 드릴게요"라고 말하면, '그것'이 자기에게 자기의 차를 따라 주는 것이며, 차는 그것 자신입니다. 그것은 자기에게 너무나 몰입되어 있어서 다른 무엇을 위한 여지를 남기지 않습니다. 분자 하나도 그것과 분리되어 있지 않습니다. 이것이 참된

사랑입니다.

그것이 궁극의 자아, 곧 무아(無我)입니다. 그것은 늘 자기에게 열중하며, 늘 그것을 사랑합니다. 이원성의 세계처럼 보이는 곳에서는 사람들이 '당신'과 '나'를 보겠지만, 실제로는 오직 하나뿐입니다. 모든 것이 동등합니다. '이것'이나 '저것'은 없습니다. 심지어 '하나'라고 말하는 것조차 망상입니다. 당신이 아무리 단절되려 시도해 봐도 소용이 없습니다. 단절되는 것은 불가능하기 때문입니다. 당신이 믿는 모든 생각은 연결을 끊으려는 시도입니다. 하지만 그건 시도일 뿐, 실제로 단절될 수는 없습니다. 그런 시도가 불편하게 느껴지는 것은 이 때문입니다.

현실로 깨어났을 때, 나는 명상에 대해 들어 본 적이 없었습니다. 생각이 적이라고 말해 주는 사람도 없었습니다. 그래서 나는 자연스럽게 머릿속에 떠오르는 생각들을 친구처럼 만나고 환영할 수 있었습니다. 내가 당신을 적으로 여기며 만난다면 스트레스를 느끼지 않을 수 없습니다. 그러니 만일 내가 생각을 적으로 여기며 만난다면, 어떻게 스트레스를 느끼지 않을 수 있을까요? 생각을 친구로 만나는 법을 배웠을 때, 모든 사람을 친구로 만날 수 있음을 알게 되었습니다. 당신이 나에 대해 뭐라고 말하든, 그 말은 이미 내 안에서 생각으로 나타난 것들입니다. 이렇게 단순합니다.

나는 함께 있는 사람들을 사랑하지 않을 수 없습니다. 그들을 사랑하지 않는다면 제정신이 아닐 겁니다. 나는 그들에게 아무것도 기대하지 않습니다. 전혀 아무것도. 그들은 자신을 위해, 자신의 행복을 위해 주는 것을 주고, 나는 두 팔 벌려 그것을 받습니다. 그리고 인간의 가슴에서 일어나는 모든 것의 자비를 사랑합니다. 나는 사람들이 오는 것도 사랑하고, 가는 것도 사랑합니다. 그리고 그중에 누가 머무를지 고르고 선택할 수 없음을 압니다. 선택의 여지가 거의 없는 것으로 나 자신을 속일 수는 없습니다. 내가 왜 그러겠어요? 우주가 그토록 광대한데, 왜 내가 작은 걸 좋아하겠어요? 나는 내 삶에 누가 있어야 하는지, 또 사람들이 내 삶에 언제 들어오고 나가야 하는지를 지시하지 않습니다. 내가 그걸 어떻게 알겠어요?

사람들이 자비로울 때 나는 고마워합니다. 그들에게 고마워하는 게 아니라, 그냥 고마워합니다. 나중에 그 이유가 드러날 때, 그것은 항상 타당합니다. 감사에는 이유가 없습니다. 이야기들이 으레 그렇듯이, '왜냐하면'이라는 이야기는 멋질 수 있지만, 결국 우리는 그냥 고마워합니다. 이 순간의 선함을 의심하게 할 만한 근거는 없습니다. 그리고 이 순간보다 더 좋은 유일한 것은 '바로 이' 순간입니다······ 이런, 그게 어디로 가 버렸나요? 그리고 각각의 지금······ 지금······ 지금······이 유일한 지금인데, 지금 그것은 그때(과거)가 되어 버렸습니다. 나는 이 모든 감사를 하지 않을 수 없습니다! 그게 진실인가요? 나는 그렇다고 생각하지 않습니다. 당신이 직접 확인해 보세요.

붓다는 자비는 자비가 아니라고 말합니다. 우리가 자비로울 때는 자비가 자비처럼 느껴지지 않기 때문입니다. 우리는 단지 우리가 아는 할 일을 할 뿐입니다. 그 일은 자연스럽게 옵니다. 우리는 줍니다. 우리는 그런 사람이기 때문입니다. 선택하는 게 아닙니다.

내가 지금까지 경험한 가장 큰 자비의 예는 1986년 8월에 처음으로 내게 나타난 늙은 여성이었습니다. 나는 그녀를 '나의 숙녀'라고 불렀습니다. 그때는 이른 아침이었고, 나는 침대 위에서 전남편 폴 옆에 누워 자고 있었습니다. 잠에서 깨어 바라보니, 그녀가 침대 옆에 있는, 벽에 기댄 의자에 앉아 있었습니다. 그녀는 더없이 다정하고 선해 보이는 60대 여성이었습니다. 지금이라면 80대쯤 되었겠지요. 살이 쪘지만 비만은 아니었고, 약 160센티미터의 키에 80킬로그램쯤 되어 보였습니다. 그녀는 끈으로 묶는, 버클이 달려 있고 뒷굽은 넓고 짧은 검은 가죽 신발을 신고 있었고, 검은색과 황백색 페이즐리 프린트 드레스를 입고 있었는데, 앞부분에는 위아래로 단추가 달려 있었고, 같은 재질의 가는 허리띠에는 검은 직물의 작은 버클이 있었고, 소매는 위팔의 중간 아래까지 내려왔습니다. 드레스 밑단은 종아리 가운데보다 더 아래로 내려와 있었는데, 드레스 안에는 무릎 바로 밑까지 올라가는 스타킹을 신고 있다는 걸 알 수 있었습니다. 머리는 느슨하게 뒤로 당겨 올림머리를 하고 있었습니다. 다리는 벌리고 있었고, 무릎 위에 한 손씩 얹고 있었는데, 엄지와 검지를 맞대어 고리 모양을 이루고 있었습니다. 그녀는 아주 인자하고 악의가 전혀 없어서, 나는 한 번도 경험하지 못한 신뢰를 느꼈습니다. 만일 내가 예수를 믿었거나 붓다에 대해 알았다면 그들을 그녀에게 투사했을지 모르지만, 나는 그저 내가 사랑하고 신뢰할 수 있는 모습을 투사했던 것입니다.

그 뒤 갑자기 내가 그 숙녀로서, 내가 그동안 케이티였다는 것도 모르는 채 그 숙녀 안에 있는 걸 발견하고 깜짝 놀랐습니다. 잠시 후에는 내가 나중에 '학교'라고 부른 곳으로 갔습니다. 그것은 마치 내가 나의(그 숙녀의) 머리로부터 똑바로 솟구쳐서 다른 차원으로 간 것 같았습니다. 시간의 처음부터 시간의 끝까지 모든 모습의 창조물이 내게 보이는 것 같았습니다. 그것은 모두 숫자였습니다. 우주의 모든 것이 숫자였고, 모든 숫자는 자신의 색과 소리가 있었으며, 밖으로 끝까지 나갔다가 돌아오기 시작했고 마침내 0으로 돌아왔습니다. 나는 우주에 있는 모든 것을 보았고, 모든 것은 결국 무(無)가 되었습니다. 이 경험이 얼마나 오래 계속되었는지는 모릅니다. 마치 영원처럼 느껴졌습니다.

그 뒤 나는 다시 돌아와 그 숙녀로 의자에 앉아 있었습니다. 나는 침대 위에 누워 있는 케이티라는 여자와 남자를 바라보았고, 말할 수 없는 큰 사랑을 느꼈습니다. 그들은 마치 머나먼 옛날 어둠의 세계에서 온 것처럼 아주 원시적인 존재로 보였습니다. 그들의 눈 속에서는 동물성이, 빽빽함과 무지가 보였습니다. 두 사람 다 똑같이 빽빽해 보였습니다. 침대 위에 있는 여성은 깨닫지 못했고, 유일하게 깨달은 그녀의 일부가 의자에 앉아 지켜보고 있었습니다. 하지만 그 숙녀로서의 나는 의자에 앉아 있지 않았습니다. 나는 모습이 없었습니다. 나는 어디에나 있었습니다. 나는 이 사람들을 본 적이 없었고, 어떤 인간도 본 적이 없었으며, 아무것도 본 적이 없었습니다. 나는 그들의 빽빽한 괴로움을 통해 그들의 무지를 알 수 있었습니다. 나는 그들이 이해할 수 없는 모든 것을 이해했습니다. 그들은 괴로움을 겪을 필요가 없다는 사실을 알지 못했습니다. 그들은 혼란에 빠져서 자신이 피해자이며 빠져나갈 길이 없다고 진심으로 믿고 있었습니다.

나는 완전한 연민의 존재로서, 모든 괴로움 너머의 자리에서, 물리적인 영역이 일말의 가능성으로도 기억되지 않는 곳에서 그들을 지켜보았습니다. 시간의 반대쪽 끝에서 보았습니다. 침대에 누워 있는 두 사람은 모든 인류였고, 모든 남자와 여자였습니다. 그들은 아무 죄가 없었지만, 마치 죄를 지은 것처럼 괴로워하고 있었습니다. 그들은 자신이 분리되어 있다고 생각했지만, 분리되어 있지 않았습니다. 그들은 뭔가 잘못되어 있다고 생각했지만, 잘못된 것은 전혀 없었습니다. 나는 그들에게 깊은 연민을 느꼈습니다. 그들의 순진함을 보고 크나큰 사랑에 빠졌습니다. 그 숙녀의 자리에서 내다볼 때, 나는 이해의 자리에서 보고 있었는데, 그 이해가 케이티에게는 감내할 수 없는 것이라고 느껴졌을 것입니다. 그 사랑은 너무 광활하고 너무 격렬해서, 그녀는 그 강렬한 사랑의 불길에 불살라져 재로 변한다고 느꼈을 것입니다.

나는 다시 케이티라는 사람의 몸으로 돌아와 있었습니다. 의자 쪽을 보니 그 숙녀는 거기에 없었습니다. 나는 망연자실했습니다. 그래서 남편 폴에게 물었습니다. "그녀가 어디로 갔나요?" 그가 말했습니다. "도대체 누굴 말하는 거요?"

그 일이 있고 나서는 내가 거짓말을 하거나 과장된 말을 하거나 다른 사람과 상황을 통제하거나 바꾸려 할 때마다, 또는 이기적인 동기로 말하거나 행동할 때마다 나의 숙녀가 보였습니다. 그녀는 나의 스승이었고, 내게는 실제 사람만큼 실재했으며, 내 아이들만큼 현실적이었습니다. 내가 사람들에게 중요하거나 현명하거나 친절한 사람으로 보이려 하거나, 그들의 사랑과 인정을 받을 만한 존재로 보이려 할 때마다, 내 안에서 그 숙녀의 부재를 느꼈고, 그녀가 방 건너편에서 고개를 숙이고 바닥을 내려다보고 있는 게 보였습니다. 그러면 나는 내 안에 균형을 잃거나 끝나지 않은 과제가 있음을 알았습니다. 내 안에서 작용하고 있는 동기를 알아차리고, 내가 한 말을 취소하고, 가슴에서 곧장 나오는 진실을 말해야 한다는 것을 알았습니다. 그리고 내가 거짓말을 했던 사람이나, 잘 보이려 했거나 좋은 인상을 주려 했던 사람에게 가서 "내가 당신에게 거짓말을 했어요" 또는 "나는 당신이 나를 중요한 사람으로 보기를 원했어요"라고 말했습니다. 나는 '나의 숙녀'를 잃느니 차라리 죽는 게 낫다고 느꼈습니다. 그래서 즉시 다른 사람들과의 상호작용을 깨끗이 했습니다. 그때는 그 숙녀가 나라는 걸 몰랐습니다. 내가 아는 건 그녀 없이는 살 수 없다는 것뿐이었습니다. 그녀와 함께 있기 위해서라면 무슨 일이든 했을 것입니다. 그녀는 내가 내 행위를 깨끗이 하기 전에는 내게서 분리되어 있었습니다. 그래서 나는 아주 빨리 정화해야 했습니다. 내가 내 행위를 모두 정화한 뒤에는 그녀를 보지 못했고, 그녀의 현존을 느낄 뿐이었습니다. 그것은 즉각적이었고, 그 자체로부터 그 자체로 돌아가는 즉각적인 흐름이었습니다.

나의 숙녀가 나를 떠날 때마다 나는 당혹스러운 공허감을 느꼈고 그녀가 돌아오기를 갈망했습니다. "돌아와요! 제발 돌아와 줘요!"라고 말하는 듯한 무언의 간청이 있었습니다. 나의 숙녀는 매수할 수 없었고 설득할 수 없었고 속일 수도 없었습니다. 그녀의 진실성은 절대적이었습니다. 그래서 나는 나의 잘못을 바로잡고 사람들에게 사과했으며, 진심으로 그렇게 했습니다. 그것만이 그 숙녀가 돌아올 길이었고, 그것은 진실해야만 했습니다. 그녀는 겸손함에만 끌렸습니다. 내가 티끌만큼이라도 정직하지 않거나 지극히 사소한 거짓말이

나 조작에 연루되어도, 케이티처럼 보이는 이 몸 안의 집에 전혀 관심을 보이지 않았습니다. 그럴 때면 내가 너무 빽빽해져서 내 몸이 그녀를 담을 수 없었습니다. 그녀는 너무 가벼워서 그런 빽빽함 안에서는 경험될 수 없었고, 그 빽빽함은 그녀를 나의 밖으로 내보냈습니다. 하지만 그녀를 돌아오게 하는 방법은 간단했습니다. 나의 거짓말, 불친절함, 정직하지 않음을 진심으로 인정하기만 하면 됐습니다. 내가 어떤 사람에게 잘못을 인정하고 사과하는 말을 다른 사람이 듣게 되든, 그들이 나를 어떻게 생각하든 전혀 상관하지 않았습니다. 그 방에 백 명이 있어도 신경 쓰지 않았습니다. 그로 인한 결과가 어떻든 개의치 않고 나의 잘못을 발견하고 바로잡았으며, 사람들에게 말할 때는 하나도 빼놓지 않았습니다. 그렇게 잘못을 바로잡으면 나는 그 숙녀가 내 안에 들어올 수 있을 만큼 넓어졌습니다. 내가 가슴으로부터 진심으로 말하지 않으면 그녀는 내 안으로 돌아오지 않았습니다.

내가 이렇게 정직해지자 평화가 찾아왔습니다. 나는 그런 식으로 나의 정직함을 찾았습니다. 나는 그녀에게 겸손을 배웠습니다. 절대적인 정직을 배웠습니다. 케이티처럼 보이는 것이 계속 줄어들어 실재하지 않는 것으로, 한 다발의 이야기와 관념에 불과한 것으로 보임에 따라, 나는 점점 더 그녀의 알아차림(앎) 안에서 살게 되었습니다.

나중에 나는 내가 그 숙녀를 투사했던 것임을 알게 되었습니다. 나는 스승이 없었습니다. 그래서 페이즐리 드레스를 입고 이상한 신발을 신고 올림머리를 한 해롭지 않은 이 늙은 여인을 투사한 것이었습니다. 그녀는 다름 아닌 내 안에 있는 진실의 상징이었습니다. 하지만 내가 속한 문화의 사람들에게는 영적 스승이 없었기 때문에 나는 그 여성을 투사했습니다. 나는 종교가 없었고 영적 스승이라는 사람들이 있는지도 몰랐습니다. 그런 분들은 모두 죽었고, 성경 속에나 있는 존재라고 생각했습니다.

일고여덟 달이 지난 뒤 그런 일이 끝났습니다. 균형이 자리 잡는 순간, 그녀는 내가 투사한 존재임을 깨닫는 순간, 그녀는 사라졌고, 나는 그녀가 다시 나타나지 않으리라는 것을 알았습니다. 우리는 완전히 합쳐진 것입니다. 그녀는 언제나 나였습니다.

그 무렵 사람들이 나에게 대학에 다니라고 권유하기 시작했습니다(나는 18세 때 대학을 중퇴했습니다). 그래서 1989년에 바스토우에 있는 시립대학에서 강좌를 들었습니다. 아주 좋았습니다. 나는 그토록 열심히 배우려는 사람들을 본 적이 없었습니다. 이런 생각이 들었습니다. "당신들은 정말 많은 것을 배우고 있군요. 그런데 '배운 것을 잊는 것'이 얼마나 중요한지는 모르나요?" 어느 날 심리학과 학과장과 이야기를 나누고 있었는데, 그는 무심코 유령은 미신이라고 말했습니다. 내가 나의 숙녀에 대해 말하자, 그는 그런 일은 불가능하며 실제로 일어났을 리 없다고 했습니다. 나는 고개를 끄덕였습니다. 그렇기는 하지만 그녀는 거기에 있었습니다. 나의 대학 친구들, 내 아이들, 다른 모든 사람처럼 투사된 존재로……. 그 교수도 투사된 존재였습니다. 하지만 그에게 그렇게 말하지는 않았습니다.

지금 나의 숙녀를 생각하면, 그녀는 붓다의 순수한 자비심을 내게 보여 주고 있었다는 것을 깨닫습니다. 나는 침대 위에 누워 있던 이전의 혼란스러운 케이티의 입장에서 나의 숙녀의 얼굴에 나타난 연민을 보았고, 침대 위에 누워 있던 그 여성을 지켜볼 때 나의 숙녀의 내면에서 연민을 경험했습니다. 자유는 모든 수준에서 완전히 꿰뚫어야 합니다. 모든 메아리, 모든 그림자가 사라질 때까지.

남편 폴에게는 그 숙녀가 보이지 않았을 때, 나는 불안했습니다. 폴이 그녀를 볼 수 없다면, 내가 어떻게 그녀를 다시 찾을 수 있을까요? 그녀는 흔적도 없이 사라졌습니다. 그리고 몇 달 뒤 내가 깨달은 것은, 마음이 더없이 자비롭다는 것이었습니다. 마음은 가장 사랑이 많고 다정한 자기의 일부를 떼 내어 별개의 모습으로 나타내 주었고, 나에게 연민이란 무엇인지를 보여 주려고 빽빽한 괴로움의 세상으로 들어왔고, 한마디도 말하지 않았기 때문입니다. 소개 인사도 없었고, 알은척하지도 않았고, 인사나 작별 인사도 하지 않았습니다. 그녀는 나를 위해 이 세상에 왔고, 지극한 자비심을 가지고 있었고, 아무 말도 하지 않았습니다. 그래서 나는 말하는 것처럼 보이지만, 아무 말도 하지 않습니다. 나의 숙녀가 아주 오래된 괴로움의 세계로 돌아왔고, 그 때문에 나는 사람들이 내게 요청하면 아주 오래된 세계로 계속 돌아옵니다. 나의 숙녀는 나의 괴로움을 이해했고, 나는 사람들의 괴로움을 이해합니다. 그녀에게 연민이 있고, 나에게 연민이 있습니다. 그것은 마치 거울에 비친 모습 같습니다. 나의 숙녀는 거울에 비친 내 모습이었습니다. 그녀가 가르쳐 준 모든 것을 나는 배웠고, 그녀는 내게 말없이 얘기해 주었습니다. 우리는 사랑을 온전히 알아볼 수 있습니다. 참된 사랑을 알아보지 못하는 사람은 아무도 없습니다.

———

당신은 생각은 적이 아니므로 생각을 없애려 하지 않는다고 말합니다. 당신은 어떤 생각을 하나요?

나의 생각을 이해하고 나자 삶은 순수한 기쁨이 되었습니다. 나는 지금 있는 것을 사랑합니다. 그래서 나의 마음은 바로 거기에 있습니다. 만일 내가 '나는 걷는 게 좋아'라는 생각을 한다면, 그건 내가 걷고 있기 때문입니다. 또 '나는 가만히 있는 게 좋아'라는 생각을 한다면, 그건 내가 가만히 있기 때문입니다. 그리고 '나는 설거지를 좋아해'라고 생각한다면, 그건 내가 설거지를 하고 있기 때문입니다. 나의 마음은 현실과 조화롭습니다. 나는 언제나 그 어울림을 알아차립니다.

당신은 생각하는 걸 즐기나요?

아주 많이. 더 정확히 말하면, 나는 생각되어짐을 좋아합니다. 붙잡을 수 있는 생각을 하나도 찾지 못함을 좋아합니다.

1986년에 그 숙녀의 환영이 당신에게 왜 필요했나요? '작업'이 이미 당신 안에 살아 있었을 텐데, 어째서 다른 것이 필요했나요?

그게 그것의 길이었으니까요. 나는 다른 도움이 더 필요했는지 몰랐지만, 거기에 그녀가 있었습니다. 우리는 모두 정확히 필요한 때에 필요한 것을 얻습니다. 오늘 '나'는 필요한 시간만큼만 머무르는, 그 이상은 한순간도 머무르지 않는 그 숙녀입니다.

마음이 이해하고 고요히 자기 안에 쉴 때는 색다른 일들이 일어날 수 있지만, 이런 일들이 숨 쉬거나 걷거나 사과를 먹는 단순한 행위보다 더 기적 같은 일은 아닙니다. 과거가 끝나면(과거는 항상 끝납

301

니다), 누가 그 일에 관해 물을 때까지 나는 그 일을 잊습니다. 기억할 것이 없기 때문입니다. 그 일은 끝났고 흔적도 없이 사라졌습니다. 마치 존재한 적도 없는 것처럼. 바로 지금 무엇이 일어나고 있나요? 나는 거기에 관심을 기울입니다.

우주의 모든 것을 숫자로 보았던 경험에 대해 더 자세히 말해 주시겠어요?

우주는 무(無)에서 시작되었고, 밖으로 나가서 모든 것이, 무한히 많은 것이 되었고, 무한히 많은 것이 된 지점에서 포물선을 그리며 다시 자기에게 돌아왔습니다. 그것은 숫자로 이루어진 원 같았고, 각 숫자는 숫자일 뿐만 아니라 빛과 소리와 색의 진동 혹은 에너지였으며, 모두가 분리 없이 완벽하게 조화를 이루고 있었습니다. 모든 존재, 모든 물질 대상, 모든 원자도 하나의 진동이며 하나의 숫자였습니다. 0부터 무한대까지 모든 숫자가 있었습니다. 모든 수학이 있었습니다. 모든 분수, 모든 프랙털(fractal), 모든 방정식이⋯⋯⋯. 존재할 수 있었던 모든 것이 수학을 통해 나아갔고 돌아왔으며, 각 숫자는 다른 색이었습니다. 모든 단어, 모든 단어에 속하는 모든 소리, 모든 것이 그 안에 있었고 담겨 있었습니다. 모든 것이 숫자였습니다. 불이 숫자였고, 얼음과 물과 별과 은하계들도 숫자였습니다. 모든 것이 다른 숫자 혹은 다른 주파수로 진동하고 있었습니다. 연필, 하늘, 개, 양탄자, 빨강, 노랑, 파랑.

숫자들은 밖으로 한없이 나갔다가 돌아왔고, 0으로 되돌아왔습니다. 나는 그 시작과 중간과 끝을 보았습니다. 나는 시간의 처음부터 끝까지 모든 것을 전부 보았고, 그 사이의 모든 것을 보았는데, 모든 것이 한꺼번에 일어나고 있었습니다. 불, 물, 얼음, 공기, 바위, 진흙, 인간, 동물, 고요로……. 그리고 그 모든 것이 결국 무(無)가 되었습니다. 그것은 0보다 먼저였습니다. 나는 누구나 보고 싶어 했던 모든 것을 보았는데, 그것은 아무 의미도 없었습니다. 나는 내가 무(無)임을, 우주의 모든 것이 무(無)임을, 내가 떠난 적도 돌아온 적도 없음을, 그중 아무것도 실재하지 않음을 보았습니다. 나는 하나의 생각 안에 있는 모든 수준과 차원을 경험했고, 그것의 (진실을 가리는) 모든 장막과 (계속 반복되는) 순환을 경험했으며, 가장 깊은 지식조차 아무 의미가 없음을 경험했습니다.

어느 순간, 나는 다시 돌아올 수 없는 곳에 있었습니다. 그곳은 상상할 수도 없을 만큼 너무 멀리 떨어져 있었습니다. 완전한 어둠이 있었고, 거기에는 아무도, 아무것도 없었습니다. 마치 내가 모든 존재로부터 영원히 소외된 것처럼 느껴졌습니다. 어떻게 거기에 갔는지, 어떻게 하면 돌아올 수 있는지 알지 못했습니다. 죽을 수도 없었습니다. 거기에는 존재(있음)의 반대가 없었기 때문입니다. 그곳에는 죽음이 없어서 당신은 영원히 홀로 삽니다. 빛이 없고, 위아래도 없고, 움직일 수도 없고, 아무것도 없습니다. 영원히 아무것도 없고, 나갈 길도 없습니다. 나는 큰 공포를 느꼈습니다.

그런데 그때 질문이 일어나서 그 생각을 만났습니다. "이게 진실인지 내가 정말로 알 수 있는가? 이보다 더 좋은 게 있다는 생각을 믿을 때, 나는 어떻게 반응하는가? 영원에 대한 나의 이야기가 없다면, 나는 누구일까?" 그리고 이러한 탐구로 인해 어둠이 친근해졌습니다. 나는 그 안에서 완전히 현존했고 편안했습니다.

그 현실이 이 현실처럼 편안해졌을 때, 나는 다시 '프레드릭스 거리에 있는 집 안 의자에 앉아 있는, 낙원에 있는 여성'으로 돌아와 있었습니다. 나는 지금 여기에서 편안한 것만큼, 그 어둠 속에서도 언제까지나 편안했습니다. 하지만 이제 그것은 케이티, 창문, 나무, 산, 하늘처럼 보였습니다. 그리고 사람들은 내가 왜 나의 손이나 여러분의 손을 보고 황홀해할 수 있는지 궁금해합니다. 그것은 저기 두려운 곳처럼 보이는 장소에, 하나의 움직이지 않는 점으로서 늘 혼자 있는 것과 전혀 다르지 않습니다. 탐구는 어떤 상태도 수용할 수 있습니다. 그 여행을 한 뒤에는 모든 것이 놀이였고, 몸이 없는 자유였고, 그 모든 것의 춤이자 몸 없음이었습니다.

우리는 모두

정확히 필요한 때에

필요한 것을 얻습니다.

24
모든 괴로움의 원인

부처님께서 말씀하셨다. "수보리야, 어떤 사람이 상상할 수 없이 많은 보물을 십억 개의 세계에 수미산만큼 높이 쌓아 채운 뒤 그것을 보시했다고 하더라도, 이 사람이 쌓은 공덕은 이 경전의 가르침을 깨닫고 진심으로 체화하여 그대로 살고 다른 사람들에게 설명해 주는 사람의 공덕보다 비교도 안 될 만큼 적을 것이다. 이 진실을 체화하여 살 수 있는 사람의 공덕은 천만 억 배나 더 클 것이다. 실로 그의 공덕이 얼마나 더 큰지는 아무리 큰 숫자로도 나타낼 수 없을 것이다."

여기서 붓다는 앞에서 한 말을 되풀이하여, 자선 활동의 공덕과 맑은 마음의 공덕을 비교합니다. 그는 자신의 요지를 분명히 전하기 위해 우리의 머리가 어질어질해질 정도로 엄청나게 큰 숫자를 이용합니다. 하지만 그의 요지는 단순합니다. 가장 많은 자선을 베푸는 사람일지라도, '나도 없고 남도 없다'는 이 경전의 핵심 진리를 이해하고 그대로 사는 사람이 주는 유익함에는 미치지 못한다는 것입니다.

왜 그런지 이해하기는 어렵지 않습니다. 어떤 사람이 10억 개의 황금산을 가지고 있고, 이 산들은 하나같이 에베레스트 산만큼 높다고 가정해 봅시다. 그는 이 모든 재산을 써서 가난한 사람들에게 음식과 집을 주고, 질병을 치료하고, 환경을 보호하고, 멸종 위기의 동물을 구하는 등의 일을 합니다. 그렇게 아낌없이 베푸는 사람은 지구 위의 모든 존재에게 안전과 편안함을 제공할 수 있을 것입니다. 하지만 그 사람이 한 사람에게라도 마음의 평화를 줄 수 있을까요? 물론 아닙니다.

안전과 안락, 막대한 재산도 우리를 만족시킬 수는 없습니다. 당신은 아름답고 건강한 몸으로 넓은 저택에 살며 비싼 차를 몰고 가장 좋은 음식을 먹으며 생활할 수 있지만, 당신의 삶은 괴로움으로 가득할 수도 있습니다. 마치 깨끗한 호수 한가운데서 목이 말라 죽어 가듯이. 세상에서 더할 나위 없이 안전하고 안락하게 살고 있어도 마음은 몹시 불행할 수 있습니다. 반면에 붓다처럼 가사와 바리때만 가지고도 더없이 행복할 수 있습니다.

그렇다고 자선 활동을 경시하는 것은 아닙니다. 나도 사람들을 돕기 위해 여러 가지 일을 하며, 이를테면 가난한 이들에게, 또는 사람들을 돌보는 단체에 돈을 기부합니다. 그런데 그런 도움은 한계가 있습니다. 다른 사람들에게 줄 수 있는 가장 큰 선물은 나도 없고 남도 없음을 깨닫는 것입니다.

나는 현실로 깨어났을 때, '작업'으로 깨어났습니다. 실제로는 '작업'으로서 깨어났죠. 나에게는 아무것도 남아 있지 않았습니다. 즉시 내 괴로움의 원인을 알았고, '작업'은 그것을 다른 사람들에게도 보여 줍니다. 내 생각을 믿기 때문에 괴롭다는 것을 알았고, 생각과 그 증거로 함께 나타나는 이미지가 진실이 아니라는 것을 알았고, 그것은 현실과 아무 상관 없음을 알았습니다. 내가 살고 있던 죽음으로부터 태어난 새로운 삶의 그 첫 순간에, 내 마음속에 나타나는 어떤 것도 진실이 아님을 알았습니다. 절대 아무것도, 어떤 생각도, 어떤 이름도, 나의 이름조차 진실이 아니었습니다. 실제 세계는 이름 이전의 세계이며, 그 이름 없고 분리 없고 아름다운 삶 속으로 이름과 정체성과 이야기들이 들어가서 모든 것이 분리되게 하는 것을 나는 보았습니다. 마음이 대상을 자기 자신으로 동일시할 때, 마음은 각각의 질문되지 않은 생각으로 자기의 괴로움을 만들어 냈습니다.

이 사실을 알아차렸을 때, 나는 첫 번째 이야기인 '나'로부터 즉시 나오는 세상을 알아차렸고, 삶이라는 환상이 그냥 일어나며 삶은 상상일 뿐임을 깨달았습니다. 이름과 의미로 이루어진 이 세상에서 내가 정말 바이런 케이티라는 개인이라고 상상했다는 것도 알아차렸습니다. 외견상 사람들은 나의 이름이 바이런 케이티라는 걸 믿었지만(또는 믿는 것처럼 보였지만), 나는 더는 그럴 수 없었습니다. 사람들은 과거에 내가 믿었던 모든 생각을 믿는 것 같았고, 내가 과거에 괴로워했듯이 괴로워하는 것 같았습니다. 그래서 실제 일어난 일이 무엇인지를 알고 싶어 하는 사람들, 정직하고 열려 있고 충분히 용감한 사람들과 함께 나는 질문하기 시작했고, 이런 질문들을 통해 그들은 자신이 동일시한 자아 속으로, 자기 행위의 원인이 되는 믿음 체계의 밑에 놓여 있는 것 속으로 깊이 여행하게 되었습니다.

요양원의 다락방 바닥에서 눈을 뜬 순간, 나는 아무것도 진실이 아님을 알았습니다. 첫 두 질문("그게 진실인가요?"와 "그게 진실인지 확실히 알 수 있나요?")은 나에게 저절로 대답이 되었고, 다른 자발적인 여행자들에게도 이런 식으로 대답이 되었습니다. 우리가 첫 번째 생각을 믿을 때 괴로움의 세계가 시작되며, 그 세계는 질문 3("그 생각을 믿을 때 당신은 어떻게 반응하나요? 무슨 일이 일어나나요?")에 대한 대답으로 묘사됩니다. 우리는 다음과 같이 반응합니다. 즉, 그 생각으로 그 순간에 괴로움의 세계 전체가 창조되며, 그 생각을 믿는 한, 우리는 과거와 미래의 환상 속에 있습니다. 그런 식입니다. 우리는 믿지 않는 것을 볼 수 없습니다. 믿음이 환상의 세계를 창조합니다. 그 모든 세계를.

그 첫 순간에 생각이 시작되기 전에는 순수한 모름, 즉 사랑이 있었습니다. 이것은 사람들이 질문 4("그 생각이 없다면 당신은 누구일까요, 또는 무엇일까요?")를 깊이 묵상할 때 발견하는 많은 사실 중 하나입니다. 그들은 실제 세계를 점차 알아봅니다. 그것은 두려움 없는, 이름 없는, 아름다운, 사랑인 세계이며, 아무것도 분리되어 있지 않은 세계, 창조성이 방해받지 않고 흐르도록 허용되는 세계, 매 순간 새로운 것을 보고 감사하는 세계, 당신이 늘 자신과 함께 혼자인 세계, 당신이 모든 사람이고 모든 것이며, 온 세계—당신의 세계, 당신의 상상의 세계—의 창조자로서 자유롭게 모든 책임을 지는 세계입니다.

주위를 둘러보면 사람들이 자기의 생각을 믿어서 스스로 겁을 먹게 만들고, 현실과 다투는 생각들을 증거로 이용하여 스스로 두려움과 분노, 불행을 순진하게 만들어 내는 것을 봅니다. 나는 기다립니다. 모든 마음은 결국 돌아오는 길을 찾아냅니다. 굳게 확신하던 마음이 사라져 없어지고 단순한 현실 안에서 쉬는 걸 지켜보는 건 아주 기분 좋은 일입니다.

지금 있는 것을 사랑하는 사람은 삶이 자신에게 가져오는 모든 것을 이용합니다. 그녀는 이제 자신을 속이지 않기 때문입니다. 그녀에게 일어나는 일은 언제나 좋은 일입니다. 설령 사람들이 그렇지 않다고 말해도, 그녀는 그렇다는 것을 분명히 봅니다. 그녀의 삶에는 역경이 없습니다. 그리고 그녀의 경험을 통해 사람들은 그것의 길을 배웁니다. 어떤 사람이 "나는 당신을 떠나겠어요"라고 말하면, 그녀는 내면에서 기분 좋은 흥분이 일어나는 것을 느낍니다. 왜냐하면 그 일에서 비롯되는 이로움만을 볼 수 있기 때문입니다. 현실이 주는 선물을 지켜보는 것보다 더 충족감을 주는 경험이 있을까요? 어떤 사람이 "당신과 함께하겠어요"라고 말하면, 그녀는 거기에서 이로움만을 볼 수 있습니다. 당신이 나와 함께하는 것보다 더 소중한 경험이 있을 수 있을까요?

그녀는 죽을 것입니다. 좋습니다. 그녀는 죽지 않을 것입니다. 좋습니다. 그녀는 시력을 잃을 것입니다. 좋습니다. 그녀는 시력을 잃지 않을 것입니다. 좋습니다. 그녀는 장애가 있는데, 다시 걸을 수 있습니다. 좋습니다, 좋습니다, 좋습니다. 그녀는 다른 모든 사람, 모든 것처럼 아름답고 단순한 현실의 흐름이며, 현실은 언제나 현실에 대한 당신의 생각보다 더 친절하고 흥미진진합니다.

왜 붓다는 자선을 베푸는 사람의 공덕과 마음을 이해하는 사람의 공덕을 계속 비교하나요? 한쪽이 다른 한쪽보다 낫다고 생각하는 것이 도움이 되나요?

한쪽이 다른 한쪽보다 나은 건 아닙니다. 붓다가 이 진실 아닌 말을 이용하는 까닭은 '우리 자신과 남들을 위해 할 수 있는 가장 좋은 일은 마음의 본성을 이해하는 것'이라는 진실에 사람들이 관심을 두게 하기 위해서입니다.

당신은 남편이 당신 곁을 떠난다면 무척 흥미진진할 것이고, 남편이 짐 싸는 걸 기쁜 마음으로 돕겠다고 말했습니다. 말은 쉽지만 실제로 그러는 건 어려운 일 아닌가요? 어쨌든 당신은 그런 일을 겪어 보지 않았죠. 실제 그런 일이 벌어질 때 당신이 어떻게 반응할지 어떻게 아나요?

나는 남편 스티븐을 사랑하고 그가 늘 행복하기를 바랍니다. 그가 원하는 것을 나도 원합니다. 그런 알아차림에 미치지 못한다면, 그가 나를 떠나는 게 아니라 내가 그를 떠나는 것입니다. 그래서 그가 원하는 것을 축하할 때 나는 그와 연결되어 있습니다. 그가 나와 연결되어 있어야 할 필요는 없습니다. 그가 나와 연결되어 있어야 한다면, 그건 내 사랑이 조건적이라는 뜻입니다.

나의 본성, 이 맑은 마음, 나의 선물과 기쁨은 그와 연결되어 있는 것입니다. 당신이 누구를 사랑할 때, 그것은 끊임없는 기쁨입니다. 그것은 모든 생명과 조화를 이루는 당신의 본성입니다. 당신이 사랑하는 사람과 전쟁을 벌이는 순간, 그 연결은 끊기는데, 그 연결을 끊은 사람은 언제나 반드시 당신 자신입니다. 전쟁은 희망이 없고 사랑이 없는 존재 상태인데, 왜 당신은 자기 자신과 전쟁을 벌이려 하나요?

자기 깨달음이 바로 전쟁의 끝입니다. 스티븐이, 죽음을 포함해 어떤 이유로든, 나를 떠나든 안 떠나든 나는 온 가슴으로 그를 사랑합니다. 그리고 나의 세계에서는 그가 결코 나를 떠날 수 없습니다.

다른 사람들에게 줄 수 있는

가장 큰 선물은

나도 없고 남도 없음을 깨닫는 것입니다.

"남편이 약속을 지키지 않아요"

크리스틴 (양식에 쓴 글을 읽는다) 나는 다니엘에게 화가 난다. 왜나하면 그는 약속을 지키지 않기 때문이다.

케이티 어떤 상황인가요?

크리스틴 우리에겐 네 살과 여섯 살인 두 딸이 있어요. 나는 작은 애를 재우기로 했고, 남편 다니엘이 큰애를 맡기로 했죠. 우리는 그렇게 각자 애들을 재우고 8시에 함께 뭔가를 하기로 했어요. 나는 제 시간에 작은 애를 재웠지만, 남편은 그러지 못했어요. 왜냐하면 큰딸에게 이야기책을 읽어 주고 있었는데, 그게 꽤 긴 이야기였거든요.

케이티 당신은 방에 들어가서 남편이 따님에게 책 읽어 주는 걸 봤나요?

크리스틴 예.

케이티 그런 상황이었군요. "그는 약속을 지키지 않는다"—그게 진실인가요? 추측할 필요 없습니다. 이미 일어난 일의 장면들이 당신에게 보여 줄 거예요. 지금 그 상황으로 가 보세요. 그리고 질문 1과 2에 대한 대답은 '예' 또는 '아니요'라는 걸 기억하세요. "예, 왜냐하면……"이나 "아니요, 하지만……"은 올바른 대답이 아닙니다. 우리는 그 순간에 대해 명상할 겁니다. 과거에 일어난 어떤 일을 회상할 때는 매우 으스스합니다. 하지만 여기에 있는 우리는 항상 그런 일들로부터 안전합니다. 그러니 고요한 상태로 그 순간에 대해 명상해 본 뒤, 우리가 몹시 화났을 때 놓친 게 있는지 살펴봅시다. 질문 1에 대한 대답이 '예'라면, 좋습니다. '아니요'가 대답이어도 좋습니다. 단지 그 상황이 당신에게 진실을 보여 주도록 허용해 보세요. "남편은 약속을 지키지 않는다"—그게 진실인가요?

크리스틴 아니요.

케이티 재미있군요. 이제 눈을 감고 자신을 바라보세요. 남편이 거기 있습니다. 따님도 있죠. "남편은 약속을 지키지 않는다"는 생각을 믿을 때, 당신은 어떻게 반응하나요?

크리스틴 곧바로 화가 치밀어요.

케이티 다른 건요?

크리스틴 나는 화가 난 채 그 평화로운 상황으로 들어갑니다.

케이티 자기 자신을 바라보세요.

크리스틴 내가 마치 교도소에 갇힌 것 같아요. 달리 어찌해야 할지 모르겠어요. 거기서 빠져나올 수가 없어요.

케이티 이제 "남편은 약속을 지키지 않는다"는 생각이 없다면 당신은 누구일까요?

크리스틴 마음이 더 가볍겠죠. 더 평화로울 거예요. 더 친절하고 공손할 겁니다.

케이티 그리고 세 사람은 그 순간을 즐기고 있겠죠. 당신은 남편, 딸, 그리고 자기 자신에게 고마움을 느낄 겁니다. 그 생각이 없으면, 그게 전부입니다. 이번에는 그 생각을 '품고' 다시 그 상황을 바라보고, 어떻게 다른지 알아차려 보세요. 당신이 얼마나 무력한지 보이나요? 남편과 딸도 무력한가요?

크리스틴 예.

케이티 "남편은 약속을 지키지 않는다"—그 생각을 뒤바꿔 보세요.

크리스틴 남편은 약속을 지킨다.

케이티 그 말이 당신에게 무슨 의미인가요?

크리스틴 남편은 딸을 재웁니다.

케이티 따님에게 책을 읽어 주겠다고 약속했을지도 모르죠.

크리스틴 맞아요.

케이티 그는 약속한 일을 하고 있었는지도 모릅니다. "남편은 약속한 일을 한다"는 말이 진실인 예를 더 찾을 수 있나요?

크리스틴 예. 많아요.

케이티 그게 당신의 남편일 겁니다. 좋아요, 스윗하트. "남편은 약속을 지키지 않는다"—다른 뒤바꾸기를 찾을 수 있나요?

크리스틴 나는 약속을 지키지 않는다.

케이티 그 상황에서, 당신이 자신에게, 남편에게, 따님에게 지키지 않은 약속은 무엇인가요?

크리스틴 나는 딸들을 재우는 일에 더는 참여하지 않았습니다. 그냥 소파에 앉아 남편이 오기를 기다리기만 했고, 딸을 재우려고 하지 않았어요.

케이티 그 상황에서 당신 자신에게, 그들에게, 혹은 남편에게 약속을 어긴 부분이 또 있나요?

크리스틴 예, 있어요. 사실은 그날 우리 관계의 질을 높이는 방안을 상의해 보자고 남편과 약속했거든요. (청중이 웃는다.) 그런데 내가 화가 나서 더는 못했어요.

케이티 우리는 지금 자기의 생각을 믿을 때 무슨 일이 일어나는지 목격하고 있습니다. 남편이 약속한 일을 하지 않는다는 생각을 믿으니까 분리가 일어났습니다. 그리고 당신이 남편과 만나 개선하려고 했던 바로 그 문제가 또 생겼죠. 부부 관계의 질이 더 낮아졌고, 당신은 가족과 분리되었습니다. 이제 2번 문장을 살펴볼까요. 당신은 남편에게 무엇을 원했나요?

크리스틴 "나는 남편이 말한 대로 하기를 원한다."

케이티 그게 진실인가요? 따님에게 책을 읽어 주고 있는 남편을 보세요. "당신은 남편이 말한 대로 하기를 원한다"—그게 진실인가요?

크리스틴 아니요.

케이티 당신의 말을 들어 보면, 남편이 약속을 지키는 것보다 따님에게 책을 읽어 주는 편이 당신에게 나은 것 같군요.

크리스틴 예, 기본적으로는 그래요.

케이티 당신이 "나는 남편이 말한 대로 하기를 원한다"는 생각을 믿을 때 그를 어떻게 대하는지 보세요. 두 분의 삶에 어떤 일이 일어나는지 잘 보세요. (청중에게) 누군가에게 이런 생각을 품었던 분이 얼마나 되나요? 얼마나 많은 분이 그 순간 그 생각을 믿었나요? (많은 사람이 손을 든다.) (크리스틴에게) "나는 남편이 말한 대로 하기를 원한다"는 생각을 믿을 때, 당신은 어떻게 반응하나요?

크리스틴 몹시 강요하는 태도를 보여요. 그 상황에 스트레스를 가져옵니다.

케이티 예. 딸에게 책을 읽어 주고, 딸을 재우겠다는 약속을 지키고 있는 아름다운 남편인데요. 이제 잘 보세요. 그 생각이 없다면 당신은 누구일까요?

크리스틴 느긋할 거예요. 그이와 함께 있는 걸 즐길 수 있을 겁니다.

케이티 아름다운 모습이네요. 사람들이 바라는 행복한 가족의 모습이 그거죠. 그리고 그것은, 이 경이롭고 아름다운 순간은 그저 당신이 보기만을 기다리고 있습니다. 그리고 당신은 그 아름다움 속에, 그 친밀함 속에 그저 있을 수 있습니다. 그런데 "나는 남편이 말한 대로 하기를 원한다" 같은 생각은, 우리가 그런 생각을 믿으면, 전쟁이 일어나는 원인이 됩니다. 그래서 당신은 죄를 지었나요? 아니면 단순히 최면에 빠진 건가요? 단지 생각을 믿고 있을 뿐인가요? (청중을 향해) 여기 있는 여러분 가운데 자신이 믿고 있는 어떤 생각을, 믿고 있는 그 순간에, 믿지 않을 수 있는 사람이 있나요? (크리스틴에게) 당신이 남편에 대한 생각을 믿지 않고 남편과 함께 딸의 방에 있듯이 사람들과 친밀하게 연결되어 있지 않다면, 그것은 우리의 본성에 반합니다. 당신은 지금 있는 것에 깨어 있습니다. 끔찍한 일은 하나도 일어난 적이 없습니다. 그런 일은 지금도 일어나고 있지 않으며, 앞으로도 일어나지 않을 것입니다. 나는 이 우주가 친절하다는 것을 알게 되었습니다. 여러분도 그 사실을 직접 시험해 보기 바랍니다. 스트레스를 주는 생각을 믿지 않으면 세상을 있는 그대로 볼 수 있습니다. 그때 마음은 그 본성에 들어맞습니다. 남편들은 우리를 일깨우기 위해 여기에 있고, 당신의 삶에 있는 모든 사람과 모든 것도 마찬가지입니다. 뒤바꿔 볼까요. "나는 남편이……"

크리스틴 나는 남편이 말한 대로 하기를 원하지 않는다.

케이티 예. 그는 더 좋은 계획이 있었어요. 당신이 원하는 걸 따님과 당신에게 주려는……. 이 점을 이해하면 당신은 예외 없이 늘 현명한 스승과 함께 살고 있는 겁니다. 남편들은 우리를 일깨우기 위해 여기 있습니다. 다른 뒤바꾸기를 찾을 수 있나요? "나는 내가……"

크리스틴 나는 내가 말한 대로 하기를 원한다.

케이티 그것은 가족이 더 평화로워지도록 노력하겠다는 약속을 지키는 거였습니다. 당신은 지금 그 약속을 지키고 있습니다. 너무 늦은 때란 없습니다. 좋아요. 이제 3번 문장을 읽어 보세요.

크리스틴 "남편은 말보다 행동을 해야 한다."

케이티 뒤바꿔 보세요. "남편, 딸과 함께 있는 그 상황에서, 나는……"

크리스틴 나는 말보다 행동을 해야 한다.

케이티 그러니까 당신이 남편에게 주는 충고는 사실은 자신에게 필요한 충고였어요.

크리스틴 예. 내 생각에 대해 질문하려면 나는 말보다 행동을 해야 해요.

케이티 그건 좋은 충고였습니다. 그 생각을 믿을 때 당신이 어떻게 반응하는지 잘 보세요. 당신은 남편을 몰아붙이려 합니다. 그런데 그는 이해하지 못합니다. 하지만 그 충고를 자신에게 하는 충고로 뒤바꾼 뒤 따르면, 그건 항상 의미가 통합니다. 그것은 더 친절합니다. 알아차릴 수 있게 합니다. 4번 문장을 봅시다.

크리스틴 "나에게는 남편이 말한 대로 행동하고, 말한 걸 실천하고, 약속을 지키는 게 필요하다."

케이티 눈을 감아 보세요. 따님에게 책을 읽어 주고 있는 남편을 바라보세요. "나에게는 남편이 말한 대로 행동하는 게 필요하다"—그게 진실인가요? 그 순간에 행복하려면 당신에게 그게 필요한가요?

크리스틴 아니요.

케이티 그 생각을 믿을 때, 당신은 어떻게 반응하나요? 무슨 일이 일어나나요?

크리스틴 기분이 몹시 상해요. 남편이 잘못하고 있다고 봅니다. 나는 피해자가 되고요.

케이티 이번에는 그 생각이 없을 때 당신이 누구일지 보세요.

크리스틴 아름다울 거예요.

케이티 뒤바꿔 보세요.

크리스틴 나에게는 내가 말한 대로 행동하는 게 필요하다.

케이티 예. 그리 쉬운 일은 아니죠. 그렇지 않나요? 자기 생각을 믿는 사람들은 살면서 많은 괴로움을 겪게 됩니다. 그런데 '작업'을 매일 실천하면, 당신의 삶에 더는 전쟁이 없다는 걸 알게 됩니다. 당신 안에서 전쟁이 끝나면, 가족 안에서도 전쟁이 끝납니다. 전쟁을 끝낼 수 있는 사람은 바로 당신입니다. 오직 당신만이 끝낼 수 있습니다. 남편이나 아내는 우리를 위해 전쟁을 끝낼 수 없습니다. 다른 뒤바꾸기를 찾을 수 있나요?

크리스틴 나에게는 남편이 말한 대로 행동하는 게 필요하지 않다.

케이티 예. 남편이 따님에게 책을 읽어 주고 있을 때, 사실 그는 당신이 더 좋아하는 것을 하고 있습니다. 당신이 믿고 있는 생각에 대해 질문하면, 당신은 현실로 깨어나게 됩니다. 그리고 당신이 양식에 쓴 '원한다', '필요하다', '해야 한다'는 문장을 뒤바꾸면, 그런 문장들은 당신에게 명쾌한 길잡이가 됩니다. 그 길잡이는 언제나 거기에 있습니다. 좋아요. 4번 문장을 전부 당신 자신으로 뒤바꿔 보세요.

크리스틴 나에게는 내가 말한 대로 행동하고, 말한 걸 실천하고, 약속한 걸 하는 게 필요하다. 그래요. 나는 우리 관계에서 그가 어떤 일을 할 때까지 기다리는 경우가 아주 많아요.

케이티 훌륭해요, 스윗하트. 당신이 그걸 깨달으면, 그건 당신이 다시는 기다리지 않아도 된다는 의미입니다. 당신이 믿든 안 믿든, 남편은 늘 당신이 원하는 것을 하고 있어요. 그것은 당신을 무척 자유롭게 해줍니다. 당신은 이 말에 동의하지 않아도 됩니다. 하지만 나는 당신이 믿는 생각에 질문하고 또 이 친절한 우주로 깨어나도록 초대하기 위해 여기에 있습니다. 5번 문장은 뭐라고 썼나요?

크리스틴 "남편은 믿음직하지 않고, 나를 존중하지 않고, 우리의 관계를 개선하는 데 관심이 없다."

케이티 좋아요. "남편은 믿음직하지 않다." 그 상황에서 그게 진실인가요?

크리스틴 아니요. 딸에게 남편은 매우 믿음직한 사람이었습니다.

케이티 그리고 그는 당신이 좋아하는 것을 하고 있나요?

크리스틴 그는 사랑이 많은 아버지예요. 예.

케이티 그래서 그는 믿음직하고 사랑 많은 아버지인데, 당신이 원하는 건 그거죠.

크리스틴 예. 그게 내가 원하는 게 아니라면 나는 여기 앉아 있을 수 없을 거예요.

케이티 좋아요. 이제 아주 분명히 봅시다. 눈을 감아 보세요. 남편이 그 방에서 따님에게 책을 읽어 주는 것이 당신에게 좋을까요, 아니면 소파에 당신과 함께 앉아 있는 것이 좋을까요? 딸과 함께 있는 남편을 바라보세요. 당신이 정말로 원하는 것을 분명히 보세요.

크리스틴 예. (미소를 지으며) 솔직히 말해서, 남편과 관계를 개선하고 싶은 생각이 그리 많지는 않았던 것 같아요. (청중이 웃는다.)

케이티 "남편은 당신을 존중하지 않고 두 사람의 관계를 개선하는 데 관심이 없다"—그게 진실인가요?

크리스틴 아니요.

케이티 우리는 남편과 남편의 동기에 대해 알 수 없습니다. 그러니 우리가 알 수 있는 것만 봅시다. 뒤바꿔 보세요. "나 자신과 가족과 함께 있는 그 상황에서, 나는……"

크리스틴 나는 믿음직하지 않다. 남편을 존중하지 않고, 우리의 관계를 개선하는 데 관심이 없다. 예, 정말 그래요.

케이티 당신은 남편이 무엇을 원하는지, 무엇을 하고 있는지에 관심이 없습니다. 그리고 자신이 정말로 원하는 것이 무엇인지를, 심지어 바로 눈앞에 있는데도, 알아보지 못합니다. 혼란이 이 세상에서 유일한 고통입니다. 그리고 당신이 어떤 생각을 믿고 있었는지, 그 상황에서 그 생각이 당신에게 어떤 영향을 미쳤는지를 들어 보면, 혼란 때문에 어떤 대가를 치르는지 잘 알 수 있습니다. 그 문장을 다시 뒤바꿔 보죠. "그는 믿음직하고……."

크리스틴 남편은 믿음직하고, 나를 매우 존중하고, 우리의 관계를 개선하는 데 관심이 많다.

케이티 당신의 남편은 그런 사람입니다. 당신이 자기에게 깨어 있을 때는……. 당신이 자기 생각을 믿을 때는 당신의 상상 속 남편에게 화가 납니다. 그는 현실의 남편이 아닙니다. 당신은 따님의 방으로 들어갔을 때, 자기의 상상 속 남편을 보았습니다. 그래서 무고한 남자를 공격했어요. 그런데 당신도 똑같이 무고합니다. 그러니 분노를 경험할 때마다 자기 생각을 알아보고 '이웃을 판단하는 양식'에 써 보세요. 그 뒤 당신이 믿고 있는 생각에 대해 질문해 보세요. 그러면 당신과 남편은 결혼 생활을 개선하기 위해 다시 노력할 필요가 없습니다. 행복한 결혼 생활을 위해 필요한 사람은 단 한 명이고, 그 사람은 언제나 당신입니다. 그러니 당신은 남편을 기다릴 필요 없습니다. 6번 문장을 읽어 보세요.

크리스틴 "나는 남편이 나중에 지키지 않을 약속을 하는 걸 다시는 듣고 싶지 않다."

케이티 "나는 기꺼이……."

크리스틴 나는 기꺼이 남편이 나중에 지키지 않을 약속을 하는 걸 듣겠다.

케이티 "나는 고대한다."

크리스틴 나는 남편이 나중에 지키지 않을 약속을 하는 걸 듣기를 고대한다.

케이티 왜냐하면 남편은 당신을 일깨우기 위해 여기 있기 때문입니다. 당신의 자녀들도 마찬가지입니다.

크리스틴 고마워요, 케이티.

케이티 천만에요.

25
동등한 지혜

부처님께서 말씀하셨다. "수보리야, 부처는 '모든 중생을 해탈시키겠다'는 생각을 품지 않는다. 왜냐하면 부처가 해탈시킬 중생이 하나도 존재하지 않기 때문이다. 만일 부처가 해탈시킬 중생이 있다면, 부처가 '나'와 '남'이라는 관념을 믿는다는 뜻이 된다. 부처가 '나'라고 말을 해도 실제로는 '나'가 없다. 그러나 미숙한 중생들은 이 몸을 '나'라고 여긴다. 또한 부처에게는 깨닫지 못한 중생이 없다. 그들은 단지 '깨닫지 못한 중생'이라 불릴 뿐이다."

여기서 붓다는 원숙한 사람도 미숙한 사람도 없다고 말합니다. 우리는 모두 동등한 지혜를 가지고 있습니다. 지혜는 누구에게나 동등하게 주어졌습니다. 누구도 다른 사람보다 더 지혜롭지 않습니다. 유일한 차이점이라면, 우리 중 일부는 자기의 생각을 믿고, 우리 중 일부는 타고난 지혜에서 자신을 분리시키는 생각에 대해 질문하는 법을 배웠다는 것입니다.

붓다는 앞에서 말했듯이 해방시켜야 할 고통 받는 존재는 없다고 말합니다. 정말 놀라운 말입니다. 이 말이 얼마나 놀라운지 느낄 수 있나요? 어떤 사람들에게는 이 말이 냉정하고 무자비하게 들릴지 모릅니다. "해방시킬 존재가 아무도 없다니, 무슨 말인가요? 제정신인가요? 세상에 만연한 무지와 잔인한 행위들이 보이지 않나요? 탐욕과 폭력에 의한 무고한 피해자들을 그냥 놔두자는 건가요?" 붓다의 말은 위험해 보일 수도 있습니다. 왜냐하면 선행을 하려는 사람들의 의욕을 약화시킬 것이라고 생각될 수 있기 때문입니다. "해방시킬 사람이 아무도 없다면 나는 손 떼고 아무것도 안 하겠어요."

하지만 "해방시킬 존재가 아무도 없다"는 것은 순전한 진실이며, 우리를 자유롭게 하는 것은 바로 이 진실입니다. 이 진실은 우리를 수동적이고 자기밖에 모르는 사람이 되게 하는 것이 아니라, 오히려 자비로워지게 합니다. 만일 자아가 실재하지 않음을 제대로 이해한다면, 우리가 어떻게 이기적으로 행동할 수 있을까요? 그리고 만일 자아가 없다면, 어떻게 당신과 대립할 수 있는 타인이 있을 수 있을까요? 모든 존재는 순전히 나 자신이며, 다른 사람을 해치는 행위는 일부러 자신의 다리를 부러뜨리는 것처럼 정신 나간 짓일 것입니다. 황금률('남에게 대접받고 싶은 대로 남을 대접하라'—옮긴이)은 '해야 한다'가 아닙니다. 그것은 윤리의 문제가 아니라 '사실'의 문제입니다. 나는 나 자신에게 하듯이 남들에게 합니다. 남들이 곧 나 자신임을 깨닫기 때문입니다.

당신이 자기 마음에 질문하기 시작하면, 마음은 자기를 이것이나 저것이라고 믿을 힘을 잃어버립니다. 마음은 자기를 어떤 무엇으로 여기는 동일시를 그만둡니다. 마음은 자유로워집니다. 마음은 동일시란 그저 마음의 상태일 뿐임을 이해합니다. 어떤 사람들은 우연히 또는 명상 중에 정체성을 잃게 되는데, 그러면 그들은 겁을 먹고, 심한 통제를 받게 됩니다. 그리고 에고는 다시는 자유로워지지 못하게 하려 합니다. 에고는 두려움을 통해 그렇게 하려 하며, 자기를 꽉 조입니다. 하지만 정체성을 놓아 버려도 괜찮습니다. 반대로, 당신이 한 명의 '당신'이라고 믿어도 괜찮습니다. 여기에 심각할 것은 하나도 없습니다. 단지 당신은 한 명의 '당신'이 아니라는 것입니다. 당신이 한 명의 '당신'이라고 믿는다고 해서 그게 사실이 되는 것은 아닙니다.

1980년대 후반의 어느 날, 나는 장시간 운전하다가 잠시 멈추고, 샌프란시스코의 빅서(Big Sur)에 있는 절벽 끝에 앉아 바다를 내려다보고 있었습니다. 저 멀리 아래에 파도와 뾰족뾰족한 바위들이 있었습니다. 그 순간 갈매기 한 마리가 바로 앞에 나타나서 내 눈높이에 머물러 있다가 날아갔는데, 그때 마음이 아주 자유로워서 갈매기의 정체성을 취했습니다. 한순간 나는 절벽 끝 바위에 앉아 있는 여자였는데, 다음 순간에는 갈매기였고, 갈매기의 몸 안에서 갈매기의 눈으로 밖을 내다보고 있었습니다. 기분이 아주 좋았고, 동시에 평화로웠으며, 나 자신이 한없이 날 수 있는 넓은 공간처럼 느껴졌습니다.

그 뒤 무언가가 변했습니다. '나'가 갈매기 안에 태어났습니다. 그것이 흘긋 내려다보았습니다. 그것은 "나는 어떻게 나는지 몰라"라고 생각했습니다. 그러고는 "맙소사, 나는 추락하고 말 거야!"라고 생각했습니다. 그러자 내 몸무게가 마치 오십 킬로그램은 되는 듯 무겁게 느껴졌습니다. 그리고 더 많은 생각이 일어나는 것을 알아차렸습니다. "나는 날 수 없는 새가 되고 싶지는 않아. 저기에 안전하고 견고하게 앉아 있는 여자가 되고 싶어." 이런 생각들이 두려움을 일으킨 유일한 원인이었습니다. 새였던 나는 실제로는 추락하고 있지 않다는 것을 알았습니다. 그것이 그 순간의 현실이었습니다. 그리고 현실과 다투는 생각들은 즉시 질문을 만났습니다. "그게 진실인가? 그게 진실인지 나는 확실히 알 수 있는가?" 모든 생각은 짝이 되는 질문을 만났고, 그 질문이 자연스러운 균형을 회복하게 해 주었습니다. 그 균형 안에서 나는 자유로웠습니다.

느린 화면으로 천천히 돌려 보면, 그것은 이렇게 느껴졌습니다. "나는 날 수 없어—그게 진실인지 나는 확실히 알 수 있는가?" 아니요. "그 생각을 믿을 때 나는 어떻게 반응하는가?" 겁이 난다. "그 생각이 없다면 나는 무엇일까?" 완전히 안심할 것이다. 그러자 즉시 그 생각이 사라졌고, 나는 날았습니다. 갈매기의 삶을 신나게 즐겼습니다. 계속 솟구쳐 올랐고 비행의 기쁨으로 황홀했습니다. 그리고 갈매기의 정체성과 화해를 하자마자, 나는 다시 한 번 절벽 끝에 앉아 있는 여자가 되었습니다. 황홀해하는, 평범한.

당신은 원숙한 사람도 미숙한 사람도 없다고 말합니다. 하지만 당신은 초기의 황홀경을 겪은 후 원숙해진 게 아닌가요?

예, 그렇게 말할 수도 있습니다. 비록 이해는 늘 똑같았지만······. 초기에 나는 모든 것과 사랑에 빠졌고, 지금도 마찬가지입니다. 눈길이 닿는 모든 것을 사랑했습니다. 내게는 모든 것이 아름다웠습니다. 그 모든 것이 궁극의 현실이었습니다. 나는 모든 사람, 모든 것과 열정적인 사랑에 빠졌습니다. 사람들을 볼 때마다 사랑에 빠졌습니다. 길을 가다 어떤 사람에게 다가가서 내가 느끼는 모든 사랑으로 그의 눈을 들여다보곤 했습니다. 내가 말로 표현했다면 아마 이러했을 것입니다. "당신은 신입니다. 당신은 가장 소중하고 가장 친밀한 나 자신입니다." 나는 열렬한 사랑에 빠져 있었기에 그러지 않을 수 없었습니다. 하지만 곧 그렇게 하지 않는 법을 배웠습니다. 사람들이 뒤로 물러나는 것 같았기 때문입니다. 그들은 겁을 먹은 것 같았습니다.

내가 얘기하지 않으면, 내가 '정화'라고 부르는, 스스로 깨끗이 하는 것이 나타난다는 것을 배웠습니다. 그것은 그동안 배운 모든 것을 정화했습니다. 정화는 눈물과 겸손함, 죽음, 정체성의 죽음, 남아 있을지 모르는 모든 자아의 죽음처럼 보였습니다. 사람들이 물어보지 않았는데 내가 얘기하면, 언제나 사람들을 혼란스럽게 한다는 것을 알게 되었습니다. 그럴 때 나를 바라보는 사람들의 눈에는 내가 미친 여자로 비쳐 보였습니다. 그래도 나는 괜찮았지만, 그런 식으로 말하는 것은 아무 가치가 없었습니다. 내면에서 진실을 경험하더라도 바깥의 나 자신에게는 그걸 말하지 않는 법을 배우는 것 말고는.

내 마음속에서 일어나는 모든 생각을 불사르려는 갈망이 아주 깊었습니다. 그래서 어떤 신체 반응이 일어날 때마다 그대로 드러나도록 놓아두었습니다. 몸을 덜덜 떨거나 눈물을 쏟거나 웃음을 터뜨렸고, 표현될 필요가 있는 것은 무엇이나 표현했습니다. 그것은 사랑에 취한 사람의 눈물과 웃음이었습니다. 나는 아무 거리낌이 없는 아주 어린 아이 같았습니다. 쇼핑몰이든 슈퍼마켓이든 길을 걷고 있는 도중이든, 그런 반응이 언제 어디에서 일어나든 개의치 않았습니다. 나는 그대로 서 있거나 인도에 털썩 주저앉아서 그 감정이 마음껏 표출되게 했습니다. 사람들은 늘 친절했습니다. 그들은 가던 길을 멈추고 내게 말했습니다. "도움이 필요한가요?", "휴지를 드릴까요?", "누구에게 전화해 드릴까요?", "어디로 모셔다 드릴까요?" 나는 그런 식으로 세상과 만났습니다. 세상은 다정했습니다. 세상은 세심했습니다. 그 사람들은 모두 나의 일부였습니다.

나는 사람들 속에 있을 때, 내 안에 늘 살아 있던 '작업'의 네 가지 질문을 통해, 그 모든 일을, 매듭들이 풀리고 해소되는 일을 경험했습니다. 그들 가운데에서 나는 언제나 누군가를 만났습니다. 때로는 사람들에게 나를 안아 달라고 부탁했습니다. 기쁨의 눈물을 흘리며 낯선 이에게 다가가서 "지금 저 좀 안아 주시겠어요?"라고 물었죠. 아무도 거절하지 않았습니다. 단 한 사람도 거절하지 않았어요. 가끔 어떤 여성은 나를 어르며 자장가를 불러 주었는데, 내가 한 일은 요청한 것뿐이었습니다. 나는 거절당한 적이 없다고 말하는 걸 좋아합니다. 아무 동기가 없을 때는 우리가 누구인지에 관한 진실은 분명해집니다. 천진한 사람을 안아 주지 않을 사람은 없을 겁니다. 마흔세 살 여성이어도 상관없습니다. 사람들은 당신을 아기처럼 안아 줄 것입니다.

어느 날 아침, 바스토우의 거리에서 라틴계 남성이 내게로 걸어와 말했습니다. "당신이 매일 걷는 걸 보는데, 당신은 자주 울더군요. 왜 그러나요?" 내가 걸으면서 운다는 걸 그때 처음 알았습니다. 그리고 내가 모든 사람을 위해, 모든 시대를 위해 우주의 모든 것을 원래대로 회복시키고 있다는 걸 그가 모른다는 사실에 충격을 받았습니다. 그렇게 분명한 사실을 모르고 질문한다는 것이 믿어지지 않아서 놀랐습니다. 나는 말했습니다. "나는 모든 창조물을 원래대로 회복시키고 있어요. 그게 이렇게 보이는 거예요." 그는 머리를 절레절레 흔들더니 떠나 버렸습니다.

나는 로스앤젤레스에서 인도나 그 가장자리의 갓돌에 앉아, 내게 다가오는 사람들을 보는 걸 좋아했습니다. 나는 노숙자를 포함해 모든 사람이 신('붓다'를 뜻하는 나의 말)이라는 걸 알았습니다. 그래서 누구도 두렵지 않았고 누구와도 분리되어 있지 않았습니다. 노숙자들은 "도와주세요", "돈 좀 줄래요?", "뭐 해요?", "누구세요?", "옆에 앉아도 될까요?" 같은 말을 했습니다. 변덕스러운 사람도 있었고, 슬프거나 화난 사람도 있었습니다. 나는 그들의 감정을 모두 보았고, 이해했습니다. 당신이 아무 의도 없이 단지 지금 있는 것을 사랑하면서 인도에 앉아 있으면 이런 일이 일어납니다. 나는 앉아야 한다는 걸 알 때 앉았습니다. 나는 내가 '지구 학교'라고 부르는 곳에 있었고, 모든 사람은 그들이 누구라는 내 생각을 통해 내가 누구인지를 보여 주고 있었습니다. 삶은 끊임없이 자기를 내게, 즉 삶 자체에게 넘겨주었습니다.

바스토우에서 내 아이 중 하나 혹은 전남편 폴과 함께 걸어갈 때 노숙자들을 만나기도 했습니다. 그들은 말없이 내게 다가와서 두 팔로 나를 안은 뒤 계속 걸어갔습니다. 우리는 말없이 어울리는 경우가 많았는데, 특히 내가 한 사람과 얘기하고 있으면 두세 사람이 다가와서 조용히 귀를 기울였습니다. 이따금 가장 가슴 아파하는 사람이 눈물을 흘렸습니다. 나는 지켜보았고 들었고 이해했습니다. 처음 보는 사람이 내게 다가오는 일이 많았습니다. 예를 들어 어느 날 폴과 함께 길을 걷고 있었는데, 뚱뚱하고 몹시 지저분한 차림새의 50대 여성이 가방 몇 개는 멘 채로, 많은 가방을 얹은 쇼핑카트를 밀고 가는 모습을 보았습니다. 가방 몇 개가 바닥에 떨어지자 그녀는 나를 보았고, 내 품에 다가와 안겼습니다. 나는 그녀를 안았고, 볼에 입을 맞추었고, 그녀의 머리를 안고 그 아름다운 눈 속으로 녹아들었습니다. 폴은 어안이 벙벙한 채로 곁에 서 있었습니다. 나중에 나는 그녀를 도와 떨어진 가방들을 모아서 카트 위에 얹어 주었습니다. 그러고는 폴의 손을 잡고 가던 길을 갔습니다.

또 언젠가는 험상궂은 젊은이 둘이 나와 폴에게 다가왔습니다. 그들이 우리를 향해 걸어올 때 나는 두 팔을 벌리고 둘 중 한 명에게 다가갔습니다. 폴은 평소의 퉁명스러운 말투로 말했습니다. "제기랄! 케이트, 저놈들은 눈 깜짝할 새 당신을 찔러 죽일 거요." 그 젊은이는 내게 와서, 아이가 엄마 품에 안기듯 내 품에 안겼습니다. 그는 눈물을 흘리면서 연신 고맙다는 말을 했고, 다른 젊은이도 그가 기대했던 일들이 일어나고 있다면서 고마워했습니다. 그들은 전에 나를 만났거나 나에 관한 이야기를 들었을지 모릅니다. 노숙자들은 나를 '바람과 친구가 된 여자'라고 불렀고—바스토우에서는 세찬 바람이 불 때가 많습니다—사람들이 내게 붙여 준 다른 이름들도 있었습니다. 나와 함께 있을 수 있고, 나에게 사랑받기 위해 자기를 꾸미거나 바꿀 필요가 없다는 것을 많은 사람이 잘 알고 있었습니다. 나의 품은 누구에게나 열려 있었습니다. 지금도 그렇습니다.

당신이 갈매기가 된 것 같았을 때, 그건 단지 환각 아니었나요? 이 이야기에 어떤 유익이 있나요?

그것은 환각이었습니다. 다른 모든 것이 그렇듯이. 그 이야기는 내게 탐구의 힘을 보여 주는 생생한 사례입니다. 내가 아는 한, 나는 아무리 이상한 경험을 해도 두렵지 않습니다. 나는 모험을 사랑합니다. 모험이 나를 어디로 데려가든. 나는 저 아래의 바위를 보지 못하고 그냥 지나치느니, 차라리 그 위에 떨어지는 편을 택하겠습니다. 나는 우주가 친절하다는 것을 이해합니다. 다시 말해, 마음이 모든 것이며, 마음의 본성은 선합니다. 그러니 마음이 투사하는 것은 무엇이든 선하지 않을 수 없습니다. 이 말은 끔찍한 일은 일어날 수 없다는 뜻입니다. "나는 날 수 없어", "나는 추락하고 말 거야" 같은 질문되지 않은 생각들은 죽느냐 사느냐의 문제로 보이고 매우 중요해 보입니다. 그런 생각은 모두 나의 가슴 부위에서 일어나며, 각 생각에는 그에 대한 흥분이 있습니다. 그래서 나는 '그것'이 진실인 것과 진실 아닌 것을 내게 보여 주도록 허용했습니다. 이것이 탐구의 실천입니다. 사랑은 내가 날 수 있음을 보여 주었습니다. 그리고 내가 추락해도 사랑은 변함없이 똑같을 것입니다. 두 가지 길은 동등했습니다. 얼마나 멋진 여행인가요! 그리고 그것은 모두 마음의 투사였습니다.

나는 모든 경험에서 내가 어떤 것도 아님을, 절벽 위에서 갈매기를 보고 있는 여자조차 아님을 압니다. 나는 내가 생각 이전에 존재

333

함을, 그 여자도 아니고 새도 아니고 어떤 것도 아니며 단지 알아차림(앎, awareness)임을 압니다. 나는 무(無)이며, 그 자신—완전히 고요한 마음—으로부터 내다봅니다. 알아차림(앎)은 아무것도 모르며, 그래서 자신에게 숨겨져 있습니다. 이 무한한 사랑의 상태에서 알아차림(앎)이 불쑥 나와서 자기를 알고, 자기를 보고, 자기를 한껏 즐기고, 아직 자기에게 드러나지 않은 것을 깨닫습니다. 우주의 모든 것은 마음의 반영입니다. 그것은 당신이, 무엇이라고 믿든, 그것이라고 믿는 것입니다. 그것은 여자든 갈매기든 바위든 고동치는 감사로 남아 있습니다.

나는 나 자신에게 하듯이 남들에게 합니다.
남들이 곧 나 자신임을 깨닫기 때문입니다.

26
집에 있는 붓다

부처님께서 말씀하셨다. "수보리야, 너에게 묻겠다. 32가지 신체의 특징으로 붓다를 알아볼 수 있겠느냐?"

수보리가 대답했다. "스승님, 아닙니다."

부처님께서 말씀하셨다. "만일 32가지 신체의 특징으로 붓다를 알아볼 수 있다면, 그런 신체의 특징을 가진 전륜성왕[1]도 부처일 것이다."

수보리가 말했다. "스승님, 신체의 특징으로는 부처님을 알아볼 수 없음을 이해했습니다."

그러자 부처님께서 이 게송을 읊으셨다.

눈으로 부처를 보고 귀로 부처의 말을 듣는 사람은
결코 알 수 없다.
어떻게 몸의 감각으로 나를 찾고
내가 오지도 가지도 않음을 깨달을 수 있겠는가?

---

1 산스크리트 어로는 차크라바르틴(chakravartin). 세상을 자애롭게 다스리는 이상적인 왕.

우리는 붓다를 알아볼 수 없습니다. 누가 붓다이고 누가 아닌지 알 수 없습니다. 그러니 모든 사람을 붓다라고 가정하는 편이 합리적입니다. 아무리 그렇지 않은 것처럼 보여도……. 당신이 도저히 견딜 수 없는 사람(누구나 한 명쯤은 있을 것입니다)을 머릿속에 떠올려 보세요. 그 사람을 통해 당신이 배울 수 있는 교훈은 무엇일까요?

내 딸 록산이 손녀 말리를 임신해서 속이 메스껍고 짜증이 많이 났을 때, 그 애의 남편 스콧은 아내에게 이렇게 말하곤 했습니다. "당신에게 그렇게 해서 미안해. 다 내 잘못이야. 잘못을 바로잡기 위해 내가 어떻게 하면 될까?" 하지만 그는 그럴 필요가 없었습니다. 왜냐하면 록산은 그런 말을 들으면 대개 "'이건 다 남편의 잘못이야—정말 그런가?"라고 생각하기 때문입니다. 그러고 나면 록산은 더는 남편에게 짜증을 낼 수 없게 되었다고 느꼈습니다. 내 남편 스티븐은 그 이야기를 듣고는 스콧이 남편들을 위한 안내서를 한 권 써야겠다고 말했습니다. 책 제목은 '행복한 결혼 생활의 비결'이 좋겠고, 내용은 한 페이지로 충분하다고, 사실은 한 문장만 있어도 될 거라고 했습니다. 그 책의 첫 페이지이자 유일한 페이지의 가운데에는 이런 조언이 실려 있을 겁니다.

당신과 아내 사이에 문제가 있을 때마다, 누가 잘못했든 그냥 아내에게 가서 이렇게 말하세요. "당신에게 그렇게 해서 미안해. 다 내 잘못이야. 잘못을 바로잡기 위해 내가 어떻게 하면 될까?"

진실은, 당신의 배우자는 당신의 거울이라는 것입니다. 배우자는 언제나 당신을 거울처럼 비춰 줍니다. 만일 당신이 그에게 흠이 있다고 생각한다면, 그 흠은 당신에게 있습니다. 그 흠은 당신에게 있을 수밖에 없습니다. 그는 당신의 이야기일 뿐이기 때문입니다. 당신이 어떻다고 판단한 그 순간 그의 모습은 언제나 당신 자신의 모습입니다. 예외는 없습니다. 당신이 바로 당신 자신의 괴로움입니다. 당신이 바로 당신 자신의 행복입니다.

　사람들은 인간관계가 자신을 행복하게 해 줄 것으로 생각하지만, 다른 사람에게서 행복을 얻을 수는 없습니다. 자기 밖의 어디에서도 행복을 얻을 수 없습니다. 우리가 흔히 인간관계라고 여기는 것은, 자기 바깥에 있는 것이 행복을 줄 수 있다고 믿는 두 개의 믿음 체계가 함께하는 것입니다. 그리고 둘 다 그게 진실이라고 믿었는데, 그 뒤 당신이 이 공통된 믿음 체계를 넘어 더 성장하면 상대방을 잃게 됩니다. 두 사람이 공유했던 것은 그 믿음 체계였기 때문입니다. 그래서 만일 당신이 앞으로 더 나아가면, 당신은 낡은 믿음 체계를 이른바 상대방 안에 남겨 두고 떠나게 되며, 그 뒤 당신은 그것을 분리와 아픔으로 느낍니다.

　늘 의미 있는 유일한 인간관계는 자기 자신과 맺는 관계입니다. 자기 자신을 사랑할 때, 당신은 언제나 함께 있는 사람을 사랑합니다. 하지만 자기 자신을 사랑하지 않으면, 다른 사람과 함께 있을 때도 편안하지 못할 것입니다. 왜냐하면 상대방은 당신의 믿음 체계에 도전할 것이고, 당신은 자기의 믿음들을 방어하기 위해 전쟁을 벌일 수밖에 없기 때문입니다. 그런 믿음들에 질문할 때까지는……. 사람들은 서로 이런 무언의 계약을 맺고, 상대방의 믿음 체계를 훼손하지 않겠다고 약속하지만, 그건 불가능합니다.

나는 다른 사람의 인정을 원하지 않습니다. 그들이 생각하는 대로 생각하기를 원합니다. 이것이 사랑입니다. 당신은 다른 사람의 생각을 통제할 수 없습니다. 심지어 자기의 생각조차 통제할 수 없습니다. 어쨌든 생각하는 자는 없습니다. 그것은 거울들로 이루어진 집입니다. 다른 사람의 인정을 추구하는 것은 "나는 이거야"라는, 이 작은 점, 이 아주 작고 한정된 것에 갇혀 있다는 의미입니다.

당신은 다른 사람을 실망하게 할 수 없으며, 다른 사람도 당신을 실망하게 할 수 없습니다. 당신이 실망하는 까닭은 자신이 원하는 것을 반려자가 주지 않는다는 이야기를 믿기 때문입니다. 만일 당신이 반려자에게 무엇을 원하는데 그가 거절한다면, 그게 현실입니다. 그럴 때는 당신이 직접 자신에게 그것을 줄 수 있습니다. 이건 좋은 소식입니다. 당신이 원하는 것을 스스로 얻을 수 있기 때문입니다. 반려자가 당신을 돕지 않으면, 당신이 스스로 도우세요. 반려자가 거절하면, 당신을 도와야 하는 사람은 분명 당신 자신입니다.

내가 만일 남편 스티븐에게 사랑받기를 원한다면, 그가 지금 나를 사랑하지 않는다고 여기는 것입니다. 그건 사랑의 반대입니다. 나는 그가 누구든지 사랑하는 사람을 사랑하기를 원합니다. 사람들은 내가 그를 얼마나 사랑하는지 보고, 그것을 사랑이라고 하지만, 나는 그저 지금 있는 것을 사랑하는 사람일 뿐입니다. 나는 사랑의 기쁨을 압니다. 그래서 스티븐의 사랑이 누구를 향하든 그건 나의 일이 아님을 압니다. 나의 일은 그저 그를 사랑하는 것입니다.

당신이 누구를 사랑하든 그는 당신을 떠날 수 없습니다. 오직 당신만이 떠날 수 있습니다. 그가 무슨 약속을 했든, 당신이 의지할 수 있는 것은 당신의 약속뿐입니다. 그 약속이 변할 때까지는(만일 그것이 변한다면). "나는 당신을 사랑하겠다고 약속합니다. 사랑하지 않을 때까지는." 이것은 나와 스티븐의 결혼서약 중 하나였습니다. 장기간의 약속은 오직 이 순간만을 위한 약속입니다. 설령 어떤 사람이 당신만을 영원히 사랑하겠다고 약속해도, 정말 그럴지는 결코 알 수 없습니다. 왜냐하면 '당신'과 '그'가 있다고 믿는 한, 그것은 하나의 자아가 다른 자아에게 약속하는 것이고, 내가 자주 말하듯이, 자아는 사랑하지 않으며 무언가를 원하기 때문입니다.

일부일처체는 장점이 많습니다. 일부일처제는 '하나(One)'를 나타내는 궁극의 상징입니다. 왜냐하면 이 제도는 당신의 마음을 가장 중요한 한 사람에게 집중하게 하기 때문입니다. 당신은 배우자에 대해 믿는 모든 생각, 마음속에 일어나는 배우자에 대한 모든 이야기에 대해 질문하기만 하면 됩니다. 일부일처제는 성스러운 것입니다. 일부일처제에서는 마음이 매우 고요할 수 있기 때문입니다. 백만 명이 줄 수 있는 경험을 한 사람이 당신에게 줄 것입니다. 오직 하나의 마음만 있습니다. 당신의 배우자는 이제까지 인류에게 알려진 모든 관념을 갖가지 조합된 형태로 불러일으킬 것입니다. 그러면 당신은 자기자신을 알 수 있고, 자신이 모든 괴로움의 창조자임을 깨달을 수 있습니다. 만일 함께 있는 사람을 사랑하는 법을 배울 수만 있다면, 당신은 자기 사랑을 만났습니다.

우리는 사랑이며, 그 진실을 바꿀 수 있는 것은 아무것도 없습니다. 사랑은 우리의 본성입니다. 우리 자신의 이야기를 더는 믿지 않을 때, 우리가 바로 사랑입니다.

당신은 "늘 의미 있는 유일한 관계는 자기 자신과의 관계입니다"라고 말합니다. 그건 당신의 결혼이 아무 의미 없다는 뜻인가요?

　나는 자아와 연애하며 살고 있는데, 자아는 존재하지 않습니다. 나의 연애는 아무도 배제하지 않습니다. 아무것도 배제하지 않습니다. 그것은 스스로 온전하며, 타인을 책임지지 않습니다. 타인은 없기 때문입니다. 사랑이 늘 그렇듯이, 나는 언제나 남편과 연결되어 있습니다. 나는 언제나 나 자신과 연결되어 있기 때문입니다.

당신은 결혼 생활에 전념하는 것과 자신에게 전념하는 것 사이에 갈등이 없나요?

　나 자신에게 전념하는 것은 곧 남편과 연결되는 것입니다. 그가 완벽하지 않다는 판단은 그 사람이나 나만큼의 가치는 없을 것입니다. 우리 두 사람 사이에 불화가 생긴다면, 그걸 해결하기 위해 나는 남편에 대해 질문해 보지 않은 나의 생각을 살펴볼 겁니다.

341

사랑은 우리의 본성입니다.

우리 자신의 이야기를 더는 믿지 않을 때,

우리가 바로 사랑입니다.

27
생각 사이의 공간

부처님께서 말씀하셨다. "수보리야, 부처가 신체의 특징으로 인해 깨달음을 얻는다고 생각하지 마라. 부처는 신체의 어떤 특징 때문에 깨달음을 얻는 것이 아니다. 그리고 깨달음을 얻은 이가 모든 것을 존재하지 않는 것으로 본다고 생각하지 마라. 깨달음을 얻은 이는 모든 것을 존재하지 않는 것으로 보지 않는다."

당신의 발을 생각해 보세요. 내가 발에 대해 생각해 보라고 말하기 전에 당신에게 발이 있었나요? 당신의 알아차림(앎) 안에 발이 존재했나요? 지금 발이 있는 자리에 발을 둔 게 당신인가요? '어떤' 것이 그렇게 했습니다. 하지만 몇 찰나 전에는 당신에게 발이 없었습니다. 이야기가 없으면 발도 없습니다. 모든 것이 이와 같습니다.

나는 현실로 깨어난 경험을 한 뒤 몇 달 동안, 세상의 모든 것을 잃어버리면서 많은 눈물을 흘렸습니다. 그런데 그 눈물 속에는 슬픔이 없었고, 세상의 어떤 것도 내 것이 아니라는 알아차림과 감사만 있었습니다. 내가 잃은 것은 내 몸이 아니었습니다. 요양원 다락방 바닥에서 한 첫 경험에서 나는 이미 몸을 잃었습니다. 그것은 이와 같았습니다. 예를 들어, 당신이 의자를 보고는 그것이 의자가 아님을 깨닫고, 그 깨달음조차 잃습니다. 걷는 곳이 없고, 걷는 자도 없고, 바닥도 없습니다. 아무것도 없습니다. 그 뒤 어떤 사람이 들어와서 "안녕하세요, 케이티"라고 말하고, 당신이 얘기하는데, 당신은 다른 누구도 아닌 자기의 마음에게 얘기하고 있음을 압니다. 다른 누가 얘기하는 게 아닙니다. 당신은 그렇다는 것을 압니다. 당신은 되돌아갈 수 없습니다. 돌아감이 없습니다. 돌아갈 곳을 만들어 낼 수 없기 때문입니다. 그리고 그것은 더 깊은 수준으로 서서히 사라집니다. 하지만 항상 확고한 무엇이 있습니다. 그리고 당신은 그것도 붙잡지 않습니다. 그것조차 실재하지 않음을 알기 때문입니다.

당신은 아무것도 가질 수 없습니다. 어떤 진실도 가질 수 없습니다. 탐구는 그 모든 것을 앗아 갑니다. 내게 존재하는 단 하나는 막 일어난 생각뿐입니다. 생각 이전에는 아무것도 전혀 존재하지 않습니다. 만들어 낼 것이 아무것도 없습니다. 아무도 없고, 아무것도 만들어 내지 않습니다. 그래서 다시 또다시 우리는 생각들 사이의 공간으로 돌아갑니다.

불이(不二, 비이원성)를 가르치는 스승들 중에는 아무것도 존재하지 않는다고 말하는 분이 있습니다. 이 말이 진실하지 않은 것은 아니지만, 여기서 붓다가 말하듯이, 진실한 것도 아닙니다. 진실은 말로 표현할 수 없습니다. 진실은 '이것 아니면 저것'의 어느 한쪽에 있는 것이 아닙니다. 진실에는 십억 가지 측면이 있고, 아무 측면도 없습니다. 진실처럼 보이는 것에 반대편이 있다면, 그것은 진실일 수 없습니다.

　사람들은 사물이 존재하든 존재하지 않든 별로 신경 쓰지 않습니다. 그저 행복하기만 바랄 뿐입니다. 우리의 자연스러운 상태는 행복이지만, 자기의 생각을 믿으면 그 결과로 스트레스를 느낍니다. 만일 사람들이 지금 고통을 겪고 있다면, 그들이 본래 완전하다거나 그들의 자연스러운 상태가 행복이라고 말하는 게 결국 무슨 소용이 있을까요? 당신은 그들로 하여금 자기 자신이 진정 무엇인지를 얼핏 엿보게 해 줄 수 있을지 모르지만, 질문되지 않은 생각들로 이루어진 거대한 지하세계가 있습니다. 그런 생각들은 그런 통찰을 덮어 버리고, 그들을 다시 악몽 속으로 데려가 버립니다. 어떤 사람이 당신에게 와서 "길을 잃었어요"라고 말할 때, 당신이 길을 알고 있다면 길을 가르쳐 주는 게 친절함입니다. "여기에서 오른쪽으로 돌고, 저기에서 왼쪽으로 돌면 큰 거리가 나옵니다. 거기에서 곧장 가면 됩니다."

　창조된 모든 것은 소멸될 수 있습니다. 그 모든 것은 순수한 상상입니다. "아무것도 없다"고 말하면, 그 말을 믿는 자는 빼놓게 됩니다. 당신은 아무것도 없다고 말할 수가 없습니다. 왜냐하면 첫 번째 생각이 우주의 시작이기 때문입니다. 그 시작 이전에는 어떤 것도 있지 않았습니다. 아무것도 없었다는 말이 아닙니다. 오직 하나만 있습니다. 0은 가질 수 없습니다. 0이란 사실 0을 상상하는 하나입니다. '어떤 것(something)'만이 '아무것도 없음(nothing)'을 생각할 수 있습니다.

　우리가 지각하고 생각하는 모든 것은 이미 과거 속에 있음을 우리는 알아차릴 수 있습니다. 그리고 이 말을 진정으로 깨달으면, 이 알아차림은 아름다운 것입니다. 왜냐하면 거기에는 증명하거나 가르쳐야 할 진실이 없기 때문입니다. 하지만 아무것도 없다고 가르치는 것은, 아무리 선의의 가르침이더라도, '어떤 것'을 가리키게 됩니다. 침묵이 '지금 있는 것'을 더 정확히 표현하는 까닭은 그 때문입니다. 침묵은 붓다 마음의 반영이며, 모든 말이 진실이 아님을 알고, 깊은 무언의 웃음으로 끊임없는 창조를 쏟아냅니다.

당신이 다루어야 하는 것은 오직 자신의 생각뿐입니다. 사람들은 고요한 마음을 원한다고 말합니다. 그들은 자유란 마음이 멈춘 것이라고 생각합니다. 나의 경험은 다릅니다. 나의 마음은 입을 다물고만 있는 것이 아닙니다. 그러므로 나의 할 일은 탐구를 통해 이해로 생각을 만나는 것임을 알게 되었습니다. 그 뒤 사람들도 내가 생각했던 것과 똑같은 생각을 말한다는 것을 알게 되었습니다. 그래서, 내가 나의 생각들을 이해로 만났으므로 만나야 할 사람이 없었습니다. 오직 내가 '사람들'이라고 부른, 이해된 관념들만 있었습니다.

'작업'을 하면 우리는 현실로 깨어납니다. '작업'을 꾸준히 실천하면, 우리는 흠 없고 무고한 존재, 순수한 상상의 산물이 됩니다. 탐구를 실천하면 우리는 붓다 마음에 이르게 되며, 거기에서는 모든 것이 예외 없이 선하다는 것을 깨닫게 됩니다. 그러면 완전한 자유에 이르게 됩니다. 왜 당신은 문제를 경험하면서도 문제가 없는 척 가장하고 싶어 하나요? 왜 문제를 그대로 놓아두고, 내면의 어떤 좁디좁은 곳에서 자유를 찾으려 하나요? 숨 쉴 때마다 경험하는 자유를 찾고 싶지 않나요? 이 순간의 관념 말고는 아무것도 존재하지 않습니다. 지금 그것을 이해로 만나 봅시다.

당신은 '작업'이 자기 책임으로 이끈다고 말했습니다. 사람들이 자신에게 일어나는 모든 일에 책임이 있다고 생각하나요?

어떤 면에서는 예, 물론 그렇습니다. '작업'을 하는 사람들은 스트레스를 주는 생각에 대해 질문하면 온 세상이 더 좋아진다는 것을 알게 됩니다. 그리고 모든 일은 그들'에게' 일어나는 게 아니라, 그들을 '위해' 일어난다는 것을 발견합니다. 자기의 행복은 자신에게 백 퍼센트 책임이 있음을 깨닫게 됩니다. 이것은 매우 좋은 소식입니다. 왜냐하면 우리가 지금 이 순간의 세상을 바꿀 수는 없지만, 세상을 경험하는 방식은 분명히 바꿀 수 있기 때문입니다.

"내게 일어나는 일은 모두 내 책임이다"라는 것은 단순한 관념이 아니라 경험입니다. 나는 사람들에게 "자신의 현재 수준보다 더 진보한 척하지 마세요"라고 자주 말합니다. 다시 말해, 몸소 깊이 체험해서 실제로 깨달은 게 아니면 아무것도 믿지 말라는 것입니다. 많은 사람이 긍정적인 사고 혹은 이른바 '끌어당김의 법칙'을 가르쳐 주는 책을 읽고 확언을 실천합니다. 그런데 그 후 병에 걸리거나 부자가 되지 못하면 죄책감을 느낍니다. "맙소사, 암에 걸렸네. 이건 내 책임이야. 내가 뭔가 잘못하고 있는 게 틀림없어." 또는 "나는 아직 백만장자가 아니야. 긍정 에너지를 충분히 내보내고 있지 않은 게 분명해." 이는 매 순간 신의 뜻이 곧 당신의 뜻임을 깊이 깨닫는 대신, "신의 뜻이 아니라 내 뜻이 이루어지게 하소서"라고 기도하는 것과 같습니다. 그건 당신이 원하는 것을 가지려고 애쓰는 것인데, 행복할 수 있는 유일한 길은 지금 가지고 있는 것을 원하는 것입니다.

당신은 현실로 깨어난 후 가장 스트레스를 많이 주는 생각이 "어머니는 나를 사랑하지 않아"였다고 말합니다. 십 년 동안 당신을 비참하게 만들었던 것이 그 생각이었나요?

아니요. 나는 정체성이라는 그림자들을 풀어내기 위해 하나의 상징을 사용한 것입니다. 스트레스를 주는 어떤 생각이든 이용하여 정체성을 풀어낼 수 있습니다. 어떤 생각이든 상관없습니다. 나의 경험에 따르면, 그런 그림자들은 항상 즐거웠습니다. 왜냐하면 나는 그림자를 하나씩 데려와서 탐구하는 행위의 힘을 이해했기 때문입니다. 나는 그림자들을 존중하며 다정하게 대하고, 올 때 환영하고 떠날 때 작별 인사를 했습니다. 그것은 대단한 특권이었습니다. 잘못된 것은 아무것도 없었습니다. 모든 환상이 선물이었습니다. 탐구해야 할 어머니는 없었고, 오직 언어를 통해 확인되고 실제 모습—무(無)—이 간파된 환영이 있었을 뿐입니다.

당신은 '작업'이 완전한 자유에 이르게 한다고 말합니다. '작업'을 통해 완전히 자유롭게 살게 된 사람을 얼마나 많이 만나 보았나요?

내가 다른 사람의 마음을 알 길은 없습니다. 하지만 탐구를 실천하고 있는 몇몇 사람은 오랫동안 아무 문제가 없었다고 말했습니다.

탐구를 실천하면
우리는 붓다 마음에 이르게 되며,
거기에서는 모든 것이 예외 없이
선하다는 것을 깨닫게 됩니다.

28
"이를 닦아라!"

부처님께서 말씀하셨다. "수보리야, 만일 어떤 사람이 갠지스 강의 모래알만큼 많은 세계를 보물로 가득 채운 뒤 그것을 보시하고, 다른 사람이 '나'와 '남'이라는 것이 없다는 진실을 이해하고 온전히 체화하여 그대로 산다면, 이 두 번째 사람이 얻은 공덕은 첫 번째 사람의 공덕보다 훨씬 클 것이다. 왜 그런가? 왜냐하면 보살은 공덕을 얻을 수 있는 것으로 보지 않기 때문이다."

수보리가 여쭈었다. "스승님, 어째서 보살은 공덕을 얻을 수 있는 것으로 보지 않습니까?"

부처님께서 대답하셨다. "보살은 공덕을 자기의 것으로 보거나 자기와 분리되어 있다고 보지 않는다. 그러므로 부처는 보살이 공덕을 얻을 수 있는 것으로 보지 않는다고 말한다."

─────────

공덕은 늘 바깥에서 나오는 판단입니다. 실상 공덕은 없습니다. 아무도 공덕을 세지 않습니다. 아무도 공덕이 얼마나 많은지 계산하지 않습니다.

그 문장도 뒤바꿀 수 있습니다. "공덕이 없다"는 "공덕이 있다"로 뒤바꿀 수 있고, 뒤바뀐 문장도 그만큼 진실합니다. 우리가 하는 모든 일은 가치가 있으며, 어느 것도 다른 것보다 더 가치 있는 것은 없습니다. 수많은 병원을 짓고 여러 과학 연구에 자금을 지원한 억만장자 자선가의 공덕은 얼마나 클까요? 하지만 비교하지 않으면, 그 사람이 한 일의 가치는 당신이 한 일의 가치와 정확히 동등합니다. 설거지를 하고, 청소를 하고, 자녀를 차로 학교에 데려다 줄 때마다 당신은 인류에게 이로운 일을 하고 있습니다. 한 사람을 이롭게 하는 것은 백만 명을 이롭게 하는 것과 동등합니다. 당신이 맡은 일을 완벽하게 할 때, 즉 맑은 마음으로 그 일을 할 때, 당신은 그 행위에 몰입되어 그 행위 속으로 사라집니다. 그때 존재하는 것은 오직 접시, 비눗물, 수세미, 그리고 자신의 리듬으로 움직이는 손뿐입니다. 거기에는 나도 없고, 남도 없습니다. 당신은 행위자가 아닙니다. 당신은 행해지고 있습니다.

내면의 목소리를 따르면 '나'라는 느낌을 잃게 됩니다. 나의 세계에서 나는 어떤 잘못도 할 수 없습니다. 아무런 계획도 없습니다. 나는 단지 내면의 '예(yes)'입니다. 그 목소리는 당신에게도 또렷하고 우리 모두에게 또렷하지만, 우리가 믿는 생각에 덮여 있습니다. 나는 그것을 '가슴의 목소리'라고 부릅니다. 나에게는 "이건 영적인 것이고, 저건 그렇지 않다"라고 말해 주는 스승이 없었습니다. 그래서 나는 그저 가슴의 목소리를 계속 따랐고, 모든 것을 계속 잃었습니다. 사람들이 "당신은 제정신이 아니에요"라고 말하면, 나는 그저 "아"라고 말하고는 그 목소리를 계속 따랐습니다. 그것은 멋진 실험이며, 그 결

351

과 당신은 그 알아차림(앎)으로 더 넓어지고, 점점 더 깊은 방식으로 자아를 잃게 됩니다. 그 뒤 또 다른 당신인 다른 사람들이 "당신은 참 많은 사랑을 주시는군요. 고마워요" 같은 말을 하는데, 그 감사를 받을 사람은 없지만, 당신은 그 감사를 온전히 받아들입니다. 그것은 당신으로서 열린 공간입니다.

그냥 '예'라고 대답해 보세요. 그냥 설거지를 해 보세요. 가슴의 목소리에 '예'라고 대답하는 것, 그 위대한 실험에 참여하는 것은 진정한 공동 창조이며, 당신은 그 안에서 자아를 잃고 그것이 됩니다. 만일 설거지를 하고 싶지 않다면, 그래도 좋습니다. 그저 알아차리세요. 죄책감이나 부끄러움을 느낄 필요는 없습니다. 그저 자신이 지금은 그러고 싶어 하지 않는다는 걸 알아차리세요. 그리고 만일 설거지하라는 가슴의 목소리를 따르지 못하게 하는 생각—"나중에 할 거야", "내 차례가 아니야", "불공평해"—을 발견할 수 있다면, 그 생각을 종이에 쓰고 질문해 보세요. 어쩌면 다음번에 설거지가 다 된 걸 보고 누가 했는지 궁금해할 때, 누군가가 당신이 했다고 말할지도 모릅니다.

1986년 어느 날, 요양원에서 집으로 돌아온 지 얼마 되지 않아서, 나는 어떤 목소리를 들었는데, 전에도 수천 번은 들었던 목소리였습니다. 그 목소리가 말했습니다. "이를 닦아!" 신의 계시라면 모름지기 불이 붙은 거대한 관목에서 나오는 줄 알았는데, 단지 "이를 닦아!"라는 목소리였습니다. 전에도 그 목소리를 들었지만, 내가 우울에 빠져 있을 때는 몇 주 동안 이를 닦지 않은 적도 있었습니다. 그때는 이를 닦을 수 없는 이유를 수십 가지나 댈 수 있었습니다. 그런데 그날은 아무런 방해 없이 "이를 닦아!"라는 목소리를 들었고, 나는 침대에서 내려와 바닥을 기어서 화장실 세면대로 갔습니다. 그건 충치 때문이 아니라, 내면의 진실을 존중하며 바른 일을 하기 위해서였습니다.

이 삶은 내 것이 아닙니다. 내면의 목소리가 "이를 닦아"라고 하면, 나는 "예"라고 대답합니다. 나는 곧바로 움직일 뿐, 왜 그러는지는 모릅니다. 내면의 목소리가 "걸어"라고 하면, 나는 걷습니다. 또 어떤 이가 내게 무엇을 간절히 요청하면, 내가 할 수 있는 일이면 합니다. 왜냐하면 외부의 목소리처럼 들리는 소리조차 내면의 목소리이기 때문입니다. 내게는 나의 삶이 없으며, 나의 삶은 나의 일이 아닙니다. 나는 지시를 따릅니다. 그래서 매 순간이 새롭습니다. "이를 닦아"라는 말은 그다지 영적인 소리 같지 않지만, 실은 진짜 영적인 소리였습니다. 나는 그저 그 목소리에 마음을 열었고, 잘 듣고 따르는 사람이 되었습니다. 내가 오늘 결혼한 상대는 내면의 목소리입니다. 모든 결혼은 내면의 목소리와 한 결혼의 은유입니다. 그렇게 (때로는 어디로 튈지 모르는) 야성적인 목소리를 따르고, 그 소리에 '예'라고 대답하는 것은 굉장한 일입니다.

하지만 더 정확히 말하면, 목소리는 없습니다. 그것은 내면의 지시이며, 내 안의, 우리 모두 안의 울림이고, 그것을 따르지 않을 때 우리는 고통을 느낍니다. 나는 움직임이며, 생각을 믿지 않을 때는 우리 모두 움직임입니다. 당신은 움직임이 움직이는 것을 지켜볼 뿐입니다. 당신은 아무것도 만들어 내지 않습니다. 그것이 무엇을 하고, 언제 어떻게 하는지는 당신의 일이 아닙니다. 당신은 그것과 함께 움직일 뿐이며, 그것에 대한 당신의 모든 판단은 서서히 사라집니다.

왜 "이를 닦아"라고 말한 목소리가 목소리조차 아니었다고 말하나요?

그것은 목소리로 나타났습니다. 그것은 이 구체적인 지시로 번역된 지혜였습니다. 나는 내 외부에 있는 듯한 목소리를 투사해야 했습니다. 하지만 그때부터 그것은 나였습니다. 그것이 뭐라고 말하고 뭘 하든 묻지 않고 올바른 마음을 따르는 나였습니다. 그것은 항상 분별력이 있었습니다. 그것은 한 번도 "이 절벽에서 뛰어내려"라고 말하지 않았습니다. 설령 그렇게 말했다 해도 나는 기꺼이 그 목소리도 따르려 했겠지만……. 나는 아무것도 잃을 것이 없었기 때문입니다.

그날 아침 나는 화장실로 기어갔습니다. 아주 천천히 움직여야 했습니다. 화장실까지 어떻게 가야 할지 몰랐지만, 가야 한다는 것만은 알았습니다. 그 목소리는 지혜의 선물이었고, 내게 가장 일상적이고 단순한 지시를 보여 주었습니다. 그 목소리는 내게 침대에서 빠져나와 화장실로 걸어가야 한다고 말하지 않았습니다. 어떻게 해야 하는지 알려 주지 않았고, 나는 바닥을 기어가는 게 올바른 방법이 아니라는 것을 알지 못했습니다. 그저 단순한 지시를 따르고 있었습니다. 그리고 그때 내 마음이 아주 맑았으므로, 그 지시를 따르지 않아야 할 이유가 내면에서 떠오르지 않았습니다.

당신은 행위자가 아닙니다.
당신은 행해지고 있습니다.

29
투명함

부처님께서 말씀하셨다. "수보리야, 사람들은 부처를 여래라고
부른다. 그러나 여래가 오고 가고 앉고 눕는다고 말하는 사람은
나의 가르침을 이해하지 못하는 것이다. 실상 여래는 어디에서
오지도 않고, 어디로 가지도 않는다. 그런 까닭에 그는 '여래'라
고 불린다."

남편 스티븐이 금강경을 읽어 주기 전까지 나는 '여래(타타가타)'라
는 말을 들어 본 적이 없습니다. 스티븐은 '타타가타(Tathagata)'가 산
스크리트 어인데, 그 의미는 '이렇게 온(혹은, 간) 분' 또는 '있는 그대로
의 진실에 도달한 분'이며, 어떤 해석에 따르면 '있는 그대로 나타나
는 분'이라고 설명해 주었습니다. 이 마지막 의미는 어떤 면에서는 우
리 모두를 묘사합니다. 왜냐하면 맑은 마음에게 우리는 있는 그대로
보이지 않을 수 없기 때문입니다. 하지만 다른 의미에서는 그 말은
특히 한 사람의 붓다를 묘사합니다. 그녀[1]는 여러 사람 앞에 보이는

---

1 케이티는 자신의 경험에 비추어, 여기서 붓다를 여성 대명사로 나타내고 있다.—옮
  긴이

356

것과 혼자 있을 때 보이는 모습에 차이가 없습니다. 그녀는 투명합니다. 어떤 가면도 쓰지 않습니다. 따라서 그녀는 보이는 그대로입니다. 그녀는 자신의 진실을 정직하게 말하며, 남에게 호감을 사거나 인정을 받으려 하지 않습니다. 천 명의 청중 앞에서 말할 때도 마치 한 명의 친구와 얘기하듯이 친밀하게 말합니다.

실제로는 붓다는 '이렇게 오지'도 않았고 '이렇게 가지'도 않았습니다. 오고 간다는 관념은 자세히 조사해 보면 안개처럼 사라집니다. 옴도 없고 감도 없습니다. 만일 당신이 어디에서 온다면, 당신은 과거가 필요합니다. 또 만일 어디로 간다면, 미래가 필요합니다. 하지만 이 장에서 말하듯이, 붓다는 어디에서 오지도 않고 어디로 가지도 않습니다. 그/그녀는 오고 감의 너머에 있습니다.

모든 것은 제때 오고 갑니다. 당신은 그것을 통제할 수 없습니다. 과거에도 통제하지 못했고, 미래에도 통제하지 못할 것입니다. 당신은 일어나고 있다고 생각하는 일에 관한 이야기를 얘기하는 것뿐입니다. 당신은 자신이 몸을 움직인다고 생각하나요? 당신이 움직이는 것이 아닙니다. 그저 그런 일이 일어날 뿐이지만, 당신은 자신이 그 일과 관계있다는 이야기를 얘기합니다. "내가 다리를 움직였어. 내가 걷기로 결정했어." 나는 그렇게 생각하지 않습니다. 직접 탐구해 보면 그것이 이야기에 불과하다는 것을 알게 될 것입니다. 당신은 자신이 움직일 것임을 압니다. 모든 일이 동시에 일어나기 때문입니다. 당신은 그 움직임이 시작되기 전에 그런 이야기를 합니다. 왜냐하면 당신이 이미 그것이기 때문입니다. '그것'이 움직이는데, 당신은 자기가 움직였다고 생각합니다. 그 뒤 당신은 어떻게 어디로 갈 것인지,

또는 어떻게 무엇을 할 것인지에 관한 이야기를 합니다. 당신이 가지고 놀 수 있는 것은 오직 이야기뿐입니다. 그것 말고는 가지고 놀 게 없습니다.

내가 현실로 깨어난 뒤 몇 달이 지났을 때, 전남편 폴이나 내 아이 중 하나가 때때로 물었습니다. "어디로 갈 건가요?" 간다, 간다…… 그게 무슨 뜻이지? 내가 온 적이 없는데, 어떻게 갈 수 있지? 나는 진실을 말해야 했는데, 그런 질문에 어떻게 대답할 수 있었을까요? 정직하게 대답한다면 "나는 가지 않아요. 오지도 않아요. 나는 당신의 꿈같은 감각에 보이는 것이 아니에요"라고 말했을 것입니다. 하지만 그런 대답은 그들을 기겁하게 했겠지요.

그래서 "어디로 가세요?"라는 질문을 받으면, 나는 사랑의 이름으로, "아, 산책하러 가요" 혹은 "시장에 갑니다"라고 대답하는 법을 배웠습니다. 사람들을 놀라게 하거나 서먹하게 하지 않고 그들과 함께하는 법을 배웠습니다. 사랑은 함께합니다. 사랑은 분리하지 않기 때문입니다. 현실로 깨어난 뒤 처음 몇 주 동안, 나는 사람들과 함께하는 삶은 그다지 고려하지 않고 그냥 진실을 말했습니다. 어떤 이가 "이름이 뭐예요?"라고 물으면 "나는 이름이 없어요"라거나 "내 이름은 당신의 이름이에요"라고 대답했습니다. 하지만 이 세상에서 우리가 스스로 속이는 법을 배운 뒤에는, 그리고 사람들이 참된 자신이 누구인지 모르는 척 가장한다는 걸 이해한 뒤에는, 더 알아듣기 쉽게 말하게 되었습니다. 이 사람들은 잠들어 있는 체하는 나의 일부였고, 아직 불이 붙지 않은 빽빽한 세포들이었습니다. 그래서 어떤 사람이 "안녕하세요"라고 인사하면, 나도 "안녕하세요"라고 인사합니다. 내 이름을 물으면 "케이티입니다"라고 대답합니다. 그렇지만 만일 어떤 사람이 진심으로 관심을 가지고 "당신의 이름이 정말 케이티인가요?"라고 물으면, 나는 "아니요"라고 대답할 것입니다. 이런 식으로 나는 사람들과 함께할 수 있었고, 아무도 서먹하게 하지 않으면서 그들의 질문에 대답할 수 있게 되었습니다.

죽음을 눈앞에 둔 사람들은 다를 수 있습니다. 그들 중 일부는 가장하는 짓을 그만두었습니다. 나는 이미 죽었습니다―이것은 진실을 말하는 한 가지 방식입니다. 내가 죽음에 대해 아는 것은, 죽음을 피할 수 없을 때는, 당신을 구해 주러 올 사람이 아무도 없다는 걸 알 때는 믿음들이 떨어져 나간다는 것입니다. 그러면 당신은 그런 것에 신경 쓰지 않습니다. 그래서 만일 임종을 앞둔 당신에게 의사가 다 끝났다고 말하고 당신이 그 말을 믿으면, 모든 혼란이 그칩니다. 더는 잃을 것이 없기 때문입니다. 그 감미로운 평화 안에는 오직 당신만 있습니다. 당신이 그것입니다.

나는 죽음이 무엇인지 압니다. 죽음은 무(無)입니다. 죽어가는 이들과 대화할 때면 그런 진실을 말해도 그들이 겁먹지 않는 경우가 있습니다. 말기 암인 친구의 임종 자리에 불려간 적이 있습니다. 집주인이 집을 팔아 버리는 바람에 그는 한 달 전에 집에서 쫓겨났고, 그의 자동차는 화재로 타 버렸습니다. 그래서 그는 가재도구와 가진 것을 모두 싸게 팔아 버리고, 말기 환자를 위한 호스피스 병동에 들어갔습니다. 챙겨간 것이라고는 세면도구와 좋아하는 책 몇 권, 음악 시디 몇 장뿐이었습니다. (그의 침실 탁자 위에는《네 가지 질문》과 스티븐의 책《도덕경》문고판이 놓여 있었습니다.) 그는 몹시 야위고 허약했으며, 분명 살날이 몇 주밖에 남지 않은 것 같았습니다. 잠시 대화를 나눈 뒤, 그는 녹음기를 켜더니 죽음에 관해 얘기해 달라고 했습니다. 나중에 반복해서 들을 수 있도록. 나는 말했습니다. "스윗하트, 제가 한 가지 약속할 수 있는데, 죽음은 결코 일어나지 않아요. 이 말에 의지해도 됩니다." 그는 이미 거의 모든 것을 잃었기 때문에, 나의 말과 그의 들음 사이를 방해하는 관념은 하나도 없었습니다. 그의 얼굴은 환히 밝아졌고 눈물이 뺨을 타고 흘러내렸습니다.

내가 사람들과 함께하는 '작업 학교'를 사랑하는 이유는 그 9일 동안 뻔한 거짓말을 할 필요가 없기 때문입니다. 거기서 사람들은 나와 함께할 수 있습니다. 그들은 나의 세계를, 탐구의 세계를 뒤따를 수 있는데, 그 세계에는 모든 것이 은총이며 아무 문제가 없습니다. 그들이 자신의 마음에 질문하면, 우리들의 세계가 어우러지기 시작합니다. 그리고 나는 하나의 마음이 현실로 깨어나는 걸 보게 됩니다. 그 마음은 언제나 당신의 것이었습니다. 놀라워하고 기뻐하고 감사하고 사랑에 푹 빠진…….

당신도 사람들을 기쁘게 하거나 그들의 인정을 받으려고 애쓴 적이 있나요?

나는 나 자신을 기쁘게 하고 나 자신을 인정하고, 그것을 모든 사람에게 투사합니다. 그래서 나의 세계에서 나는 이미 모든 사람을 기쁘게 하고, 이미 모두의 인정을 받습니다. 아직 그들이 그것을 깨달으리라 기대하지는 않지만.

'작업 학교'에 대해 더 자세히 알려주시기 바랍니다.

관심 있는 분은 홈페이지(www.thework.com/en/school-work)에서 알아볼 수 있습니다.

왜 '작업 학교'를 만드셨나요?

사람들은 그들이 내 안에서 보는 자유를 가지고는 살 수 없을 거라고 말했고, 나는 그들이 그런 이야기를 믿는 한 그들의 말이 옳다는 걸 알았습니다. 요양원 다락방 바닥에서의 경험 이후로는 이야기 없이 살고 있었기 때문에 내게는 두려운 것이 남아 있지 않았습니다. 이 자유로운 행복의 흐름을 막는 것은 아무것도 없었습니다. 사람들은 나에게 와서 함께 지낼 수 있는지 물었고, 나는 그러라고 했습니다. 그러다 보니 프레드릭스 가에 있는 나의 집 다섯 채의 방바닥이 밤이면 그들의 침낭으로 꽉 차기도 했습니다. 사람들이 오고 갔습니다. 일부는 잠깐 머물렀고, 일부는 몇 달 동안 머물면서 '작업'하는 법을 배우고 가르쳤습니다. 나는 미국 전역과 유럽을 다니며 사람들과 함께 '작업'을 했는데, 바스토우에 돌아오면 일부는 여전히 남아 있었고, 새로 온 사람들도 많았습니다.

그 무렵 어떤 이가 내게 말하기를, 새로운 습관이 자리 잡히려면 28일이 걸린다고 했습니다. 그래서 나는 28일 동안 탐구에 몰입하는 교육 과정을 만들었습니다. 내게는 그게 타당해 보였습니다. 나는 그것을 '작업 학교'라고 불렀고, 첫 모임은 1998년 8월에 바스토우에서 열렸습니다. 어떤 의미에서 '작업 학교'의 과정은 그전에 이미 마련되어 있었는데, 내가 전부 그대로 살았기 때문입니다. 그 과정은 처음

361

두 해인 1986년과 1987년에 내가 경험한 것을 토대로 했고, 사람들을 곧장 새로운 알아차림으로 데려오도록 고안되었습니다. 나는 '작업'을 경험한 사람들의 반응을 자세히 듣고 그 과정을 수정해서 새로 만들었습니다. 요즘도 계속 수정하고 있습니다. 지금은 그 과정을 9일로 압축해서 진행하고 있습니다.

'작업 학교'에서 나는 사람들을 내가 경험했던 모든 대낮의 악몽들로 데려갑니다. 그들이 두려움을 통과하도록 차근차근 안내합니다. 그래서 어떻게 마음이 괴로움을 만들어 내는지, 그리고 어떻게 마음이 괴로움을 끝낼 수 있는지를 마침내 확실히 이해할 때까지……. 실제든 상상이든 사람들에게 문제가 있으면(모든 문제는 상상된 것입니다), 우리는 그 문제에 대해 질문합니다. 나는 그들과 함께 깊은 지옥으로 들어가고, 우리는 햇빛 속으로 다시 나옵니다. 이 용감한 사람들은 고통에 지쳤습니다. 그래서 그들은 자유를 갈망하고, 정말로 진실을 알기 원하고, 이 땅 위에서 평화로워질 준비가 되었습니다. 한번 네 가지 질문이 그들의 내면에 살아 있게 되면, 그들의 마음은 더 맑고 친절해지며, 그에 따라 그들이 투사하는 세상도 더 맑고 친절해집니다. 이는 어떤 말로 표현할 수 있는 것보다 더 근본적입니다.

나는 이미 모든 사람을 기쁘게 하고,

이미 모두의 인정을 받습니다.

아직 그들이 그것을 깨달으리라 기대하지는 않지만.

30
완전히 친절한 세상

부처님께서 말씀하셨다. "수보리야, 묻겠다. 착한 남자 착한 여인이 십억 세계를 부수어 티끌로 만든다면, 티끌이 많겠느냐?"
수보리가 대답했다. "스승님, 매우 많을 것입니다. 하지만 만일 그 모든 티끌마다 분리된 존재가 있다면, 부처님께서 그것들을 '티끌'이라고 부르지 않았을 것입니다. 티끌은 사실 티끌이 아닙니다. 이름이 '티끌'일 뿐입니다. 십억 세계는 사실 십억 세계가 아닙니다. 이름이 '십억 세계'일 뿐입니다. 만일 이런 세계들이 정말로 존재한다면, 그것은 티끌들이 모인 덩어리로 존재합니다. 덩어리도 실제로는 덩어리가 아닙니다. 그것은 이름이 '덩어리'일 뿐입니다."
부처님께서 말씀하셨다. "수보리야, 어떤 것을 물질적 대상이라고 부르는 것은 관습적으로 말하는 것일 뿐이다. 미숙한 존재들만 그런 용어에 집착한다."

이 경전에서 붓다는 몇 번이고 거듭해서 이름 너머의 세계를 가리킵니다. 당신이 어렸을 때, 언어를 배우기 전, 말의 의미를 알기 전,

세상이 어디에 있었나요? 아무 세상도 없었습니다. 당신에게는 몸도 없었습니다. 왜냐하면 아직 자신이 몸 안에 있다고 믿지 않았기 때문입니다. 당신에게는 분리된 정체성이 없었습니다. 그래서 현실을 '나'와 세상으로 분리할 수 없었습니다. 어머니가 나무를 가리키며 "이건 나무야"라고 말하면, 당신은 어머니를 올려다보며 "으아 으아" 옹알이를 했습니다. 그 뒤 어느 날 어머니가 "이건 나무야"라고 말하자, 당신은 그 말을 믿었습니다. 갑자기 나무와 어머니와 '당신'이 있었습니다. 당신에게 세상이 생겼습니다. 몸이 생겼습니다. 그리고 얼마 안 되어 당신의 몸은 키가 너무 작고, 혹은 키가 너무 크고, 빼빼 마르고, 혹은 너무 뚱뚱하고, 이런 면에서 부족하고, 저런 면에서 부족하게 여겨졌습니다. 당신이 자신과 분리된 세상에 있는 것들에게 이름을 붙이면서 그 모든 고통의 세계가 생겼습니다.

당신은 거울에 비친 모습이 자기 자신이라고 생각합니다. 그리고 그 이미지—이제는 당신의 머릿속에 있는 그 이미지—를 당신이 아름답다고 여기는 사람들의 이미지와 비교합니다. 당신의 상상된 몸을 공격하는 질문되지 않은 생각들은 당신이 자기라고 믿는 가상의 자아를 강화할 뿐입니다. 하지만 당신은 자기의 얼굴을 한 번도 본 적이 없습니다. 당신의 생각이 만들어 낸 '이름으로 된 세계'를 믿을 때만 이 몸도 실재한다고 믿을 수 있습니다.

자신은 이 몸이 아니라는 것을 깨달으면, 마음은 더는 위협을 느끼지 않습니다. 왜냐하면 실체가 없는 것은 위협받을 수 없기 때문입니다. 질문되지 않은 마음은 여전히 갈등하고, 자신과 다투고, 자기의 안전을 염려합니다. 그래서 자기의 질문되지 않은 생각 말고는 아무것도 다를 게 없다는 사실을 이해하기 전에는 평화로울 수 없습니다. 마음의 삶은 밖으로 비추어집니다. 그래야만 마음이 형상으로 투사되는 자기 자신을, 자기의 몸 없는 여행을 볼 수 있기 때문입니다. 하지만 마음이 깨어나면, 자기 자신을 오직 완전하고 아름다운 상상으로서만 볼 수 있습니다. 아무것도 그것을 막지 못하며, 그의 무한한 여행을 늦추지 못합니다.

'작업'을 하면, 마음은 움켜쥐고 있던 정체성을 안전하고 부드럽게 놓아 버릴 수 있습니다. 스트레스를 주는 생각에 질문하고, '당신'이 자기라고 생각했던 모든 것을 내려놓을 때, "그 생각이 없다면 나는 무엇일까?"라고 궁금해하는 자리에 이르게 됩니다. 하나의 정체성이 나타난다고 해서 그것이 진실이 되는 건 아닙니다. 아무도 자신이 무엇인지 모릅니다. 그것은 말로 표현되는 순간, 그것이 아닙니다.

마음이 자기의 생각에 대해 철저히 질문하면, 완전히 친절한 세상을 투사하게 됩니다. 친절한 마음은 친절한 세상을 투사합니다. 만일 어떤 사람이 어떤 것을 완전하지 않다고 보면, 질문된 마음은 처음에는 그걸 이해하지 못합니다. 질문된 마음은 완전하지 않은 것을 투사할 수 없기 때문입니다. 하지만 질문된 마음은 오래전 꿈의 세계에서 자신도 그렇게 믿었음을 기억해 내며, 그래서 고요함 속에 다른 사람을 이해할 수 있는 일종의 참고 자료, 하나의 메아리가 떠오릅니다. 질문된 마음은 자기가 사물을 보는 방식에 늘 감사하고, 다른 사람들이 사물을 어떻게 보는지 이해합니다. 그러면 많은 에너지가 작용하여 그 순간 놀라운 변화를 일으킬 수 있습니다. 왜냐하면 질문된 마음의 투명함은 어떤 선택지도 숨겨 두지 않기 때문입니다. 이것이 존재의 두려움 없는 상태입니다. 그것에는 한계가 없습니다.

당신은 "맑은 마음은 두려워할 수 없습니다"라고 말합니다. 하지만 두려움이란 생각하기도 전에 일어나는 생물학적 반응이 아닌가요?

전혀 아닙니다. 미래에 대한 생각을 믿지 않으면 두려움을 느낄 수 없습니다. 당신이 믿는 생각은 너무 빨리 일어나서, 당신은 그걸 따라갈 수 없습니다. 단지 생각의 신체적 결과나 감정적 결과만 알아차릴 뿐입니다. 예를 들어, 두려움을 느끼면서 잠에서 깨면, 왜 두려운지 확실히 알지는 못해도, 뭔가 무서운 일이 일어났거나 일어날 것이라는 생각에 반응하고 있는 것입니다. 과거나 미래에 대한 그런 생각을 믿는 것이 두려움의 원인입니다. 현실에서 일어나는 일이 그 원인인 것은 아닙니다. 당신은 베개를 베고 누워 그 순간의 모든 필요가 충족된 상태로 깨어났습니다. 이는 이른바 위험한 상황에 실제로 처해 있을 때도 진실입니다. 곰을 보았을 때, 당신은 겁에 질려 도망갈 수도 있고, 그냥 뛸 수도 있습니다. 당신이 믿고 있는 질문되지 않은 생각을 제외하면, 삶은 항상 좋습니다.

'작업'을 하면, 마음은 움켜쥐고 있던 정체성을
안전하고 부드럽게 놓아 버릴 수 있습니다.

작업

"아들이 다시 술을 마십니다"

에마 (양식에 쓴 글을 읽는다) 나는 아들 글렌 때문에 화나고 실망스럽고 혼란스럽다. 왜냐하면 그 애가 다시 무알코올 맥주를 마시고 담배를 피우기 때문이다. 그 애는 1월부터 알코올중독 치료소에 다니고 있어요.

케이티 어떤 상황인가요? 당신은 어디에 있나요?

에마 그 애는 우리 개를 돌봐 주러 이번 주에 취리히에 있는 우리 집에 왔어요. 그래서 제가 이 공개 모임에 올 수 있었죠.

케이티 아드님이 술 마시는 모습을 봤나요?

에마 예.

케이티 좋아요. 그래서, "그 애는 무알코올 맥주를 마신다"—그게 진실인가요?

에마 예.

케이티 그럴 때 당신은 어떻게 반응하나요? 무슨 일이 일어나나요? 눈을 감아 보세요. 아드님이 보입니다. 무알코올 맥주가 보입니다. 아드님이 그 맥주를 마시는 모습이 보입니다. 당신은 과거와 미래의 이미지들을 봅니다. "그 애는 무알코올 맥주를 마신다"는 생각을 할 때, 당신은 어떻게 반응하나요?

에마 무서워요.

케이티 무서울 수밖에 없습니다. 아드님이 어떤 끔찍한 상태에 있다고 보기 때문입니다.

에마 그 애는 정말 아름다운 사람이에요. 이 아름다운 젊은이가 행복하지 못한 모습은 차마 보지 못하겠어요.

케이티 아드님은 소파에 행복하게 앉아서, 무알코올 맥주를 행복하게 마시고 있는데 말이죠. (청중이 웃는다.)

에마 나는 그 애가 행복한 것 같지 않아요.

케이티 당신은 아드님의 마음도 꿰뚫어 보는 초능력자인가 보군요.

에마 그럼요. 그 애는 내 아들인걸요.

케이티 당신이 머릿속에서 그런 끔찍한 모습들을 보고 있을 때, 실제 아드님은 소파에 앉아 무알코올 맥주를 마시고 있습니다. 그럼, 당신을 화나게 하는 사람은 누구인가요? 당신인가요, 아드님인가요?

에마 무슨 뜻인가요?

케이티 당신을 화나게 하는 건 당신 머릿속의 모습인가요, 아니면 아드님인가요?

에마 둘 다예요. 나는 그 애와 나 자신에게 화가 났어요. 맥주 캔을 딸 때 나는 '딸깍' 소리를 들었을 때 내 온몸이 반응했죠.

케이티 그때가 바로 머릿속에서 꿈이, 악몽이 시작된 순간입니다. 당신은 과거의 그런 모습들을 보았고, 이어서 미래의 모습들을 보았습니다. 당신이 보고 있는 건 아드님인가요, 당신의 상상인가요? 스윗하트, 나는 이게 왜 그렇게 어려운 질문인지 모르겠어요. 즙이 많고 잘 익은 레몬을 상상해 보세요. 그리고 그걸 한입 크게 깨무는 걸 상상해 보세요. 이제 무슨 일이 생겼는지 알아차렸나요?

에마 예. 입이 오그라들었어요. 침이 가득 고였고요.

케이티 그게 바로 당신이 어려움을 겪는 원리입니다. 당신은 실제로 레몬을 씹은 게 아닙니다. 상상했을 뿐이죠. 레몬 씹는 걸 상상하니까 몸이 반응했습니다. 레몬이 무슨 색이었나요?

에마 노란색이요.

케이티 나는 '노란색'이라는 말을 하지 않았지만, 당신은 그걸 상상했어요. 자, 아드님이 맥주캔을 땄습니다. 그러자 당신은 머릿속에서 펼쳐지는 영화에 곧바로 빠져듭니다. 아드님은 해롭지 않은 음료를 마시고 있을 뿐입니다. 알코올이 없는 맥주였어요. 아드님은 소파 위에서 취하지 않고 완전히 안전하게 있습니다. 그는 담뱃불을 붙입니다. 그는 어머니가 여기 올 수 있게 도와주러 왔어요. 당신과 아드님 중 한 사람은 일관성 있게 행동하고 있습니다. (청중이 웃는다.) 당신은 아드님에게 화나고 실망했습니다. 뒤바꿔 보세요. "나는 아들에게……"

에마 나는 아들에게 화나지 않고 실망하지 않는다.

케이티 그는 취하지 않고 소파에 앉아 있어요. 그게 실제 아드님입니다. 당신이 화난 다른 아드님은 상상 속에 있습니다. 당신이 괴로운 원인은 실제 아드님인가요, 아니면 당신이 상상하는 아드님인가요?

에마 내가 상상하는 아들입니다.

케이티 이제 당신이 그 생각을 믿을 때 아드님을 어떻게 대하는지 알아차려 보세요. 그런데 그는 단지 맥주캔을 땄을 뿐입니다.

에마   그 애를 멀리합니다. 그러고는 그 애를 사랑하는 체합니다.

케이티   두려움은 바로 그런 모습입니다. "나는 아들에게 실망했다"—뒤바꿔 보세요. 실망의 반대가 뭔가요?

에마   나는 아들 덕분에 행복하다.

케이티   좋아요. 눈을 감아 보세요. 소파에 앉아서 무알코올 맥주캔을 따고 있는 아드님을 바라보세요. 아드님의 어떤 행위—실제로는 그가 하고 있지 않은 행위—때문에 그에게 화난다는 생각이 없다면, 당신은 누구일까요?

에마   개를 봐 주러 루체른에서 취리히까지 와 준 걸 진심으로 고마워할 겁니다. 그리고 여러 해 동안 술을 마셨지만, 지금은 무알코올 맥주를 마시는 것 같이 노력하고 있는 것도 고맙구요.

케이티   그는 노력하고 있지 않습니다. 그냥 그렇게 하고 있어요.

에마   맞아요. 아들은 무알코올 맥주를 마시고 있어요.

케이티   그는 취하지 않았습니다.

에마   취하지 않았지요.

케이티   어머니를 돕고 있구요. 2번 문장을 봅시다.

에마   여기서 나쁜 말을 해도 되나요?

케이티   물론입니다. 에고는 두려울 때 정중하지 않죠. 그냥 쓴 대로 읽어 보세요.

에마   나는 그 애가 그런 짓거리를 그만두고, 허튼소리도 집어

치우고, 자기 인생에 정면으로 맞서기를 원한다.

케이티 좋네요. 그런데 그게 진실인가요? 아드님이 무알코올 맥주를 마시지 않기를 원하세요?

에마 (조금 당황해하면서) 아니요.

케이티 그 생각을 믿을 때, 당신은 어떻게 반응하나요? 무슨 일이 생기나요?

에마 겁이 납니다. 그 애에게 분노가 치밀어 오릅니다.

케이티 그 생각을 믿지 않는다면, 당신은 누구일까요?

에마 정말 평안할 겁니다. 감사할 거예요. 무알코올 맥주캔을 따는 젊은이를 그냥 보고 있겠죠.

케이티 이제 뒤바꿔 보세요. "나는 내가……"

에마 안 돼요!

케이티 "그 상황에서, 나는 내가……"

에마 (얼굴을 찡그린 채) 나는 내가 그런 짓거리를 그만두고, 허튼소리도 집어치우고, 자기 인생에 정면으로 맞서기를 원한다.

케이티 아드님은 착실히 잘하고 있습니다. 취하지도 않았죠. 그게 현실입니다. 반면에 당신은 미래와 과거에 갇혀 있었어요.

에마 맙소사! 케이티, 맞는 말씀이에요.

케이티 다음 문장을 볼까요.

에마 아들은 치료받아야 한다. 학사 학위를 마쳐야 한다. 내가 제안하는 대로 해야 한다. 왜냐하면 그 애한테 무엇이 최선인지는 내가 잘 알기 때문이다.

케이티 아, 우리는 안다고 믿는 바로 그 순간에 이렇게 길을 잃습니다. "그는 치료받아야 하고, 학사 학위를 마쳐야 하고, 당신이 제안하는 대로 해야 한다."—그게 진실인가요?

에마 (고개를 저으며) 아니요.

케이티 그 생각을 믿을 때 당신은 아드님을 어떻게 대하나요?

에마 그 애를 초라하게 만들어요.

케이티 그 상황에서, 그 생각이 없다면 당신은 누구일까요?

에마 그 애가 무엇을 하든 열린 마음으로 받아들일 거예요.

케이티 한 모금 마실지도 모르죠.

에마 뭘요?

케이티 무알코올 맥주를 한 모금 마실 수도 있겠죠.

에마 아! (미소 짓는다.)

케이티 다음 문장을 볼까요?

에마 나는 아들이 치유의 길을 선택할 필요가 있다. 내가 행복해지려면 그 애가 행복할 필요가 있다. 나는 그 애가 깨어날 필요가 있다.

케이티 "당신은 아들이 치유의 길을 선택할 필요가 있다"—그게 진실인가요?

에마 아니요.

케이티 아닙니다. 그는 이미 그 길을 선택했습니다. 그는 술 취하지 않았습니다. 그래서 그는 이미 그 길을 선택했습니다. 당신은 아드님이 그 길을 선택할 필요가 없습니다. 뒤바꿔 봅시다. "그 상황에서, 나는 나 자신이……"

에마 나는 나 자신이 치유의 길을 선택할 필요가 있다.

케이티 그 순간에는 그렇습니다. 당신의 길은 사방에 있습니다. 그 길은 당신을 과거로 데려갑니다. 미래로도 데려갑니다. 하지만 치유의 길은 늘 바로 지금, 바로 여기에 있으며, 우주가 친절하다는 것을 깨닫는 것입니다. 당신은 아드님에게서 술 취하지 않은 상태라는 놀라운 선물을 볼 수 있습니다. 당신이 과거와 미래라는 지옥에 들어가지 않을 때는 치유의 길을 선택하기가 아주 쉽습니다. 그때 당신은 현실에 머물러 있으므로 아무것도 아드님과의 연결을 끊을 수 없습니다. 계속해서 다음 문장을 뒤바꿔 보세요. "내가 행복해지려면 나 자신이……."

에마 내가 행복해지려면 나 자신이 행복할 필요가 있다.

케이티 예. 아드님이 행복할 필요가 있다는 생각을 믿을 때, 당신이 어떻게 반응하는지 알아차려 보세요. 아드님을 어떻게 대하는지 알아차려 보세요. 당신은 괜찮지 않은데도 괜찮은 척합니다. 아드님과 자신에게 거짓된 삶을 살고 있는 겁니다. 5번 문장을 봅시다.

에마 아들은 게으르고 무서워하고 뚱뚱하고 건강하지 못하고 자신을 속이고 회피한다. 이 문장은 뒤바꾸지 않을 거예요. (청중의 큰 웃음)

케이티 "내 머릿속에서 나는……" 다음에 쓴 대로 읽어 보세요. "내 머릿속에서, 나는 게으르다."

에마 내 머릿속에서 나는 게으르다.

케이티 당신은 과거와 미래를 바라보고 있습니다. 당신은 너무 게을러서 지금을 바라보지 않습니다. 그런데 '지금'은 매우 명쾌합니다. 하지만 과거와 미래에 대한 이런 생각들을 믿을 때, 우리는 머릿속에 있는 아들의 모습이 우리의 실제 아들이라고 생각합니다. 실제로는 그렇지 않지요. 그다음 문장도 계속 뒤바꿔 보세요. "그 상황에서 나는……"

에마 그 상황에서 나는 무서워한다.

케이티 당신은 자신이 아드님에 관해 투사한 것을 무서워합니다. 또 그다음 문장, "그 상황에서 나는……"

에마 나는 건강하지 못하다.

케이티 지금 있는 것을 회피하므로 건강하지 못합니다.

에마 예.

케이티 6번 문장을 볼까요.

에마 나는 다시는 그 두려움을 겪고 싶지 않다.

케이티 "나는 기꺼이……"

에마 나는 기꺼이 그 두려움을 다시 겪겠다.

케이티 "나는 고대한다……"

에마 나는 그 두려움을 다시 겪기를 고대한다.

케이티 이제 아드님이 소파에 앉아 있고, 진짜 맥주를 마시고 있고, 만취했다고 가정해 봅시다. 소파에 앉아 있는 아드님이 보이나요? 어느 쪽이 더 친절한가요? 당신이 과거와 미래의 아드님에 대해 믿고 있는 생각들인가요, 현실인가요?

에마 현실입니다. 알겠어요.

케이티 그가 취했든 취하지 않았든, 당신의 모든 공포와 분리의 원인은 바로 당신 자신입니다. 그리고 나는 그게 항상 진실이라는 걸 사랑합니다. 우리가 이 순간들을 함께한 것을 사랑합니다. 그리고 당신이 매일 '작업'을 실천한다면, 마침내 당신에게 완벽한 아드님이 있고, 아드님에게는 완벽한 어머니가 있다는 것을 깨달을 것입니다.

31
모든 것의 본성

부처님께서 말씀하셨다. "수보리야, 만일 어떤 사람이 말하기를, 내가 '나와 남'의 관념을 가르친다고 한다면, 너는 그가 나의 가르침을 이해했다고 말하겠느냐?"

수보리가 대답했다. "스승님, 아닙니다. 그 사람은 분명히 부처님의 가르침을 이해하지 못했습니다. 부처님께서 '나와 남'의 관념이라고 설명하신 것은 사실 '나와 남'의 관념이 아니기 때문입니다. 그것은 단지 이름이 '나와 남의 관념'일 뿐입니다."

부처님께서 말씀하셨다. "수보리야, 깨달음을 얻고자 하는 사람은 모든 것에 나와 남의 흔적도 없음을 확실히 이해해야 한다. '나'와 '남'이라는 것은 없으며, 관념이라는 것도 없다. 그것은 단지 이름이 '관념'일 뿐이다."

"이야기가 없으면 세계도 없다"고 나는 자주 말합니다. 당신에게 이야기가 없다면, 세계가 있을 수 없을 뿐 아니라, 자기 자신으로 동일시하는 '당신'도 있을 수 없습니다. 당신의 삶은 온통 당신이 자기라고 믿는 것에 토대를 두고 있지 않은가요? 당신의 세계는 모두 그

것을 보는 자아에 관한 것 아닌가요? '나무'라는 관념은 한 명의 '당신'을 고정하는 또 하나의 방식일 뿐입니다. 만일 나무가 실재하며 분리되어 있다면, '당신'도 분명 하나의 유효한 실체일 것입니다. 그런데 만일 나무를 본다는 상상의 '당신'이 없고, 당신이 그저 '봄(seeing)'일 수 있다면, 당신은 누구일까요? 한 명의 '당신'이 없다면, 나무가 어떻게 분리되어 존재할 수 있을까요? 혹은 나무가 도대체 존재할 수나 있을까요? 만일 당신이 '당신'이라는 개인의 존재를 믿지 않는다면, 나무, 하늘, 세계의 존재를 믿을 수 있는 정체성이 없습니다. 따라서 아무것도 존재할 수 없습니다. 삶이 정말로 흥미진진해지는 곳은 바로 여기입니다!

질문된 마음은 그저 지켜봅니다. 피해야 할 위험은 없습니다. 질문된 마음은 자신의 경이로운 창조 안에서 언제나 안전합니다. 마음이 노래하고 춤추고 창조하며 봉사하고 사랑하는 것을 당신이 지켜볼 때, 아무도 존재하지 않으며, 알아야 할 것도, 해야 할 것도 전혀 없습니다. 당신이 화나거나 좌절할 때는 틀림없이 자기 자신을 분리된 개인으로 동일시하고 있습니다. 그래도 괜찮습니다. 그런 감정은 단지, '당신'이 정당화하고 방어하고 공격하며 사는 동안, 당신의 본성이 무시당하고 있음을 알려 주는 신호입니다.

나는 세계를 나 자신으로서, 살아 있는 나의 상상으로서 사랑합니다. 하지만 상상된 세계는 하나 이상입니다. 하나조차 하나 이상입니다. 왜냐하면 하나에는 그다음의 어떤 것이 따르기 때문입니다. 하나에는 둘이 따르고, 이어서 셋이 따르며, 그다음에는 모습, 소리, 맛, 촉감, 땅, 하늘, 나무, 인간, 개, 고양이 등 그 밖의 모든 것이 그것으로

부터 생겨납니다. 나는 이 세상을 사랑합니다. 이 세상이 죽는 것처럼 보일 때도……. 어떻게 사랑하지 않을 수 있을까요? 그것이 무엇을 위해 여지를 남기는지 보세요. 그 진공을 채우는 것을 보세요.

환경 파괴는 좋든 싫든 당분간은 지금 이대로입니다. 죽음을 사랑하게 되면 온 가슴으로 삶을 사랑하게 될 것입니다. 다른 것들이 살고 자라기 위해서는 모든 것이 반드시 죽어야 하고 물러나야 함을 사랑하게 될 것입니다. 어떤 생물종이 사라지고 심지어 지구가 사라진다 해도 불친절한 것은 아닙니다. 당신이 그것을 이해하는 방식 말고는……. 자기 몸이 늙고 병드는 게 끔찍해 보이나요? 그러면 어떤 조치를 취해 보세요! 그리고 10년 후에도 조치를 취해 보세요! 그리고 나중에 당신이 더 늙었음을, 더는 어찌할 수 없을 만큼 쇠약해졌음을 알아차릴 때, 당신은 그 몸이 끔찍하다고 여길까요? 당신의 몸은 지구와 같습니다. 다른 관점으로 보세요.

아마도 '파괴'는 알맞은 말이 아닐 것입니다. 내가 보기엔 분명히 그렇습니다. 나는 외견상의 시간 안에 있는 모든 것이 자연스럽게 진화하고 있으며, 당신이 생각하는 가장 아름다운 현실보다 더 감미로운 것에게 자리를 내주고 있는 것으로 보입니다. 나는 어머니가 살았던 마지막 순간과 죽었던 첫 순간의, 90세였던 어머니의 살보다 더 극진히 보고 만지고 냄새 맡고 입 맞추고 사랑한 것이 없었습니다. 그 아름다움은 여전히 남아서 나의 가슴에 사무칩니다.

나는 그것의 길을 사랑합니다. 나는 죽음을 이해합니다. 그래서 죽음을 삶으로서 사랑하며, 그 명쾌함으로 인해 나의 주변 세계에 커다란 변화가 일어나며, 그 변화는 가장 친절한 평화입니다. 그곳은 균형의 자리이며, 거기에서 해결책이 생깁니다. 그곳은 해결책이 살고 번성하도록 명쾌함이 허용하는 자리입니다. 나는 그것을 따릅니다. 그게 올바르게 느껴집니다. 나는 변화가 일어날 수 있는 곳에서 변화가 일어나도록 돕습니다. 기꺼이 그렇게 하는 마음은 본래 내게 있습니다. 당신에게도 본래 있습니다. 그것을 사랑이라고 합니다.

지구가 대규모 환경 재해를 목전에 두고 있는데 우리는 어떻게 살아야 하나요?

어떤 사람이 진짜 총으로 나를 겨눈 적이 있고, 두려움으로 가득한 순진한 사람들이 나를 죽이겠다고 위협한 일도 여러 번 있었지만, 나는 한 번도 두려워하지 않았습니다. 두려움은 미래의 이야기입니다. 그 사람이 방아쇠를 당길지 내가 어떻게 알 수 있겠어요? 환경 재해가 일어날지, 혹은 실제로 환경 재해가 일어난다면 그것이 지구에 해로울지 내가 어떻게 알 수 있겠어요? 이 점을 이해하고, 현실에 대한 자기의 생각 속에서 사는 게 아니라, 현실 속에서 살기 시작하면, 삶은 두려움 없고 다정하고 감사로 가득하게 됩니다. 존재하지 않는 미래가 무엇을 가져오든…….

현실과 전쟁을 벌이면, 지구적인 환경 재해든 개인적인 재해든, 언제나 재해가 곧 닥칠 것처럼 보입니다. 그것은 매우 고통스러운 삶의 방식입니다. 아마 환경 재해는 일어날 것입니다. 어쩌면 일어나지 않을지도 모릅니다. 그때까지 나는 마치 삶이나 죽음이 없는 것처럼(실제로는 없습니다) 나의 일을 합니다. 우리 집은 태양열 발전으로 전기를 얻고, 내 차는 전기차이며, 나는 주의 깊게 물건을 재활용하고, 지구 온난화를 염려한다고 말하는 사람에게 투표하고, 공익을 위해 즐거이 세금을 내고, 환경운동을 지지합니다. 나는 두려워하지 않고 걱정하지 않으며, 내가 지금 할 수 있는 일을 합니다. "태양 전지판을 사라"고 마음이 말하면, 그러지 않을 이유가 없습니다. 탐구를 통해 모든 생각을 조사했기 때문입니다. 그래서 태양 전지판이 설치되고, 전기료가 한 달에 몇 달러밖에 안 나오고, 어느 시점이 되면 내가 소비한 것보다 더 많은 전기를 되돌려 주었을 것입니다. 이것은 나의 존재와 잘 어울립니다. 모든 흔적은 사라지고, 감사하는 삶은 처음 온 곳으로 되돌아갑니다.

예전에 샌프란시스코에서 열린 바이오니어스(Bioneers) 협의회에서 환경운동가들에게 강연을 했는데, 수백 명이 강연을 들으러 왔습니다. 그들 중 상당수는 지구를 구하는 데 삶을 바친 분들이었습니다. 나는 내가 환경운동에 어떻게 참여하고 있는지에 대해 잠시 얘기를 했는데, 환경운동은 내게 건전하고 친절한 행동으로 보입니다. 이어서 그들이 환경에 대해 어떤 생각을 하고 있는지 질문했습니다. 그들은 많은 걱정을 하고 심지어 공포를 느끼면서 살고 있다고 말했습니다. 어깨에 과중한 부담을 짊어지고 있었죠. 하지만 그들 중 많은 사람이 열린 마음을 가지고 있어서, 그토록 심한 스트레스를 일으키는 생각들에 대해 기꺼이 질문했습니다. 나는 그들이 "끔찍한 일이 일어날 거야", "내가 지구를 구해야 해", "사람들은 더 자각해야 해" 같은 생각에 대해 '작업'하는 걸 도와주었습니다. 그들은 이런 생각들이 자신을 화나게 한다는 것을, 그리고 그 생각의 반대도 그만큼 진실할 수 있다는 것을 발견했습니다.

몇 시간 동안 집중적으로 탐구한 뒤 그들에게, 우리가 아름다운 지구를 계속 오염시킬 때 일어날 수 있는 최악의 일을 상상해 보고, 목록을 만들어 보라고 요청했습니다. "지구는 인간이 살 수 없는 곳이 될 것이다. 수많은 종의 생물이 멸종될 것이다" 등등. 목록을 적은 뒤 우리는 목록에 있는 문장 중 일부에 대해 질문했고, 나는 목록에 있는 문장들을 뒤바꿔 보라고 했습니다. 그리고 그 목록의 제목을 '지구에 일어날 수 있는 최악의 일'에서 '지구에 일어날 수 있는 최선의 일'로 바꾼 다음, 목록에 있는 항목들이 왜 타당한지를 보여 주는 구체적이고 참된 이유를 찾아보라고 요청했습니다. 예를 들어, 인간이 살 수 없는 곳이 되는 게 어떻게 지구에 가장 좋은 일이 될 수 있을까요? 처음에는 많은 사람이 이 요청에 응하고 싶어 하지 않았습니다. 많은 저항이 있었고, 많은 사람이 혼란스러워하면서 질문을 했습니다. 하지만 그들은 용기 있는 사람이었고, 마침내 목록의 모든 항목이 왜 일어날 수 있는 최선의 일인지를 보여 주는 타당한 이유를 찾아냈습니다. "주변에 인간이 없는 것이 멸종 위기에 처한 생물들에게는 가장 좋은 일일 것이다", "곤충들에게는 가장 좋은 일일 것이다", "열대우림에는 가장 좋은 일일 것이다", "인간이 지구의 생명 유지 요소를 마구 고갈시키지 않을 것이다", "인간이 사라진 후에 지성적인 종이 진화하게 될지 누가 알겠는가?" 그들은 오랫동안 낙담과 심한 피로감에 시달려 왔는데, 그들 중 일부는 나중에 내게 고마워했고, 그 탐구를 하면서 많은 힘을 얻었다고 말했습니다.

탐구를 실천할 때 발견하는 것 중 하나는, 세상은 구원받을 필요가 없다는 것입니다. 세상은 이미 구원받았습니다. 얼마나 안심하게 되는지요! 붓다에 관해 가장 매력적인 점은 그가 한 사람을 구했다는 것입니다. 자기 자신을……. 그가 구할 필요가 있었던 것은 그게 전부였고, 그가 자신을 구했을 때 온 세상이 구원을 받았습니다. 붓다가 가르친 모든 세월—자비처럼 보이는 40년—은 단지 그 한순간의 통찰이 앞으로 나아가는 힘이었습니다.

세상은 구원받을 필요가 없습니다.

세상은 이미 구원받았습니다.

32
꿈을 사랑하기

부처님께서 말씀하셨다. "수보리야, 만일 어떤 사람이 우주만큼 무한한 세계를 상상할 수 없이 많은 보물로 가득 채운 뒤 보시하고, 다른 착한 남자나 여인이 이 경전의 가르침을 깨닫고 진심으로 체화하여 그대로 살고 다른 사람들에게 설명해 준다면, 이 두 번째 사람의 공덕이 첫 번째 사람의 공덕보다 훨씬 더 클 것이다. 그들이 깨달은 근본적인 진실은 무엇인가? 세상은 우리가 이름 붙이거나 생각하는 것이 아니며, 나나 남이라는 것은 없다는 것이다. 이 게송을 들어라.

> 이 찰나의 세상에 있는 모든 것은
> 번갯불 같고 물거품 같고
> 연기 같고 구름 같고 이슬 같고 꿈 같고
> 새벽에 희미해지는 별 같고 한 번의 숨과 같다."

부처님께서 설법을 마치시자, 듣고 있던 장로 수보리와 다른 모든 비구, 비구니, 재가 남신도, 재가 여신도가 확신과 기쁨으로 충만했으며, 부처님의 가르침을 가슴에 새기고 실천하겠다고 서원했다.

이름이 사물을 창조합니다. 그런 식으로 영원은 자신을 분리하여 환상을 만들어 냅니다. 마치 그것이 전체가 아닌 부분들로 존재할 수 있는 듯이. 이름을 붙이는 것은 영원과 같습니다. 우리가 그 이름을 믿을 때까지는……. 이름—탁자, 의자, 나무, 하늘—을 믿는 순간, 이름을 부르는 사람의 내면에 아주 미묘하게라도 슬픔이 생깁니다. 하지만 현재조차 과거임을 이해하면, 이름과 그 이름을 붙인 외견상의 대상에 집착하지 않는 게 어렵지 않습니다. 여기에서 붓다가 말하듯이, 그것들은 모두 꿈입니다.

나는 나의 꿈을 사랑합니다. 내가 생각하는 모든 것을 사랑하는데, 어떻게 꿈을 사랑하지 않을 수 있을까요? 하지만 만일 당신이 한순간의 걱정이나 화처럼 사소한 것이라도 악몽을 꾸고 있다면, 탐구를 통해 그 악몽에서 깨어날 수 있습니다. 아주 순간적이어서 애초에 존재하지도 않는 이런 것들, 순수하고 순진한 상상인 이런 것들은 더는 우리를 괴롭힐 힘을 갖지 못합니다. 그것들이 어떻게 만들어지는지를 마음이 이해하면……. 마음은 더 많이 이해할수록 더 모릅니다.

'모르는 마음'은 늘 가득 차 있는 그릇입니다. 모든 것이 그 안으로 흘러 들어가는데, 한 방울도 자기를 위해 붙잡아 둘 필요가 없습니다. 그것은 온 세상이 자기에게 오는 걸 보는 천진한 존재입니다. 모두가 자기의 가장 좋은 행위와 가장 나쁜 행위, 가장 부끄러운 일과 가장 영광스러운 일, 가장 풍족한 것과 가장 빈곤한 것을 가지고 들어옵니다. 모든 것이 허용됩니다. 그것은 언제나 한없이 크고 넓어서 흘러들어 오는 것을 다 담을 수 있습니다. 그리고 그 안에서 모든 사람이 온 목적—봄, 흘끗 봄, 사랑의 선물—을 얻습니다.

'모르는 마음'은 한결같습니다. 그것은 방바닥이고, 방 건너편에 있는 사람의 목소리고, 손톱으로 톡톡 두드리는 것이며, 하얀 벽에 비치는 햇살 한 조각, 벽난로 도구들, 요리하는 냄새, 손의 감촉입니다. 그 모든 것이 귀중합니다. 그 어느 것도 실재하지 않습니다.

당신이 꿈을 사랑할 때는 그 꿈에서 깨어날 필요가 없나요?

없습니다. 전혀 없어요. 그것이 꿈이라는 걸 깨달으면, 느긋하게 뒤로 기댄 채 그걸 즐길 수 있습니다. 순간순간.

마음은 더 많이 이해할수록

더 모릅니다.

부록

'작업'을 하는 방법

'작업'이 너무 단순하다는 말을 자주 듣습니다. 사람들은 "자유는 이렇게 단순할 수가 없어요!"라고 말합니다. 그러면 나는 묻습니다. "그게 진실인지 정말로 알 수 있나요?"

다른 사람을 판단하고, 종이에 쓰고, 네 가지 질문을 하고, 뒤바꾸세요. 자유는 복잡해야 한다고 누가 그러던가요?

마음을 종이에 옮기기

'작업'의 첫 단계는 당신에게 스트레스를 일으키는 생각을 확인하고 종이에 쓰는 것입니다. 이런 생각들은 당신 삶의 어떤 상황, 과거, 현재, 미래의 어떤 상황에 대한 것일 수 있습니다. 또는 당신이 싫어하거나 걱정하는 사람, 당신을 화나게 하거나 겁먹게 하거나 슬프게 하는 사람, 애증이 엇갈리는 사람, 혼란스럽게 하는 사람에 대한 생각일 수 있습니다. 그런 일이나 사람에 대해 생각하는 대로 당신의 판단을 종이에 쓰세요. 짧고 단순한 문장으로 쓰는 게 좋습니다. (빈종이에 써도 좋고, www.thework.com에서 '이웃을 판단하는 양식'을 다운로드 한 다음 인쇄해서 거기에 써도 됩니다.)

처음에는 '양식'을 쓰는 일이 어렵게 느껴져도 이상할 것은 없습니다. 우리는 수천 년 동안 남을 판단하지 말라는 교육을 받았기 때문입니다. 그러나 이제는 직시합시다. 여전히 우리는 끊임없이 남을 판단합니다. 진실은, 우리의 머릿속에서는 남에 대한 판단이 멈추지 않는다는 것입니다. 우리는 '작업'을 통해서 그런 판단들이 마침내 종이에 있는 그대로 표현될 수 있도록 허용합니다. 그리고 가장 역겨운 생각들까지도 조건 없는 사랑과 만날 수 있다는 것을 알게 됩니다.

처음에는 아직 완전히 용서하지 못한 사람에 대해 쓰기를 권합니다. 이곳은 가장 효과적으로 시작할 수 있는 자리입니다. 비록 그 사람을 99퍼센트 용서했다고 해도, 완전히 용서하기 전에는 당신은 자유롭지 않습니다. 아직 용서하지 않은 나머지 1퍼센트는 당신이 맺고 있는 (자기 자신과의 관계를 포함하여) 모든 관계에서도 똑같이 갇혀 있는 바로 그 자리입니다.

'작업'을 처음 접하는 분이라면 처음에는 자기 자신에 대해 쓰지 않기를 간곡히 권합니다. 처음부터 자기를 판단하게 되면, 질문에 대한 대답은 어떤 동기를 갖게 되거나, 아무 소용이 없던 해결책을 내세우게 됩니다. 먼저 다른 사람을 판단하고, 질문하고, 뒤바꾸는 것은 참된 이해를 향해 곧장 가는 길입니다. 충분히 오랜 기간 질문하여 진실의 힘을 신뢰하게 된 뒤에는 자기를 판단해도 좋습니다.

처음 시작할 때 비난하는 손가락으로 바깥을 가리키면, 초점은 자기에게 맞추어져 있지 않습니다. 그러면 마음이 편안해져서 자기의 말을 검열하지 않을 수 있습니다. 우리는 다른 사람에게 무엇이 필요한지, 그들이 어떻게 살아야 하는지, 그들이 누구와 함께 살아야 하는지를 안다고 굳게 믿는 경우가 많습니다. 우리의 시력은 다른 사람을 볼 때는 좋은 편이지만, 자기 자신을 볼 때는 그렇지 않습니다.

'작업'을 하다 보면 당신이 다른 사람을 어떻게 생각하는지 알게 되고, 이를 통해 자신이 어떠한지 알게 됩니다. 그리고 마침내 자기 바깥에 있는 모든 것이 자기 생각의 반영임을 알게 됩니다. 당신은 이야기꾼이자, 모든 이야기를 바깥으로 투사하는 사람이며, 세상은 당신의 생각들이 투사된 이미지입니다.

태초부터 사람들은 행복해지기 위해 세상을 바꾸려고 노력했지만, 이 시도는 한 번도 성공한 적이 없습니다. 문제에 거꾸로 접근하기 때문입니다. 우리가 '작업'을 통해 배우는 것은, 투사된 대상이 아니라 투사하는 영사기(마음)를 바꾸는 방법입니다. 이것은 영사기 렌즈에 보풀이 있는 거친 헝겊을 대고 있는 것과 같습니다. 우리는 스크린에 흠집이 있다고 생각하고서, 흠집이 있는 것으로 보이는 사람을 모조리 바꾸려고 애씁니다. 하지만 투사된 모습들을 바꾸려 애쓰는 것은 부질없는 일입니다. 거친 헝겊이 어디에 있는지를 바르게 깨닫는다면, 영사기의 렌즈를 깨끗이 할 수 있습니다. 그러면 고통이 끝나고 천국에서의 작은 기쁨이 시작됩니다.

'양식'을 쓰는 법

'작업'을 할 때는 판단들을 쓰지 않고 그냥 진행하려는 유혹을 따르지 않기 바랍니다. 생각을 종이에 옮기지 않은 채 머리로만 '작업'을 하려 하면, 마음은 당신을 교묘하게 속일 것입니다. 마음은 미처 알아차리기도 전에 빠져나가서, 원래의 문장(판단, 생각)을 뒷받침하는 다른 이야기로 도망칠 것입니다. 마음은 빛의 속도보다 더 빨리 자기를 정당화할 수 있지만, 종이에 쓰는 행위를 통해 멈춰질 수 있습니다. 일단 마음이 종이 위에서 멈추면, 생각들은 움직이지 않고 그대로 있는 까닭에 쉽게 조사될 수 있습니다.

다른 사람 때문에 화나고 가슴 아프고 슬프고 실망했던 상황을 잠시 묵상해 보세요. 그 상황에서 마음껏 비난하고, 유치하고 옹졸해지세요. 실제 자기보다 더 현명하고 친절해지려 노력하지 마세요. 지금은 그 상황에서 왜 가슴 아팠고 어떻게 느꼈는지를 검열하지 않고 정직하게 드러내야 할 때입니다. 자신의 감정들이 결과를 걱정하거나 처벌을 두려워하지 않고 완전히 표현되도록 허용하세요.

머릿속에 떠오르는 생각과 이야기들, 화나 원망, 슬픔 등 고통을 일으키는 생각과 이야기들을 종이에 쓰세요. 당신에게 상처를 입힌 사람들, 가장 친했던 사람들, 당신이 질투하는 사람들, 용납할 수 없는 사람들에게 먼저 비난의 손가락을 가리키세요. "남편은 나를 떠났어", "애인은 내게 에이즈를 감염시켰어", "어머니는 나를 사랑하지 않았어", "내 아이들은 나를 존경하지 않아", "친구가 나를 배신했어", "직장 상사가 싫어", "이웃 사람들이 너무 싫어, 그들 때문에 내 삶이 엉망이 되어 버렸어." 오늘 아침 신문에서 읽은 기사에 대해, 살해당한 사람에 대해, 기근이나 전쟁으로 집을 잃은 사람들에 대해 쓰세요. 동작이 너무 굼뜬 가게의 계산원, 고속도로에서 갑자기 앞으로 끼어드는 운전자에 대해 쓰세요. 모든 이야기는 한 가지 주제의 변형입니다: "이런 일은 일어나지 않아야 해. 나는 이런 일을 겪지 않아야 해. 신은 불공평해. 삶은 공평하지 않아."

처음 '작업'을 할 때는 가끔 이런 생각이 들곤 합니다. "뭘 써야 할지 모르겠어. 대체 왜 '작업'을 해야 하는 거지? 나는 누구에게도 화가 나 있지 않아. 나를 정말로 괴롭히는 건 아무것도 없어." 무엇에 대해 써야 할지 모르겠다면, 기다리세요. 삶은 이야깃거리를 줄 것입니다. 전화하겠다고 약속한 친구가 제시간에 전화하지 않아서 실망할 수도 있습니다. 어릴 때 하지도 않은 일로 어머니에게 혼난 기억이 떠오를 수도 있습니다. 신문을 읽거나 세상의 고통에 대해 생각하며 화가 나거나 두려워질 수도 있습니다.

마음이 얘기하는 이런 이야기들을 종이에 옮기세요. 아무리 오래 노력을 해도 머릿속에서는 이야기를 멈출 수 없습니다. 그럴 수는 없습니다. 하지만 그 이야기를 종이에 옮기고, 모든 고통과 좌절과 분노와 슬픔을 마음이 얘기하는 대로 적으면, 내면에서 소용돌이치는 것을 바라볼 수 있게 됩니다. 눈에 보이는 형태로 물질세계에 들어온 그것을 볼 수 있습니다. 그리고 마침내 '작업'을 통해서 그것을 이해하기 시작합니다.

길을 잃은 어린아이는 심한 공포를 느낄 것입니다. 마음의 혼돈 속에서 길을 잃었을 때도 똑같은 두려움을 느낄 수 있습니다. 하지만 '작업'을 시작하면 정신을 차리고 집으로 돌아가는 길을 발견할 수 있습니다. 지금 어느 거리를 걷고 있든 거기에는 뭔가 익숙한 것이 있습니다. 당신은 그곳이 어디인지 알아봅니다. 설령 어떤 사람이 당신을 납치해서 한 달간 감금한 뒤 눈가리개를 씌우고 차 밖으로 내보냈다 해도, 눈가리개를 벗고 건물들과 거리를 바라보면, 곧 공중전화

부스나 상점을 알아보기 시작하며 모든 것이 익숙해집니다. 이제 집으로 가는 길을 찾을 수 있습니다. '작업'은 이런 역할을 합니다. 마음을 이해하기만 하면, 마음은 언제나 집으로 돌아가는 길을 찾을 수 있습니다. 길을 잃거나 혼란스러운 채로 계속 있을 수 있는 곳은 어디에도 없습니다.

이웃을 판단하는 양식

1986년에 내 삶이 바뀐 뒤, 나는 집 가까이에 있는 사막에서 많은 시간을 보내며 나 자신에게 귀를 기울였습니다. 오랜 세월 인류를 괴롭혀 온 이야기들이 내면에서 떠올랐습니다. 오래지 않아 나는 모든 관념을 지켜보았습니다. 그리고 나는 사막에 홀로 있었지만 온 세상이 나와 함께 있다는 것을 알게 되었습니다. 그것은 이런 식으로 들렸습니다. "나는 ……을 원해", "나는 ……이 필요해", "그들은 ……해야 해", "그들은 ……하지 말아야 해", "나는 화가 나, 왜냐하면", "나는 슬퍼", "이제 다시는 ……하지 않겠어", "나는 ……하고 싶지 않아." 마음속에서 계속 되풀이된 이런 말들은 '이웃을 판단하는 양식'에 있는 여섯 가지 질문의 기초가 되었습니다. 이 양식의 목적은 자기의 고통스러운 이야기들과 판단들을 종이에 쓰도록 돕는 것입니다. 이 양식은 종이에 쓰지 않으면 발견하기 어려운 판단들을 드러내기 위한 것입니다.

이 양식에 쓰는 판단들은 '작업'에 사용될 재료입니다. 우리는 이 양식에 쓴 문장 하나하나에 순서대로 네 가지 질문을 하게 되며, 이 질문들은 우리를 진실로 안내할 것입니다.

다음은 '이웃을 판단하는 양식'을 완성한 보기입니다. 이것은 내가 두 번째 남편인 폴에 대해 쓴 사례입니다(이 내용은 폴의 허락을 받고 여기에 실렸습니다). 이 판단들은 내 삶이 변화되기 전까지 평소 그에 대해 생각하던 것들입니다. 이 양식을 읽는 동안 폴 대신 이 자리에 어울리는, 당신의 삶에 있는 다른 사람의 이름을 넣어 읽어 보기를 권합니다.

1. 그 상황에서 당신을 화나게 하거나 혼란스럽게 하거나 슬프게 하거나 실망시키는 사람은 누구인가요? 그리고 이유는 무엇인가요?

나는 폴에게 화가 난다. 왜냐하면 그는 내 말에 귀를 기울이지 않기 때문이다.

2. 그 상황에서 당신은 그 사람이 어떻게 바뀌기를 원하나요? 그 사람이 어떻게 하기를 원하나요?

나는 폴이 자기의 잘못을 알기 원한다. 나는 그가 더는 내게 거짓말하지 않기를 원한다. 나는 그가 자신을 죽이고 있다는 사실을 알기 원한다.

3. 그 상황에서 그 사람에게 어떤 조언을 하고 싶은가요?

폴은 심호흡을 해야 한다. 그는 진정해야 한다. 그는 그의 행동이 나를 두렵게 한다는 걸 알아야 한다. 폴은 자신이 옳다고 주장하는 것이 또 한 번의 심장마비를 일으킬 만한 가치는 없다고 걸 알아야 한다.

4. 그 상황에서 당신이 행복하려면, 당신은 그 사람이 어떻게 생각하고 말하고 느끼고 행동할 필요가 있나요?

내가 폴에게 얘기할 때 폴은 귀를 기울일 필요가 있다. 폴은 자신을 돌볼 필요가 있다. 폴은 내가 옳다는 걸 인정할 필요가 있다.

5. 그 상황에서 당신은 그 사람을 어떻게 생각하나요? 목록을 만들어 보세요. (옹졸하게 마음껏 판단하세요.)

폴은 공평하지 않다. 폴은 거만하고 시끄럽고 정직하지 않고 무례하고 아무런 생각이 없다.

6. 그 상황에 관해 당신이 다시는 경험하고 싶지 않은 것은 무엇인가요?

나는 다시는 폴이 내게 거짓말하는 것을 경험하고 싶지 않다. 나는 다시는 폴이 건강을 망치는 모습을 보고 싶지 않다.

양식을 쓰는 요령

1번 문장 지금 양식에 쓰고 있는 상대방이 그 상황에서 당신을 가장 화나게 하는 점이 무엇인지 분명히 알아차리세요. 이어서 2번 문장에서 6번 문장까지 쓸 때는 당신이 1번 문장에서 말한 상황에 있다고 상상해 보세요.

2번 문장 당신이 그 상황에서 그 사람이 해 주기를 원했던 것을 하나하나 써 보세요. 당신이 원하는 것들이 아무리 우습거나 유치해 보여도 괜찮습니다.

3번 문장 구체적이고 실제적이고 자세하게 조언하세요. 그 사람이 당신의 조언을 어떻게 실천해야 하는지 차근차근 분명히 말해 보세요. 그 사람이 해야 한다고 생각되는 것들을 정확히 얘기해 주세요. 그 사람이 당신의 조언을 따르면 1번 문장에 쓴 문제가 정말로 해결될까요? (5번 문장에서 당신이 묘사하는 상태의) 그 사람에게 적절하면서 실천할 수 있는 조언이 되게 하세요.

4번 문장 당신은 1번 문장에서 말한 상황 속에 머물러 있었나요? 당신에게 필요한 것이 이루어진다면, 당신은 '행복'해질 수 있을까요, 아니면 단지 고통이 멈추는 정도일까요? 당신에게 필요한 것들을 구체적이고 실제적이고 자세하게 표현해 보세요.

탐구: 네 가지 질문과 뒤바꾸기

1. **그게 진실인가요?** ('예' 또는 '아니요'로 대답하세요. 대답이 '아니요'라면 바로 질문 3으로 갑니다.)

2. **당신은 그게 진실인지 확실히 알 수 있나요?**

3. **그 생각을 믿을 때 당신은 어떻게 반응하나요?**

4. **그 생각이 없다면 당신은 누구일까요?**

그리고 **뒤바꿔 보세요.** 이어서 각각의 뒤바꾸기가 그 상황에서 당신에게 진실하게 여겨지는 구체적이고 참된 이유를 적어도 세 가지씩 찾아보세요.

이제 네 가지 질문을 사용하여, 당신의 반응을 일으킨 원인이 된 양식의 1번 문장을 조사해 봅시다. "폴은 내 말에 귀 기울이지 않는다." 아래 탐구 과정을 읽는 동안, 당신이 아직 완전히 용서하지 않은 사람이나 당신의 말을 경청하지 않는 사람을 떠올려 보세요.

질문 1: 그게 진실인가요?

그 상황을 다시 떠올려 보면서 스스로 물어보세요. "폴이 내 말에 귀 기울이지 않는다는 것이 진실인가?" 고요하세요. 정말 진실을 알고 싶다면, 마음의 눈으로 그 상황을 돌아볼 때 내면에서 '예'든 '아니요'든 정직한 대답이 질문에 맞게 떠오를 것입니다. 마음이 질문하게 하고, 대답이 떠오르기를 기다리세요. (질문 1과 2에 대한 대답은 한 단어인 '예' 또는 '아니요'입니다. 대답할 때 방어하려는 마음이 생기는지 살펴보세요. 만일 당신의 대답에 "왜냐하면……"이나 "하지만……"이라는 말이 들어가면, 그것은 당신이 찾는 한 단어의 대답이 아니며, 당신은 더 이상 '작업'을 하고 있는 게 아닙니다. 당신은 자기의 바깥에서 자유를 찾고 있습니다. 나는 당신을 새로운 패러다임으로 초대하고 있습니다.)

내게 현실이란 진실한 것입니다. 지금 당신 앞에 있는 것이 무엇이든, 지금 실제로 일어나고 있는 일이 무엇이든, 그것은 진실합니다. 당신이 좋아하든 싫어하든, 지금 비가 내리고 있습니다. "비가 내리면 안 돼"는 하나의 생각일 뿐입니다. 현실에는 "……해야 해"나 "……하면 안 돼"와 같은 것이 없습니다. 이것들은 우리가 현실에 덧씌우는 생각들일 뿐입니다. "해야 해"와 "하면 안 돼"가 없을 때 우리는 현실을 지금 있는 그대로 볼 수 있고, 자유로워져서 효과적이고 명쾌하고 건전한 정신으로 행동하게 됩니다.

1번 질문을 할 때는 서두르지 마세요. 그 대답은 '예' 또는 '아니요' 입니다. (대답이 '아니요'라면 질문 3으로 가세요.) '작업'은 당신의 가장 깊은 내면에서 무엇이 진실인지를 발견하는 과정입니다. '작업'을 할 때 당신은 다른 사람의 대답이나 다른 데서 배운 것이 아니라, 자신의 대답을 귀 기울여 듣고 있습니다. 그게 처음에는 매우 불안할 수 있습니다. 모르는 곳으로 들어가고 있기 때문입니다. 그래도 계속 내면으로 더 깊이 들어가면서, 내면의 진실이 떠올라 질문과 만나게 하세요. 친절하게 탐구에 자신을 내맡기세요. 이 경험이 당신을 전부 차지하게 하세요.

질문 2: 그게 진실인지 확실히 알 수 있나요?

다음 질문들을 잘 살펴보세요. "폴은 내 말에 귀를 기울이지 않는다는 말이 진실인지 내가 정말로 알 수 있는가? 나는 다른 사람이 귀 기울여 듣고 있는지 아닌지를 늘 확실히 알 수 있는가? 가끔은 나도 귀 기울여 듣고 있지만 그렇지 않은 것처럼 보일 때가 있지 않은가?"

'질문 1'에 대한 대답이 '예'라면, 스스로 물어보세요. "그게 진실인지 내가 확실히 알 수 있는가?" 자신이 쓴 문장이 진실해 보일 때가 많습니다. 당연히 그럴 것입니다. 당신의 관념들은 평생 조사되지 않은 믿음들에 기반을 두고 있기 때문입니다.

1986년에 현실로 깨어난 뒤, 나는 대화를 하면서 또는 대중매체와 책을 통해서 사람들이 이렇게 말하는 것을 많이 들었습니다. "세상에는 이해와 관심이 부족해요", "요즘은 너무 폭력적이에요", "우리는 서로 더 많이 사랑해야 해요." 나도 전에는 이런 이야기들을 믿었습니다. 이 이야기들이 세심하고 선하며 다정해 보이지만, 그런 이야기를 믿을 때 내면에서 평화롭지 않은 스트레스와 근심이 생긴다는 것을 알게 되었습니다.

예를 들어 "사람들은 더 많이 사랑해야 해"라는 이야기를 들을 때, 내면에서 이런 물음이 떠올랐습니다. "그 말이 진실인지 내가 확실히 알 수 있는가? 사람들이 더 많이 사랑해야 하는지 내가 스스로, 내 안에서 정말로 알 수 있는가? 온 세상이 내게 그렇다고 말한다 해도 그 말이 정말 진실인가?" 그런데 내 안에서 대답을 들었을 때, 놀랍게도 나는 세상이, 조금도 남거나 모자람이 없이, 있는 그대로 있다는 것을 알게 되었습니다. 현실에 관해서는 '……해야 한다'는 것이 없습니다. 오직 지금 있는 것이 있는 그대로, 바로 지금 있을 뿐입니다. 진실은 모든 이야기에 앞서 존재합니다. 그리고 조사되지 않은 모든 이야기는 진실을 가립니다.

나는 마음을 불편하게 할 수 있는 모든 이야기에 질문을 했습니다. "그게 진실인지 내가 확실히 알 수 있는가?" 그리고 대답은, 질문처럼 하나의 경험이었습니다. "아니요." 나는 그 대답 안에 뿌리내리고 서 있을 것입니다. 홀로, 평화롭게, 자유롭게.

'아니요'가 어떻게 옳은 대답일 수 있는가? 내가 아는 사람들과 내가 읽은 책들은 하나같이 그 대답이 '예'이어야 한다고 말했습니다. 하지만 진실은 진실 그 자체이며, 누구도 좌우할 수 없다는 것을 알게 되었습니다. '아니요'라는 내면의 대답으로, 세상은 늘 그래야 하는 대로 있다는 것을 알게 되었습니다. 내가 반대하든 안 하든 상관없이……. 나는 온 가슴으로 현실을 껴안게 되었습니다. 나는 아무 조건 없이 세상을 사랑합니다.

질문 2에 대한 당신의 대답이 여전히 '예'라면, 좋습니다. 원래 문장이 진실이라는 것을 당신이 확실히 알 수 있다고 생각한다면, 그건 그래야 하는 대로입니다. 이제 질문 3으로 가면 됩니다.

질문 3: 그 생각을 믿을 때 당신은 어떻게 반응하나요? 무슨 일이 일어나나요?

우리는 이 질문을 통해 내적인 원인과 결과를 깨닫기 시작합니다. 그리고 생각을 믿을 때, 가벼운 불안에서부터 두려움이나 공포심에 이르기까지 마음이 불편해지고 동요한다는 것을 알게 됩니다.

폴이 당신의 말에 귀 기울이지 않는다는 생각을 믿을 때, 당신은 어떻게 반응하나요? 그를 어떻게 대하나요? 고요해지세요. 그리고 알아차리세요. 예를 들어, "나는 좌절하고 기분이 나빠진다. 그를 노려본다. 그의 말을 중간에 자른다. 그에게 어떤 식으로든 벌을 준다. 그의 말을 무시한다. 화를 낸다. 그가 내 말에 귀를 기울이도록 더 빨리, 더 크게 얘기한다." 그 상황을 지켜보면서, 마음의 눈에 비친 모습들이 당신이 그 생각을 믿을 때 어떻게 반응하는지 보여 주게 하면서 계속 목록을 만들어 보세요.

그런 생각은 당신의 삶에 평화를 가져오나요, 스트레스를 가져오나요? 과거와 미래에 어떤 모습들이 보이나요? 그리고 그 모습들을 지켜볼 때 몸에 어떤 감각이 생기나요? 지금 그 감각을 경험해 보세요. 그 생각을 믿을 때 강박이나 중독 증세가 나타나기 시작하나요? (알코올, 마약, 신용카드, 음식, 성관계, 텔레비전, 컴퓨터와 관련된 중독적인 행동을 하나요?) 그리고 그 상황에서 당신이 자기를 어떻게 대하는지, 그것이 어떻게 느껴지는지 보세요. "나는 마음의 문을 닫는다. 스스로 고립된다. 구역질이 난다. 화가 난다. 강박적으로 먹는다. 제대로 보는 것도 아니면서 며칠씩 텔레비전을 본다. 우울하고, 분리되어 있다고 느끼고, 원망스럽고, 외롭다." 당신이 "폴은 내 말에 귀를 기울이지 않는다"고 생각할 때 어떤 결과가 생기는지 알아차리세요.

네 가지 질문이 나를 발견한 뒤, 나는 "사람들은 더 많이 사랑해야 해"와 같은 생각들을 알아차렸고, 그런 생각들이 마음을 불편하게 한다는 것을 알게 되었습니다. 그 생각이 일어나기 전에는 평화로웠습니다. 내 마음은 고요하고 평온했습니다. 내 이야기가 없을 때 나는 이렇습니다. 그리고 고요한 알아차림 속에서, 나는 그런 생각을 믿거나 집착할 때 일어나는 느낌들을 알아차렸습니다. 그 고요 속에서, 그런 생각을 믿으면 그 결과로 마음이 불편해지고 슬퍼진다는 것을 알 수 있었습니다.

"사람들이 더 많이 사랑해야 한다는 생각을 믿을 때, 나는 어떻게 반응하는가?"라고 스스로 물었을 때, 나는 (명백히) 마음이 불편했을 뿐 아니라, 그 생각이 진실임을 증명하기 위해 마음속 과거의 영상들로 반응한다는 것을 알았습니다. 나는 존재하지 않는 세계로 떠났습니다. 몸은 스트레스를 받았고, 겁에 질린 눈으로 모든 것을 보고 있었으며, 끝없는 악몽을 꾸는 사람, 몽유병자와 같았습니다. 치료약은 그저 생각을 조사하는 것이었습니다.

나는 질문 3을 좋아합니다. 이 질문에 스스로 대답하면, 그래서 한 생각의 원인과 결과를 알게 되면, 모든 괴로움이 사라지기 시작합니다.

질문 4: 그 생각이 없다면 당신은 누구일까요?

　이 질문은 대단히 강력합니다. 당신이 양식에 쓴 사람이, 당신이 해서는 안 된다고 생각하는 행동을 하고 있을 때, 그 사람 앞에 있는 당신의 모습을 그려 보세요. 예를 들어, "폴은 내 말에 귀 기울이지 않는다"는 생각이 없다면 당신이 누구일지 곰곰이 생각해 보세요. 그 생각을 믿지 않으면, 같은 상황에서 당신은 누구일까요? 눈을 감고서, 폴이 당신의 말에 귀 기울이지 않는 모습을 마음속에 그려 보세요. 폴이 당신의 말에 귀 기울이지 않는다는 생각이(혹은 그가 당신의 말에 귀 기울여야 한다는 생각조차) 없을 때는 당신의 모습이 어떨지 그려 보세요. 충분히 시간을 가지세요. 무엇이 드러나는지 알아차리세요. 이제 무엇이 보이나요? 그것이 어떻게 느껴지나요?

　자신의 이야기가 없는 삶을 상상할 수도 없는 사람이 많습니다. 그런 삶이 어떨지 참고할 만한 것이 없기 때문입니다. 그래서 대부분의 사람은 이 질문에 대해서 "모르겠어요"라고 대답합니다. 어떤 사람들은 "자유로울 거예요", "평화롭겠지요", "더 많이 사랑하는 사람일 거예요"라고 대답합니다. 또는 이렇게 말할 수도 있습니다. "마음이 맑고 깨끗해져서 그 상황을 제대로 이해하고 알맞게 지성적으로 행동할 거예요." 이야기들이 없을 때 우리는 두려움 없이 분명하게 행동할 수 있습니다. 그럴 때 우리는 다정한 친구이며, 귀 기울여 듣는 사람입니다. 우리는 행복하게 사는 사람들입니다. 우리는 호흡처럼 자연스럽게 존중하고 감사합니다. 행복은 자연스러운 상태입니다. 알아야 할 것은 아무것도 없음을 아는 사람에게는, 필요한 모든 것은 이미 자신에게, 바로 지금 여기에 있음을 아는 사람에게는……

그 생각을 뒤바꿔 보세요.

뒤바꾸기는 양식에 쓴 원래 문장의 반대 문장을 찾는 것입니다. 그 문장에서 상대방을 자신으로 뒤바꾸고, 자신과 상대방을 뒤바꾸고, 정반대로 뒤바꿀 수 있습니다.

먼저, 상대방을 자기 자신으로 뒤바꿉니다. 그 문장이 마치 자신에 대해 쓰인 것처럼 바꿔 쓰는 것입니다. 다른 사람의 이름 대신 자기 이름을 넣습니다. '그'나 '그녀' 대신 '나'를 넣으세요. 예를 들어 "폴은 내 말에 귀 기울이지 않는다"는 문장은 "나는 내 말에 귀 기울이지 않는다"로 바뀝니다. 뒤바꾼 문장이 원래 문장만큼 진실하거나 더 진실한 구체적이고 참된 예를 적어도 세 가지 찾아보세요.

두 번째 형태는 자신과 상대방을 뒤바꾸는 것입니다. "폴은 내 말에 귀 기울이지 않는다"는 원래 문장은 "나는 폴의 말에 귀 기울이지 않는다"로 바뀝니다.

세 번째 형태는 180도 회전하여 정반대로 뒤바꾸는 것입니다. 그러면 "폴은 내 말에 귀 기울이지 않는다"가 "폴은 내 말에 귀를 기울인다"로 바뀝니다.

각각의 뒤바꾸기를 할 때마다 그 상황에서 뒤바꾼 문장이 진실한 구체적이고 참된 예를 적어도 세 가지씩 찾는 걸 잊지 마세요. 뒤바꾸기는 당신을 비난하거나 죄책감을 느끼게 하려는 게 아닙니다. 평화를 가져올 수 있는 다른 대안을 발견하려는 것입니다.

모든 문장을 세 가지로 뒤바꿀 수 있는 건 아니며, 세 가지 이상의 뒤바꾸기가 가능한 문장도 있습니다. 어떤 뒤바꾸기는 당신에게 적절하지 않을 수도 있습니다. 이런 문장들에 대해서는 억지로 탐구하려 하지 마세요.

뒤바꾸기를 할 때마다 원래 문장으로 돌아가서 시작하세요. "그는 그의 시간을 낭비하지 말아야 한다"는 원래 문장은 "나는 나의 시간을 낭비하지 말아야 한다", "나는 그의 시간을 낭비하지 말아야 한다", "그는 그의 시간을 낭비해야 한다"로 뒤바꿀 수 있습니다. "나는 나의 시간을 낭비해야 한다"와 "나는 그의 시간을 낭비해야 한다"는 타당한 뒤바꾸기가 아니라는 것을 알아차리세요. 왜냐하면 그것은 원래 문장의 뒤바꾸기가 아니라 뒤바꾼 문장의 뒤바꾸기이기 때문입니다.

'작업'에서 뒤바꾸기는 매우 힘 있는 역할을 합니다. 자기 문제의 원인이 '밖에' 있다고 생각하는 한, 자기의 고통이 다른 사람이나 다른 무엇 때문이라고 생각하는 한, 그 상황은 나아질 희망이 없습니다. 그럴 때 당신은 언제까지나 피해자의 역할을 하게 되고, 낙원에 살면서도 고통을 겪게 됩니다. 그러니 진실을 깨닫고 자유로워지세요. 뒤바꾸기와 결합된 탐구는 자신이 진정 누구인지를 깨닫는 지름길입니다.

6번 문장을 위한 뒤바꾸기

'이웃을 판단하는 양식'에 있는 6번 문장에 대한 뒤바꾸기는 다른 것들과 조금 다릅니다. "나는 앞으로 다시는 ……하고 싶지 않다"는 "나는 기꺼이 ……하겠다"와 "나는 ……하기를 고대한다"로 뒤바뀝니다. 예를 들어 "나는 앞으로 다시는 폴이 내게 거짓말하지 않기를 원한다"는 문장은 "나는 기꺼이 폴이 다시 내게 거짓말하게 하겠다"와 "나는 폴이 다시 내게 거짓말하기를 고대한다"로 바뀝니다. 왜 당신은 그걸 고대할까요? 6번 문장에 대한 뒤바꾸기는 삶 전체를 지금 있는 그대로 온전히 껴안기 위한 것입니다. "나는 기꺼이 ……하겠다"고 말하고 작정하면, 마음이 열리고 창조적이 되며 유연해집니다. 현실에 저항하는 마음이 누그러지며, 그러면 그 상황을 없애고자 헛되이 애쓰기보다는 삶에서 그 상황에 마음을 활짝 열게 됩니다. "나는 ……하기를 고대한다"고 말하고 결심하면, 삶이 펼쳐질 때 당신은 능동적으로 삶에 대해 열리게 됩니다. 이미 우리 중 몇몇 사람은 지금 있는 것을 받아들이는 법을 배웠습니다. 나는 당신이 더 나아가 지금 있는 것을 실제로 사랑하도록 초대합니다. 그것은 우리의 자연스러운 상태입니다. 자유는 우리가 타고난 권리입니다.

만일 어떤 생각에 대한 저항이 느껴진다면, 당신의 '작업'은 아직 끝나지 않았습니다. 불편했던 경험들을 정직하게 고대할 수 있게 되면, 삶에서 두려워할 것이 하나도 없게 되고, 모든 것이 자기 깨달음을 위한 선물로 보입니다.

똑같은 감정이나 상황이—생각 속에서라도—다시 일어날 수 있음을 인정하는 게 좋습니다. 괴로움과 불편한 느낌이 탐구와 그에 따르는 자유로 초대하는 신호임을 알게 되면, 불편한 느낌들을 진심으로 고대하기 시작할 것입니다. 더 나아가 그런 느낌들이, 당신이 아직 철저히 조사하지 않은 생각과 믿음을 알려 주려고 찾아오는 친구로 느껴질 수도 있습니다. 따라서 이제는 평화롭고 조화롭기 위해 다른 사람과 상황이 바뀌기를 기다릴 필요가 없습니다. 그래서 '작업'은 행복으로 가는 직접적인 길입니다.

똑같은 감정이나 상황이, 마음속에서라도, 다시 일어날 수 있음을 인정하는 편이 좋습니다. 고통과 불편한 느낌이 탐구로 초대하는 신호임을 알게 되면, 불편한 느낌들을 진심으로 고대할 수 있습니다. 나아가 그런 느낌들이, 아직 완전히 조사하지 않은 믿음을 알려 주기 위해 찾아오는 친구로 느껴질 수도 있습니다. 이제는 조화롭고 평화롭기 위해 사람이나 상황이 바뀌기를 기다릴 필요가 없습니다. '작업'은 행복으로 가는 직접적인 길입니다.

양식의 첫째 문장에 대한 뒤바꾸기를 하고 나면, 양식에 쓰여 있는 다음 문장—"나는 폴이 자기의 잘못을 알기 원한다"—에 대해 정해진 질문을 계속해 나가면 됩니다. 그런 식으로 양식에 쓴 모든 문장에 대해 작업합니다. 더 많은 설명을 듣고 싶으면, 나의 책 《네 가지 질문》을 읽거나 홈페이지(www.thework.com)를 방문하세요.

스스로 하기: 양식

이제 직접 '작업'을 해 보세요. 먼저 마음을 편안하게 하고, 아주 고요해지세요. 눈을 감고, 스트레스를 주는 상황이 마음에 떠오를 때까지 기다립니다. 당신이 탐구하기로 선택한 상황에서 경험하고 있던 생각과 감정이 무엇인지 알게 되면 그것을 '이웃을 판단하는 양식'에 쓰세요. 짧고 단순한 문장으로 쓰세요. '비난이나 판단의 손가락을 밖으로 가리킬 것'을 잊지 마세요. 당신은 다섯 살이든 몇 살이든 그때의 관점에서 쓸 수 있습니다. 아직은 자신에 대해서는 쓰지 마세요.

1. 그 상황에서 당신을 화나게 하거나 혼란스럽게 하거나 슬프게 하거나 실망시키는 사람은 누구인가요? 그리고 이유는 무엇인가요?

_____

_____

_____

2. 그 상황에서 당신은 그 사람이 어떻게 바뀌기를 원하나요? 그 사람이 어떻게 하기를 원하나요?

_____

_____

_____

3. 그 상황에서 그 사람에게 어떤 조언을 하고 싶은가요?

_____

_____

_____

4. 그 상황에서 당신이 행복하려면, 당신은 그 사람이 어떻게 생각하고 말하고 느끼고 행동할 필요가 있나요?

_____

5. 그 상황에서 당신은 그 사람을 어떻게 생각하나요? 목록을 만들어 보세요.
(옹졸하게 마음껏 판단하세요.)

_____

_____

_____

6. 그 상황에 관해 당신이 다시는 경험하고 싶지 않은 것은 무엇인가요?

_____

_____

_____

스스로 하기: 탐구

'이웃을 판단하는 양식'에 쓴 문장들 중 맨 처음 문장부터 하나씩 순서대로 네 가지 질문을 합니다. 이어서 '작업'하고 있는 문장을 뒤바꾸고, 각 뒤바꾸기가 원래 문장만큼 진실하거나 더 진실한 구체적이고 참된 예를 적어도 세 가지씩 찾아보세요. (앞에 나온 '탐구: 네 가지 질문과 뒤바꾸기'에 있는 예를 참고하세요. 홈페이지(www.thework.com)나 바이런 케이티의 설명이 포함된 '작업' 앱(The Work 앱)에서도 도움을 받을 수 있습니다.) 이 탐구를 하는 동안, 자신이 이미 안다고 생각하는 것 너머에 있는 가능성에 마음의 문을 열어 보세요. '모르는 마음'을 발견하는 것만큼 흥미진진한 일은 없습니다.

'작업'은 명상입니다. '작업'은 자기 안으로 잠수하는 것과 같습니다. 질문을 묵상하고, 자기의 깊은 내면으로 내려가서, 귀를 기울이고 기다려 보세요. 대답이 당신의 질문을 찾을 것입니다. 자신이 아무리 절망적이거나 가망이 없다고 생각되더라도, 마음의 더 친절한 극성(나는 이것을 '가슴'이라 부릅니다)은 아직 자기 자신을 깨닫지 못해서 혼란스러운 마음의 극성을 만날 것입니다. 당신은 자기 자신과 자기의 세계에 관한 진실들이 드러나는 것을 경험하기 시작할 것이며, 그 진실들은 당신의 삶 전체를 영원히 변화시킬 것입니다.

질문과 답변

양식에 다른 사람에 대해 쓰는 게 어렵습니다. 나에 대해 써도 될까요?

자기 자신을 알고 싶다면, 다른 사람에 대해 쓰기를 권합니다. 처음에는 바깥을 향해 '작업'을 해 보세요. 그러다 보면 자기 바깥의 모든 것이 실은 자기 생각이 직접 반영된 것임을 알게 될 것입니다. 모든 것은 당신에 관한 것입니다. 오랜 세월 우리 대부분은 자기를 향해 비난하고 판단했지만, 아무것도 해결되지 않았습니다. 다른 사람을 판단하고, 그 판단에 대해 질문하고, 그것을 뒤바꾸는 것이 이해와 자기 깨달음에 이르는 빠른 길입니다.

410

꼭 종이에 써야 하나요? 탐구하고 싶은 문제가 있을 때, 머릿속에서 질문하고 뒤바꾸기를 하면 안 되나요?

마음은 자기가 옳기를 바라며, 빛보다 빨리 자기를 정당화할 수 있습니다. 두려움, 분노, 슬픔, 원망의 원인이 되는 생각을 종이에 옮겨서 멈추세요. 일단 마음이 종이 위에서 멈추면, 훨씬 수월하게 조사할 수 있습니다. 나중에는 종이에 쓰지 않아도 '작업'이 저절로 이루어지기 시작합니다.

다른 사람들과 아무 문제가 없으면 어떻게 하나요? 내 몸 같은 것들에 대해 써도 되나요?

스트레스를 주는 것이라면 어떤 주제든 '작업'을 하세요. 네 가지 질문과 뒤바꾸기에 숙달되면 몸, 질병, 사회 경력, 심지어 신에 대해서도 '작업'할 수 있습니다. 그리고 뒤바꾸기를 할 때는 탐구하고 있는 대상 대신에 '나의 생각'으로 바꾸어서 실험해 보세요. 예를 들어, "나의 몸은 강하고 유연하고 건강해야 한다"는 문장을 뒤바꾸면 "나의 생각은 강하고 유연하고 건강해야 한다"가 됩니다. 균형 잡히고 건강한 마음이야말로 당신이 정말 원하는 것 아닌가요? 병에 걸린 몸이 문제였나요, 아니면 몸에 대한 당신의 생각이 문제를 일으켰나요? 조사해 보세요. 몸은 의사가 돌보게 하고 당신은 생각을 돌보세요. 내 어떤 친구는 몸을 움직일 수 없지만 삶을 사랑합니다. 자기 생각을 사랑하기 때문입니다. 자유로워지는 데는 건강한 몸이 필요하지 않습니다. 마음을 자유롭게 하세요. 그러면 몸이 따를 것입니다.

당신은 현실을 사랑한다고 들었습니다. 전쟁, 강간, 가난, 폭력, 아동학대 등은 어떤가요? 그것들을 용납하는 건가요?

내가 어떻게 그것들을 용납할 수 있겠어요? 나는 미친 사람이 아닙니다. 나는 단지 그것들이 존재할 때 그것들이 존재하지 않아야 한다고 믿으면 내가 고통 받는다는 것을 알아차릴 뿐입니다. 나는 내 안의 전쟁을 끝낼 수 있는가? 나는 나 자신과 남들을 폭력적인 생각들로 강간하지 않을 수 있는가? 그럴 수 없다면, 나는 세상에서 끝내기를 원하는 바로 그것을 내 안에서 계속하고 있는 것입니다. 맑은 마음은 고통을 받지 않습니다. 당신은 이 땅 곳곳에서 벌어지는 전쟁들을 모두 없앨 수 있나요? 당신은 탐구를 통해 한 인간을 위해서, 바로 당신 자신을 위해서 전쟁을 없애 갈 수 있습니다. 세상의 모든 전쟁이 여기에서 끝나기 시작합니다. 삶이 당신을 화나게 하나요? 좋습니다! 전쟁을 일으키는 사람들을 종이 위에 옮겨 판단하고, 질문하고, 뒤바꿔 보세요. 정말로 진실을 알고 싶나요? 모든 고통은 당신과 함께 시작하고, 당신과 함께 끝납니다.

당신의 말은 내가 현실을 지금 있는 그대로 받아들여야 하고 현실과 다투면 안 된다는 거로군요. 맞나요?

어떤 사람이 무엇을 해야 한다거나, 하면 안 된다고 말하는 건 나의 일이 아닙니다. 나는 그저 "현실과 다투면 어떤 결과가 생기나요? 그게 어떻게 느껴지나요?"라고 질문할 뿐입니다. '작업'은 고통스러운 생각에 집착하는 것의 원인과 결과를 탐험합니다. 그리고 그 조사의 결과로 우리는 자유를 발견합니다. 단순히 현실과 다투면 안 된다고

412

말하는 것은 또 하나의 이야기, 또 하나의 정신적 관념을 보탤 뿐입니다. 그것은 아무 효과가 없었습니다.

지금 있는 것을 사랑한다는 건 아무것도 원하지 않는다는 의미로 들립니다. 뭔가를 원하는 게 더 흥미롭지 않을까요?

내 경험에 따르면, 나는 언제나 뭔가를 원합니다. 그리고 내가 원하는 것은 지금 여기에 있는 것입니다. 그것은 재미있을 뿐 아니라 황홀합니다! 이미 내게 있는 것을 원할 때 생각과 행동은 분리되지 않습니다. 둘은 갈등 없이 하나로 움직입니다. 무엇이든 부족한 것을 발견하거든 당신의 생각을 쓰고 질문하세요. 내가 아는 한, 삶은 결코 모자라지 않으며 미래가 필요하지도 않습니다. 내게 필요한 모든 것은 늘 빠짐없이 주어집니다. 이를 위해 내가 해야 할 일은 아무것도 없습니다. 지금 있는 것을 사랑하는 것보다 더 신나는 일은 없습니다.

탐구는 생각하는 과정인가요? 그게 아니면 무엇인가요?

탐구는 생각하는 과정처럼 보이지만 실제로는 생각을 풀어 주는 방법입니다. 생각은 마음속에 나타날 뿐이라는 것을 우리가 깨달으면, 생각은 우리를 지배하는 힘을 잃습니다. 생각은 개인의 것이 아닙니다. '작업'을 하면, 생각을 피해 도망치거나 생각을 억압하는 대신, 아무 조건 없는 사랑과 이해로 생각을 만나는 법을 배울 수 있습니다.

나는 신을 믿지 않습니다. 그래도 '작업'이 내게 도움이 될까요?

그렇습니다. 무신론자, 불가지론자, 기독교인, 유대교인, 이슬람교인, 불교인, 힌두교인, 다른 종교인…… 우리 모두는 하나의 공통점이 있습니다. 행복과 평화를 원한다는 것입니다. 당신이 고통에 지쳤다면, 당신을 '작업'으로 초대합니다.

탐구의 과정이 머리로는 이해되지만, 실제로 '작업'을 해 보면 변화가 느껴지지 않습니다. 내가 뭔가를 놓치고 있나요?

'작업'의 질문에 대해 '생각하는 마음'으로 피상적으로 대답하면, 단절감을 느낄 것입니다. 질문에 대답할 때 더 깊이 들어가 보세요. 집중하려면 질문을 몇 번 반복해야 할 수도 있습니다. 하지만 탐구를 자꾸 실천하면 대답이 천천히 올라올 것입니다. 대답이 당신의 내면에서 일어날 때, 깨달음과 변화는 자연히 따라옵니다.

판단을 할 때마다 뒤바꾸기를 했는데, 효과는 없으면서 우울해지고 혼란스러워지기만 합니다. 왜 그런 걸까요?

단순히 머리로만 생각을 뒤바꾸는 것은 거의 효과가 없습니다. 내면으로 들어가야 합니다. 네 가지 질문은 수중탐사선처럼 마음속으로 깊이 잠수하여 더 깊은 앎을 표면으로 떠오르게 합니다. 먼저 질문을 한 다음, 기다리세요. 대답들이 떠오르면, 피상적인 마음과 깊은 마음이 만나고, 뒤바꾸기가 진실한 발견으로 느껴집니다.

감사의 말

이 책을 위해 도와주신 분들께 감사드립니다. 마사 벅과 타냐 피에로의 열정과 통찰력이 중요한 순간에 필요한 힘을 주었습니다. 조쉬 배런과 존 태런트는 책의 초고를 읽고 유익한 제안을 해 주었습니다. 미셸 페너는 이 책의 곳곳에 넣은 몇몇 인용구를 모아 주었습니다. 우리의 에이전트인 린다 로웬탈은 언제나 정확히 무슨 일을 해야 하는지 알고 있었습니다. 그리고 편집자인 기드온 웨일의 날카로운 질문 덕분에 이 책이 완성될 수 있었습니다.

옮긴이 이창엽

'역사적 예수'를 공부하며 일상생활에서 영생 혹은 행복에 이르는 길을 탐구하고, 붓다의 가르침에 의해 예수의 메시지를 깊이 이해하고 실천하는 길을 모색하고 있다. 또한 불교와 그리스도교의 언어를 현대적으로 재해석하는 작업에 관심을 두고 있으며, 서양인들에게 전해진 불교를 통해 새로운 불교의 길을 찾고 있다.
옮긴 책으로는《붓다 없이 나는 그리스도인일 수 없었다》(공역),《마음과 통찰》,《알아차림의 기적》,《나는 힘든 감정을 피하지 않기로 했다》,《티베트 마음수련법 로종》,《후회 없는 죽음, 아름다운 삶》,《과학자인 나는 왜 영성을 말하는가》가 있다.

당신의 아름다운 세계

초판 1쇄 발행일 2019년 9월 30일
　　 4쇄 발행일 2023년 7월 28일

지은이 바이런 케이티, 스티븐 미첼
옮긴이 이창엽

펴낸이 김윤
펴낸곳 침묵의 향기
출판등록 2000년 8월 30일, 제1-2836호
주소 10401 경기도 고양시 일산동구 무궁화로 8-28,
　　 삼성메르헨하우스 913호
전화 031) 905-9425
팩스 031) 629-5429
전자우편 chimmukbooks@naver.com
블로그 http://blog.naver.com/chimmukbooks

ISBN 978-89-89590-76-7 03220

*책값은 뒤표지에 있습니다.